ALBERT FRÈRE

José-Alain Fralon

Albert Frère

Le fils du marchand de clous

Fayard

© Librairie Arthème Fayard, 1997

*Pour Dominique, Bruno et
mes amis de « La Montagne »*

Une vocation

Le gaillard descend de la Juva 4 familiale. Vêtu d'une salopette bleue, rien ne le distingue vraiment des ouvriers des Laminoirs et Boulonneries du Ruau, une entreprise métallurgique de Monceau-sur-Sambre, à quelques kilomètres de Charleroi. Il a un peu plus de 20 ans, une bonne bouille ronde, un léger cheveu sur la langue. Les employés de l'entreprise aiment bien ce garçon « pas fier » qui plaisante souvent avec eux en patois wallon. Plusieurs fois par mois, il vient, avec son frère, se fournir en « chutes » de produits du Ruau que la petite entreprise familiale fera ensuite transformer en clous ou en chaînes.

Une fois ses commandes passées, il s'attarde volontiers dans le grand hall où sont stockées les tonnes d'acier en barre qui doivent partir pour « l'étranger ». Il regarde les étiquettes : Caracas, Port-au-Prince, La Guaira, Montevideo. Montevideo! Ces noms magiques ne donnent pas au jeune homme des envies de voyages au long cours. Celui-là n'a pas de nostalgies océanes.

Non, si le gaillard rêve, c'est, plus prosaïquement, de vendre lui-même, et partout dans le monde, cet acier produit par millions de tonnes dans sa région. Une région que ses habitants nomment, non sans fierté, le « Pays noir ». Vendre, et puis gagner beaucoup d'argent, des tas de « mastoques », comme on dit ici.

Nous sommes en 1950 : Albert Frère a découvert sa vocation. Presque cinquante ans plus tard, il sera l'homme le plus riche de Belgique et l'un des rois de la finance européenne.

Voici son histoire.

PREMIÈRE PARTIE

Le sidérurgiste

CHAPITRE 1

Quand la fille du chef-garde épouse le chef-magasinier

« Nous plaignons le malheureux qui doit passer devant les "camarades" du syndicat pour atteindre l'usine. Il s'avance très simplement et cette simplicité ne va pas sans courage. » Le 4 février 1926, *Le Rappel de Charleroi*, « journal catholique quotidien », décrit ainsi l'arrivée, encadrée par les forces de l'ordre, de travailleurs venus remplacer les sidérurgistes en grève sur le bassin de Marchienne-au-Pont, dans la grande banlieue de Charleroi. « La grève de la sidérurgie touche à sa fin », estime le quotidien bien-pensant. A la une, il déplore la mort du cardinal Mercier, figure emblématique de la hiérarchie catholique belge, évoque le bal de la Cour dominé par la haute stature d'Albert, le « roi-chevalier », et, faisant allusion au débat financier en France, affirme que « l'optimisme de Briand force l'admiration ».

Ce même jour, mais de l'autre bord, le *Journal de Charleroi* « Vers la vérité par la Science, Vers la liberté par le droit, A l'égalité par la justice, A l'harmonie sociale par la fraternité » titre sur six colonnes : « Les patrons remplacent par des boches des grévistes belges » et rend hommage à « l'impressionnante protestation ouvrière de Marchienne-au-Pont ». Le mouvement cessera mais il constituera l'un des préludes aux grèves de 1932, les plus importantes de l'entre-deux-guerres, qui vont déferler sur Liège et Charleroi.

Si les sidérurgistes se battent pour obtenir des conditions de vie plus décentes, la Belgique traverse une période d'expansion extraordinaire. « De 1926 à 1929, écrit Yvon Toussaint [1], la Belgique participe à l'un de ces emballements qui marquent le sommet des cycles économiques et suscitent chez les chefs d'entreprise une allégresse stimulante. Tout leur est donné, donc tout est permis! La Bourse s'envole et les plus-values ne sont même plus en phase avec le rendement réel des entreprises, mais résultent d'un optimisme sans mesure, voire, chez certains, d'une vraie témérité. On joue, donc on gagne. » De 1913 à 1929, l'indice de la Bourse de Bruxelles ne passe-t-il pas de 100 à 717 ?

Ce 4 février 1926, à Fontaine-l'Evêque, de l'autre côté de la Sambre, dans une famille de marchands de clous où l'on lit davantage *Le Rappel* que *Le Journal de Charleroi*, naît Albert, Pol, Oscar, Ghislain Frère. Il est le fils d'Oscar, Victor, Nicolas Frère et de Madeleine, Laure, Omérine Bourgeois, qui dirigent une petite entreprise – la maison Frère-Bourgeois – spécialisée dans la fabrication de clous, de chaînes et autres articles de ferronnerie, comme il y en a encore quelques-unes dans la région. Fondée par Edouard Nagels en 1832, soit deux ans après la naissance officielle de l'Etat belge, l'« entreprise », qui abrite aussi la maison familiale, est située au coin de la rue Paul-Chavée et de la rue d'Assaut, autrefois ruelle des Affligés. Au début du siècle, la Babelonne, qui coulait juste devant la maison, a été murée.

Madeleine Bourgeois n'est pas tout à fait une « payse ».

Fille d'Elisée et de Cléoniste Bourgeois, elle vient de Pâturages, une commune du Borinage, la région de Mons. « Chef-garde », Elisée Bourgeois occupe un rôle important dans la hiérarchie du charbonnage – « Le Levant » – puisqu'il a en charge la sécurité du « château », l'habitation du gérant. Lorsque ce dernier, un certain Eugène Lagage, ingénieur comme la plupart des hommes qui assurent cette fonction, est transféré à la mine de Fontaine-l'Evêque, il demande à ses hommes de confiance de faire le voyage avec lui. Elisée Bourgeois est du nombre, et il accepte.

Le voilà « chef-garde » d'un nouveau « château », dans un nouveau charbonnage. C'est là que sa fille, Madeleine, va rencontrer Oscar Frère, fils de Victor, Nicolas et de Marie, Philomène Dofny, qui occupe, lui aussi, un poste enviable : chef-magasinier. « Un homme que les fournisseurs, tient aujourd'hui à préciser Albert Frère, ont toujours cultivé et honoré. » Et pour cause : c'est lui qui est chargé de l'approvisionnement de la mine, des lampes de mineurs aux câbles d'extraction.

La fille du chef-garde épouse le chef-magasinier. Lorsqu'en 1920 Nagels veut vendre son entreprise, c'est le frère de Madeleine, Léonce Bourgeois, alors gérant d'une petite banque bien cotée sur la place, la Banque Sud-Belge, qui s'en porte acquéreur. Il gère la clouterie pendant quelques années, jusqu'au moment où il se voit proposer la présidence d'une coopérative prospère de fabrication et de vente de clous, L'Espérance, qui regroupe les riches quincailliers de Belgique. Léonce accepte et demande à sa sœur et à son beau-frère de reprendre l'affaire fondée par Nagels, qui devient alors les établissements Frère-Bourgeois.

Comment Madeleine Bourgeois et Oscar Frère auraient-ils pu se douter que, près de soixante années plus tard, l'un de leurs rejetons allait revendre cette société 2 milliards de francs belges, soit près de 350 millions de francs français ?

« *Blancs-gilets* » et « *Panses-brûlées* »

Par un détour singulier, la grande Histoire associera le nom de Fontaine-l'Evêque à celui de… Karl Marx. Depuis 1845, le philosophe est exilé à Bruxelles, une ville qui a accueilli tant et tant de proscrits. Mais, en 1848, la révolution secoue l'Europe, de Vienne à Naples. La toute jeune royauté belge se sent elle aussi menacée. Louis-Philippe, qui vient d'être destitué à Paris, n'est-il pas le beau-frère de Léopold Ier, que les puissances européennes ont installé sur le trône de Belgique en 1830 ? Le vendredi 3 mars, Karl Marx se voit ainsi signifier son arrêté d'expulsion, signé par le ministre de la Justice de l'époque, François-Philippe de Haussy. Or ce dernier reste – après Albert Frère s'entend ! – le citoyen le plus célèbre de Fontaine-l'Evêque. Ce grand bourgeois, né en 1789, tour à tour avocat, industriel, sénateur, ministre, fut le premier président de la Banque nationale de Belgique.

Hasard ou influence des racines ? Toujours est-il que les deux enfants les plus connus de la petite ville présentent de nombreux points communs. De qui parle Michel Mairiaux quand il écrit[2] : « Il distille son argent dans l'actionnariat de nombreuses compagnies industrielles dont il connaît parfaitement bien les chances de succès [...]. C'est un homme de l'ombre, presque toujours au second plan, sa personnalité ne s'affiche que par l'efficacité qu'il apporte en sous-main [...]. Dépassant le nationalisme étriqué de la Belgique géographique son génie des affaires aura besoin d'espaces et l'emportera vers des horizons européens » ? De François-Philippe de Haussy et non d'Albert Frère. Et puis, cette autre analogie : « Il n'est pas impossible, écrit Michel Mairiaux, que François-Philippe de Haussy ait fait ses premières armes cloutières dans un petit atelier, dit "la Fabrique Mécanique", près de la défunte gare de Fontaine-l'Evêque vers 1830. »

Que les deux personnalités les plus célèbres de Fontaine-l'Evêque aient trouvé leurs assises financières et industrielles dans la clouterie n'est pas surprenant. La fabrication de clous fut, en effet, pendant des siècles, l'activité principale des habitants de la ville et de ses environs. Un mémoire, datant de 1886[3], indique ainsi qu'en 1737 on ne comptait pas moins de 15 000 cloutiers le long de la Sambre jusqu'à Charleroi et au-delà. Hervé Hasquin[4] précise, pour sa part, que les exportations des régions de Charleroi et de Fontaine-l'Evêque représentaient plus de la moitié de celles de tous les Pays-Bas autrichiens. L'industrie cloutière profite ainsi de la guerre d'indépendance des Etats-Unis pour réaliser ses ventes les plus importantes. La construction navale, particulièrement intense à l'époque – ne parle-t-on pas de guerres maritimes ? –, exigeait en effet de grandes quantités de clous de navires.

Comment ne pas relier le génie commercial d'Albert Frère à la tradition des habitants de cette petite région qui vendent dans le monde entier et savent exploiter le moindre événement historique pour développer leurs exportations ? Le seul véritable ennemi, c'est la douane, qui, au gré des fluctuations historiques, ballottée entre plusieurs pays, restreint le commerce, le bride. Ainsi Fontaine-l'Evêque, conquise par les Français après la victoire de Jemmapes en 1792, profita fortement de cette annexion, puisque ses cloutiers purent exporter librement vers le Nord de la France, traditionnellement leur principal client. En revanche, lorsqu'en 1814 Paris imposa un régime drastique interdisant pratiquement toute importation de produits étrangers, ce fut une véritable catastrophe pour la région.

Et si, en 1831, Fontaine-l'Evêque est l'une des villes de Wallonie qui demandent un rattachement « direct ou indirect » à la France de Louis-Philippe, c'est aussi, sinon essentiellement, pour des raisons économiques, comme le montre clairement le texte de la pétition envoyée au Congrès national qui, à Bruxelles, tentait de jeter les bases de la Belgique.

Clin d'œil de l'Histoire : à Verviers, ville située à une centaine de kilomètres de Fontaine-l'Evêque, le député Davignon déclare : « Ce n'est pas, comme on le dit, quelques habitants seulement qui demandent le rattachement à la France, mais toute une population ! » Or ce député se trouve être un ancêtre du vicomte Etienne Davignon, devenu, en 1988, président de la Société générale de Belgique, à l'issue du combat financier titanesque qui opposa l'Italien Carlo de Benedetti et les Français de la Compagnie financière de Suez. Représentant l'ancrage belge du plus important holding du royaume, Etienne Davignon, ennemi-ami juré d'Albert Frère, aurait donc pu, lui aussi, naître français si son ancêtre avait obtenu gain de cause. Mais les Anglais et les autres puissances européennes veillaient au grain et étouffèrent dans l'œuf les velléités « rattachistes » des Wallons.

Albert Frère raconte, pour sa part, qu'à la fin des repas, copieusement arrosés, les bourgeois de Fontaine-l'Evêque chantaient les mérites de la Wallonie et l'amour de la France. « Je me souviens, raconte-t-il, d'une chanson qui se terminait par "Oui, mes enfants, il y a longtemps que la France est notre maman". »

La Wallonie resta wallonne, et les habitants de Fontaine-l'Evêque continuèrent à fabriquer leurs clous. « Le cloutier, écrit Jean-Louis Delaet [5], briquetier, maçon ou terrassier l'été, exerce son métier de novembre à avril. Il est propriétaire d'une petite forge qui occupe deux ou cinq personnes, rarement davantage au XIXe siècle, le plus souvent ses enfants. Dans certaines familles, la femme forgeait aussi pendant que les enfants manœuvraient le soufflet. »

Le métier va peu évoluer et Albert Frère raconte ainsi qu'enfant, il allait souvent voir travailler les familles de cloutiers et, de temps en temps, activer lui-même le feu de la forge. Si les mots ont changé au cours des siècles, les rapports entre le négociant et les ouvriers sont restés les mêmes. « Le maître, dit négociant ou fabricant, poursuit Jean-Louis Delaet, tout absorbé par ces fonctions commerciales, ne se préoccupait pas de la fabrication proprement dite, il n'avait avec les ouvriers que les relations indiquées par la transmission des commandes, la livraison du fer en verges et la réception des clous forgés. »

Les habitants de la région sont divisés en deux catégories : les « Blancs-gilets », ceux qui ont un certain bien, et les « Panses brûlées », les ouvriers cloutiers. « A Fontaine, écrivait Louis Delattre[6], rien qu'une jolie petite église d'un ogival pur ; un château de bon effet dans un parc emmuré ; de tumultueuses clouteries mécaniques qui ont remplacé les amusantes forges tout étroites où l'homme noir, la "panse brûlée" comme on le surnommait pour son tablier de cuir roussi, criait des gaillardises aux passants de la rue, en tirant le soufflet de son foyer. »

Ce n'est donc pas un hasard si la première fabrique mécanique de clous en Belgique fut installée en 1833 à Fontaine-l'Evêque, et, bien entendu, par François-Philippe de Haussy. Après une belle résistance, le travail manuel commence pourtant à péricliter. En 1900, le recensement industriel dénombre encore 304 ouvriers cloutiers et 26 maîtres-cloutiers, principalement à Fontaine-l'Evêque. « La fabrication des gros clous de bateaux, de pontons et de moulins, de clous à ferrer les chevaux, ou de certains clous de semelle (le "becquet"), des "bâtissoirs" (clous épais à tige en lame) est restée encore l'apanage du travail manuel », précise Jean-Louis Delaet. Le déclin est pourtant inéluctable. En 1926, il ne reste plus que quelques maîtres-cloutiers à Fontaine-l'Evêque, dont les établissements Frère-Bourgeois.

Si de nombreuses industries (tannerie, chapellerie, filage du lin, extraction du marbre et verrerie) périclitèrent aussi au fil des siècles, d'autres les remplacèrent et notamment l'extraction de la houille, qui débuta en 1756 et prit son essor à la fin du XIXe siècle sous la houlette de la Société anonyme des charbonnages de Fontaine-l'Evêque. L'un des principaux motifs de fierté des habitants de la ville reste toutefois le fait que Fontaine-l'Evêque fut la deuxième ville de Belgique et l'une des premières au monde à être éclairée au gaz. C'est en effet le 27 septembre 1827 qu'un arrêté du roi de Hollande, Guillaume Ier, autorisait le sieur Pierre-Camille Montigny à monter dans sa fabrique d'armes un appareil pour l'éclairage public et privé par le gaz. « N'est-il pas digne de remarquer qu'une ville aussi peu importante au point de vue de la population à cette époque (2 862 habitants en 1836) se soit hâtée d'adopter un système qui rencontrait de si terribles adversaires dans les plus grands centres ? » interroge avec fierté Ghislain Hecq, instituteur communal[7].

Une ville industrieuse, donc : les habitants de Fontaine-l'Evêque, âpres à la tâche et connaissant le prix du labeur, sont fiers. Une ville qui, comme toutes celles de la région, a souffert dans sa chair les vicissitudes de l'Histoire. Conquête par Jules César, invasion des tribus germaniques, guerre incessante entre les différents suzerains, pillages par des bandes de soudards qui font de cette région de marches une de leurs terres d'élection, brimades et occupations des troupes espagnoles, allemandes, hollandaises, annexion à la France après l'occupation par les Autrichiens, puis, après Waterloo, réoccupation par les Prussiens (Fontaine dut loger et nourrir pendant quelques jours plus de 60 000 soldats prussiens) avant la longue domination du royaume des Pays-Bas. Sans oublier la blessure initiale, qui marque encore les habitants de la ville : jusqu'au XVIIIe siècle, le territoire de Fontaine-l'Evêque est partagé entre deux souverains : le comte du Hainaut et le Prince-Evêque de Liège. La ville est ainsi coupée en deux par le cours de la Babelonne, « frontière » que certains historiens, dont Maurice-A. Arnould[8], font remonter à l'Antiquité. Fontaine-l'Evêque aura donc toujours deux paroisses : Saint-Vaast et Saint-Christophe.

NOTES

1. Yvon Toussaint, *Les Barons Empain*, Paris, Fayard, 1996.

2. *Un riche destin*, François-Philippe de Haussy, Comité du bicentenaire de la naissance de François-Philippe de Haussy, Fontaine-l'Evêque, 1989.

3. A. G. Demanet, *Recherches historiques sur la ville et la Seigneurie de Fontaine-l'Evêque*.

4. Hervé Hasquin, *Une mutation, le «pays de Charleroi» aux XVIIe et XVIIIe siècles*, Editions de l'Institut de sociologie, Université libre de Bruxelles, 1971.

5. Jean-Louis Delaet, «La clouterie à domicile au pays de Charleroi : 1830-1900. Causes d'un déclin», *in La Belgique rurale du Moyen Âge à nos jours*, Editions de l'Université de Bruxelles, 1985.

6. Louis Delattre, *Le Pays wallon*, Anciens Etablissements J. Lebègue et Cie.

7. Ghislain Hecq, *Notice d'histoire locale*, Louis Daisne, imprimeur-éditeur, 1930.

8. Maurice-A. Arnould, *Documents et rapports de la Société royale d'archéologie et de paléontologie de Charleroi*, tome LX.

CHAPITRE 2

22 francs de l'heure

« Albert Frère ? Enfant, il poussait une charrette à bras remplie de ferraille qu'il vendait dans les rues de Charleroi. C'est comme cela qu'il a commencé. » Si chaque milliardaire a sa légende, la charrette à bras est indissociable de celle d'Albert Frère. Et ne prétendez surtout pas que cette histoire est pure invention, il se trouvera toujours quelqu'un qui vous rétorquera que sinon lui-même du moins son cousin, sa tante ou l'ami de son grand-père ont vu, de leurs yeux vu, le jeune Albert poussant sa célèbre charrette.

Mais tant pis pour les amateurs d'images d'Epinal ou de romans-feuilletons, tant pis pour ceux qui croient qu'à destin exceptionnel il faut une naissance exceptionnelle, Albert Frère est tout simplement né dans le milieu le moins propice qui soit à titiller l'imagination : la petite bourgeoisie. Et il n'a jamais poussé de charrette à bras dans les rues de Charleroi.

A Fontaine-l'Evêque, comme dans toutes les villes de charbonnages, la hiérarchie sociale semble immuable. Tout en haut de l'échelle, le gérant de la mine vit au «château». Ingénieur le plus souvent, il est seul maître à bord, dépendant – mais uniquement pour les comptes – des sociétés financières sises en général à Bruxelles ou de quelques «familles». Parmi celles-ci, on retrouve quelques-uns de ces «brontosaures» auxquels Albert Frère vouera toute sa vie une haine tenace. Le gérant, qui dispose de toute une maisonnée, le directeur de l'exploitation, les autres ingénieurs, le chef-comptable, le chef-magasinier sont logés dans des maisons fournies par la mine. Ici, on ne dit pas «aux frais de la princesse» mais «Sur l'compte del fosse» (Sur le compte de la mine).

«Les gérants de charbonnage, les maîtres de forges et les notables menaient grande vie dans d'immenses maisons construites à la fin du siècle dernier [...]. Ils aimaient les grosses voitures, les Minerva, des limousines belges construites à Anvers, les Delage, et les premières grosses américaines, des Cadillac, des de Soto et des Buick. Et chacun se faisait conduire par un chauffeur en livrée» raconte Albert Frère[1]. «Tous ces industriels et ces notables, poursuit-il, étaient des bons vivants. Les dîners donnaient lieu à des compétitions. Chacun mettait en avant les qualités de sa cuisinière.»

En bas de l'échelle, les mineurs sont également logés «sur l'compte del fosse», mais dans les corons.

Entre les deux, il y a justement cette petite et moyenne bourgeoisie, qui, certes, possède quelques biens et occupe des fonctions honorables, mais sans plus. «Ils ne roulaient pas carrosse», dit Christian Daubie en parlant des Frère. Il les a bien connus puisque son père, Marcel Daubie, originaire de Mons, était instituteur à l'école libre des charbonnages de Fontaine-l'Evêque sur les bancs de laquelle Albert Frère usa ses fonds de culotte. Marcel Daubie occupa même une chambre chez les Frère au moment de la naissance d'Albert.

«J'avais une petite casquette, raconte aujourd'hui Albert Frère, et, lorsqu'on se promenait, je me souviens que je devais la retirer à tout bout de champ pour saluer les notables de la ville que nous croisions : le gérant du charbonnage, le juge de paix, le doyen [le curé], trois ou quatre notaires, les pharmaciens, le maître d'école, les médecins ; je me souviens notamment du commissaire de police, qui était un homme immense, majestueux, on aurait dit qu'il dépassait les deux mètres, toujours en civil, mis à part le képi qu'il portait en toutes circonstances. »

L'oncle Léonce est l'un de ces notables. Ingénieur commercial (un brevet de bonne conduite dans cette société industrieuse), il est aussi président d'une banque bien cotée sur la place. Ce qui compte aussi. Oscar Frère et Madeleine Bourgeois vivent dans la grande bâtisse, à l'angle des rues Paul-Chavée et d'Assaut. Oscar Frère, racontent les rares témoins de l'époque encore en vie, était un homme enjoué, affable, toujours le bon mot à la bouche et prêt à recevoir. « Il était "plus à rire" que sa femme », dit la mère de Christian Daubie. Madeleine Bourgeois est en effet plus discrète, plus retenue. L'aîné des enfants, Gérard, est né en 1920, deux ans avant. Marie-Andrée, née en 1922, jouera un rôle primordial dans la carrière de son jeune frère.

« *Bobonne Laure* »

Un drame familial survient en août 1930 : Oscar Frère meurt d'une pneumonie. Gérard a alors 10 ans, Marie-Andrée 8, et Albert 4. Aidée par Léonce – « Grâce à lui nous avons pu continuer l'affaire », affirme aujourd'hui Albert Frère –, Madeleine Bourgeois va faire face. Sans aucune expérience des affaires, mais avec un rare courage. Nous sommes en 1930, et les femmes chefs d'entreprises même petite, se comptent sur les doigts de la main.

Madeleine Bourgeois – qui se fait souvent appeler Laure, son deuxième prénom – a 44 ans. Pas très grande, souvent habillée de noir, elle a le même visage que son fils : tout rond. Jeune, elle a perdu un œil et les photos la montrent avec une main cachant une partie de son visage.

« Ma mère était très bigote », raconte Albert Frère, avant de rectifier aussitôt : « non, bigote est un mot péjoratif, je veux dire qu'elle était très croyante et ma jeunesse a été marquée par cette éducation, par la chose religieuse. Je l'ai pratiquement vue aller à la messe tous les jours. » Plus tard, alors que ses affaires commenceront à prospérer, Albert Frère continuera à conduire très souvent sa mère à l'Église. Les témoignages divergent alors : certains affirment qu'il assistait lui-même à l'office, d'autres, plus sceptiques, racontent que le jeune Albert se contentait d'attendre, dehors, la fin de la cérémonie. « Je suis foncièrement croyant, dit aujourd'hui Albert Frère, et si je ne suis plus pratiquant, j'entre dans une église quand j'en ai l'occasion. »

« Avant tout, elle était très bonne », estime pour sa part Gérald Frère, le fils d'Albert, qui parle encore avec émotion de sa grand-mère : « Elle avait un sens aigu de la morale et de la moralité, mais elle n'était pas sévère. Face aux difficultés de la vie, elle n'a jamais baissé les bras. »

Pour Christian Daubie, « Madeleine était une femme qui parlait beaucoup, elle avait des principes. On ne peut pas dire qu'elle était véritablement ouverte à la modernité mais elle s'intéressait quand même à pas mal de choses. » « Très douce, elle prenait sur elle de façon terrible, ajoute-t-il, on l'appelait tous "bobonne Laure", ce qui, dans notre région, signifie un peu "grand-mère". »

« Elle savait compter la monnaie quand on lui faisait ses courses, dit encore Christian Daubie, mais pas se battre contre ses concurrents, les autres marchands-cloutiers. » Madeleine Bourgeois serre au maximum les cordons de la bourse familiale. « Elle connaissait la valeur de l'argent, se souvient Gérald Frère, lorsque quelqu'un laissait une lampe allumée, cela la mettait hors d'elle. Elle criait : "Eteignez vos lampes, je n'ai pas l'argent des Rothschild!" » Voilà au moins une saine habitude que Madeleine aura léguée à sa descendance. Albert Frère tiendra toujours à éteindre les lumières de ses différents bureaux en les quittant et entrera dans des colères mémorables en constatant qu'une lampe a brûlé toute la nuit... Gérald, de son côté, avoue en souriant : « Moi, aussi, cela me rend malade. »

Autre témoignage sur Madeleine Bourgeois, celui de Michel De Saint Aubain, né en 1942, dont la famille habitait à deux cents mètres de celle des Frère. Aujourd'hui opticien à Fontaine-l'Evêque, il fut, en dépit de la différence d'âge, l'un des compagnons de « guindaille » d'Albert Frère : « Elle était très courageuse, dit-il, très souvent je l'ai entendue dire, en parlant à ses enfants : "Nous sommes ruinés" et puis elle continuait son travail. »

Le petit saint Jean-Baptiste

Albert Frère a 4 ans lorsque son père meurt. « Je n'ai pas beaucoup de souvenirs de lui », avoue-t-il. « Mon père, hélas trop tôt disparu, s'était constitué une cave de bonne qualité. Plus tard, on me servira un verre de vin rouge pour accompagner la bouchée à la reine ou le poulet aux abricots », confie-t-il[2].

Albert se souvient qu'à cet âge il portait les cheveux longs et qu'il n'aimait pas du tout cela. « J'ai dû attendre d'avoir 7 ans pour aller chez le coiffeur. » Comme Jean-Paul Sartre. Autre réminiscence qu'Albert Frère rapporte aujourd'hui en riant aux éclats : « Chaque année, jusqu'à mes 12 ans environ, je participais à la procession du 15 août et je faisais saint Jean-Baptiste. On me mettait une peau de mouton sur le dos et je devais tirer un mouton, un vrai, qui ne voulait pas avancer et qui n'arrêtait pas de bêler. »

Il a aussi été « très frappé » par les grèves de 1932 et la violence qui les a accompagnées. « J'avais 6 ans et je me souviens des chevaux, que l'on avait remontés des mines, qui avaient momentanément été fermées. Je vois encore les voitures blindées remplies de soldats, car on avait fait appel à l'armée. Les grévistes avaient mis le feu au château d'un des dirigeants des charbonnages de Marchienne-du-Pont. » Ces derniers dépendent notamment du groupe de Launoit, l'une des « familles » régnant sur la Wallonie. « Ce fut une des grandes colères du Pays noir », dit Albert Frère, faisant ainsi référence à l'œuvre de René-Pierre Hasquin, journaliste et romancier de Charleroi[3].

La grève de 1932 dans les bassins houillers de Wallonie sera la plus importante de l'entre-deux-guerres. La crise économique mondiale a touché la région avec retard mais d'autant plus de violence, comme cela arrive souvent en Belgique. Si les syndicats obtiennent en partie satisfaction en matière de salaires et de réduction du temps de travail, ils parviennent aussi à faire voter une loi (la loi Vandervelde, du nom de son initiateur) qui restera célèbre et ne sera abolie que près de soixante ans plus tard. Destinée à protéger les travailleurs contre les dangers de l'alcoolisme, elle interdisait la vente d'alcool dans les lieux publics, les cafés notamment (l'alcool fort s'entend, ce qui permettait à la bière de continuer à couler à flots dans les estaminets de Charleroi, de Verviers ou d'ailleurs).

Quatre années plus tard, en mai 1936, la colère se réveille et de nouvelles grèves, accompagnées de nouvelles violences, enflamment le Pays noir.

Les établissements Frère-Bourgeois ne sont pas touchés par ces mouvements sociaux. Survivant à côté des charbonnages, des grandes entreprises sidérurgiques et des clouteries modernes, une poignée de petites maisons maintiennent la tradition des maîtres-cloutiers. Chaque semaine, les ouvriers viennent, avec leurs brouettes, livrer leurs produits finis et s'approvisionner en bottes de fer d'environ trois mètres qu'ils tailleront ensuite pour les transformer en clous, mais aussi en chaînes, en fausses mailles, en articles de ferronnerie. A charge ensuite pour Madeleine Bourgeois de vendre ces articles aux quincailleries de la région.

Nelly

Dès qu'il atteint l'âge de 12 ans, le jeune Albert, comme son frère, donne un coup de main à sa mère. « Souvent, en semaine, quand cela ne pouvait attendre le samedi, je prenais mon vélo et, avant l'école, ou, si c'était jeudi, au lieu d'aller jouer, j'allais chez tel ou tel ouvrier à domicile porter les bons de commande. » Albert aime bien tirer sur le soufflet – le ventilateur électrique viendra plus tard – qui alimente la petite forge, en général installée dans le jardin, sous un appentis. « Allez, je restais rarement plus d'une demi-heure à travailler ainsi, ne jouons pas les héros ! » précise-t-il.

S'il avoue ne « jamais avoir eu de passion pour les études », c'est pour préciser l'instant d'après : « Mais je n'étais pas un si mauvais élève qu'on veut bien le dire ! » Albert a fait toutes ses études primaires à l'Ecole libre des charbonnages de Fontaine-l'Evêque. Plus fréquentée que l'école officielle, ce n'est pas à proprement parler une école confessionnelle bien que le « doyen » vienne souvent y surveiller ses ouailles, de même que le gérant du charbonnage.

Cinquante années plus tard, Gérald, son fils, raconte : « J'ai été dans la même école que mon père et nous avons même eu des instituteurs communs » avant d'ajouter, avec un rien de perfidie : « Si je compare, je peux dire que j'ai été plus brillant que mon père... à cette phase de notre vie s'entend. » Certains bulletins de notes retrouvés dans les placards poussiéreux de l'école font toutefois état d'une place de premier de la classe obtenue par Albert Frère, une année, certes, où il était tout seul dans sa section...

Francis Groff[3] a retrouvé les notes obtenues par Albert Frère en 1941 durant sa première année d'études secondaires à l'Athénée royal de Charleroi. Pas bien brillant, mis à part l'éducation physique et la religion ! Mais c'est en « commerce » qu'Albert Frère, dont on dira plus tard qu'il pourrait vendre du sable aux habitants du désert, obtient les notes les plus catastrophiques...

Même s'il ne s'en cherche pas vraiment, Albert a des excuses. La guerre a commencé, les Allemands ont envahi la Belgique. Après quelques mois de paralysie totale, les affaires reprennent petit à petit, les quincailliers rouvrent leurs boutiques, les ouvriers fabriquent clous et chaînes. Mais, comment livrer la marchandise ? Les chemins de fer sont réquisitionnés et il n'y a plus d'essence pour les camions. Alors, une fois par semaine, Albert, d'abord en tram puis à vélo, se rend à Bruxelles ou à Nivelles. Certains ajoutent que le mauvais élève en sciences commerciales, le futur maître de la finance européenne, profitait de ces balades en vélo pour faire le tour des fermes environnantes, et acheter des œufs ou du lait.

Quand la vie reprend son cours, Albert ne met plus, reconnaît-il, « une grande assiduité à fréquenter l'école » mais, en revanche, il comprend « la nécessité de participer davantage à l'entreprise familiale ». Il travaille en compagnie de son frère et de quelques amis. Claudine Tixhon, qui habite toujours Fontaine-l'Evêque, raconte : « J'avais deux ans de moins qu'Albert, et à cet âge-là, cela compte. Je me souviens l'avoir vu, avec son frère, porter des clous dans de grands paniers en osier. Il n'était pas fier et on ne le considérait pas du tout comme faisant partie de la bourgeoisie. Il n'était pas avare, il payait toujours son verre. »

On chahute aussi un peu les Allemands. Jamais très

méchamment. Comme ce jour où des officiers du Reich, venus pour affaires à la Maison Frère-Bourgeois, se voient offrir un verre de péquet (alcool traditionnel de la région). « Stouffi avec ! » (Etouffez-vous avec !), leur lance Gérard, en wallon, alors qu'Albert pouffe de rire devant les remerciements ampoulés des officiers.

Précisons pour la petite histoire et pour en finir avec ces études qui ne sont pas, il faut le reconnaître, la partie la plus époustouflante de sa vie, qu'Albert Frère obtiendra son diplôme de fin d'études à Charleroi. Il passera ensuite quelques mois au lycée de Morlanwelz, près de Charleroi, où il ne laissera pas non plus un souvenir inoubliable. C'est là, en revanche, qu'il fera la connaissance de celle qui deviendra sa première femme, Nelly Depoplimont. « Ils faisaient le mur ensemble », révèle un des amis du couple.

La révélation américaine

Albert a 17 ans. Fontaine-l'Evêque est libérée après la bataille des Ardennes, et les Américains sont là. Comme tant de garçons de sa génération, le jeune Albert est fasciné par les « boys ». Lui, ce ne sont pas tant le jazz, les Lucky Strike ou les chewing-gums qui l'émerveillent mais la formidable puissance de l'organisation industrielle américaine.

« Ils installaient de véritables usines dans la région, se souvient-il, on voyait arriver du matériel tout neuf d'Amérique, par caisses entières : des fraiseuses, des aléseuses, des tours ! Tout cela géré par des techniciens américains. Par exemple, il fallait réparer les camions qui arrivaient du front, parfois une centaine par jour. On changeait les trains de roues par dizaines ; j'étais fasciné. J'ai toujours du respect pour la manière de travailler des Américains et je n'oublierai jamais qu'ils ont sauvé l'Europe des griffes du nazisme. » « Comme je baragouinais l'anglais, poursuit-il, et que je voulais gagner des sous, j'ai arrêté l'école et je me suis fait embaucher comme interprète par un lieutenant de la base. J'étais bien nourri, je n'avais qu'à transmettre les ordres. » Plus de cinquante ans plus tard, Albert Frère se souvient encore de son premier salaire : 22 francs belges de l'heure, soit un peu plus de deux cents anciens francs français. « Un véritable pactole, dit-il, d'autant que je faisais aussi des heures supplémentaires, samedi et dimanche. »

Outre un « vrai » permis de conduire américain, qu'il a gardé comme l'un de ses plus précieux trophées, Albert Frère retient de ce premier travail, outre une vraie fascination pour l'argent, celui qu'on gagne par son travail ou son habileté, une admiration réelle pour l'efficacité industrielle, les machines qui tournent rond, la compétence technique. Bref, à ce moment il n'a plus du tout envie de poursuivre des études qui lui paraissent bien ternes, bien fastidieuses.

Encore faut-il convaincre sa famille, et surtout l'oncle Léonce qui signe chaque semaine les bulletins de notes et qui a formé le projet de faire d'Albert un fonctionnaire de la Cour des comptes. Le neveu écoute les remontrances d'une oreille distraite et s'inscrit, pour donner le change, à Warocqué, l'institut qui forme, à Mons, les ingénieurs commerciaux. « Je ne suis allé à aucun cours, avoue-t-il, franchement, je n'avais plus rien à faire à l'Université. Et ce fut peut-être ma chance. »

« Le matin lorsque je passe devant cette vénérable institution, dit encore Albert Frère dans un éclat de rire en désignant du doigt le bâtiment de la Cour des comptes, qui se trouve tout près de son bureau bruxellois, je me dis que si j'avais écouté mon oncle, je serais aujourd'hui un fonctionnaire retraité comme tant d'autres, alors j'ai peut-être encore plus de respect pour cette maison dans laquelle je ne suis pas entré. »

Plus rien n'empêchera désormais Albert Frère de réaliser son ambition : gagner des tas de « mastoques ».

NOTES

1. Albert Frère, *L'Amateur de bordeaux*, Editions internationales, 1996.
2. *Ibid.*
3. Hervé Hasquin, *Les Grandes Colères du Pays noir*, Montigny-le-Tilleul, Editions Scaillet, 1995.
4. Francis Groff, *Albert Frère, le pouvoir et la discrétion*, Bruxelles, Editions Labor, 1995.

CHAPITRE 3

C'est le premier million qui compte

Le 25 juin 1950, l'armée nord-coréenne franchit le 38e parallèle par surprise et s'empare de Séoul. Le Conseil de Sécurité de l'ONU, dont l'URSS se trouve volontairement absente, ne pouvant donc user de son droit de veto, enjoint à la Corée du Nord de cesser son agression, puis, dès le 28, fait appel aux nations membres pour porter militairement assistance à la Corée du Sud. Le même jour, le président Truman s'y engage au nom des Etats-Unis et, dès le 30, les divisions américaines stationnées au Japon interviennent sous le commandement de MacArthur.

Aux troupes américaines se joindront des contingents d'une quinzaine de nations occidentales, dont la Grande-Bretagne, la Belgique et la France. L'intervention massive de « volontaires » chinois va rétablir l'équilibre et faire peser le risque d'une troisième guerre mondiale.

Très loin du théâtre des opérations, dans une petite ville de Wallonie, un jeune homme – sans diplôme, sans expérience, sans capital, mais doué d'un culot de corsaire malouin et d'un sens des affaires de paysan auvergnat – tire ses propres conclusions de la situation. L'équation est simple : qui dit guerre dit besoin d'acier. Et qui dit besoin dit augmentation des cours. Or, de l'acier, il y en a dans le bassin de Charleroi. Il suffit de savoir le vendre. Albert Frère a bien l'intention d'infliger son plus cruel démenti à son professeur de commerce.

En 1947, après avoir mis un terme définitif à des études sans éclat, Albert Frère fait son service militaire à la base aérienne de Florennes, près de Charleroi. « La discipline, dit-il aujourd'hui, y était très légère. » De même que le travail à effectuer : construite de toutes pièces par les Allemands, la base n'abrite encore... aucun avion. « Déjà très débrouillard », comme il le reconnaît lui-même, le jeune Albert, qui restera deuxième classe, se lie d'amitié avec les gradés. Il devient ainsi le chauffeur attitré du commandant, ce qui lui permet de rentrer tous les soirs chez lui, non sans avoir de nouveau, racontent ses amis, fait le tour des fermes de la région pour acheter du beurre et des œufs... Ses chefs qualifieront d'« exemplaires », sur son livret militaire, son sens de la discipline et sa manière de servir.

Fier de cette appréciation – il l'est toujours – mais n'ayant pas une seconde songé à rester dans l'armée, Albert peut enfin retrousser ses manches et s'attaquer aux choses sérieuses : gagner de l'argent. « En affaires, c'est surtout le premier million qui compte » dira-t-il à François de Brigode[1]. Pour gagner ce premier million, il va d'abord relancer les activités de la petite entreprise familiale en envoyant aux quatre coins de Belgique quelques représentants, « des rabatteurs », dit-il, vendre clous, chaînes et articles de ferronnerie.

Pour fabriquer ces produits, il faut de l'acier. Pas beaucoup, certes, mais suffisamment pour qu'il soit nécessaire de se rendre aux Laminoirs et Boulonneries du Ruau, une petite entreprise sidérurgique de Monceau-sur-Sambre. Remontant à 1862, date à laquelle un certain Emile Constant aurait sollicité l'autorisation d'établir un laminoir à cet endroit, cette usine avait été démantelée durant la Première Guerre mondiale, reconstruite puis de nouveau détruite par les bombardements de 1944, avant d'être remise en activité.

Et c'est là qu'Albert – à chacun son pilier de Notre-Dame! – a sa révélation. Venant s'approvisionner, il est fasciné par les tonnes d'acier en barre destinées à l'exportation. «Je me suis dit : Bon Dieu, mais pourquoi je ne me lancerais pas, moi aussi, dans la grande exportation!»

Les maisons d'Anvers

Discrètement, il enquête, tant auprès des magasiniers que des cadres du Ruau. Il comprend que c'est à Anvers que tout se passe. Anvers-la-flamande, mais surtout Anvers-le-port-miracle, l'ouverture sur le monde, où, selon la formule consacrée, «on trouve toujours un bateau qui part dans l'heure pour n'importe quel coin de la planète». C'est là que se trouvent les grandes maisons d'exportation d'acier : la Maison Mathieu, la Maison Maes. Fondées par des Wallons, elles ont émigré, avec leurs personnels, estimant plus rentable d'être proches du port que des lieux de production.

Un autre que lui sans doute aurait tenté de s'introduire dans ces vénérables institutions ayant pignon sur rue pour leur proposer tel ou tel marché. Pas Albert Frère, qui révèle, déjà, l'un de ses principaux traits de caractère : pourquoi être la cinquième roue du chariot quand on peut devenir conducteur d'une automobile? C'est à Fontaine-l'Evêque même qu'il va bâtir, à partir de presque rien, une société de commercialisation de l'acier qui deviendra bien vite la première de Belgique – et l'une des plus performantes d'Europe.

Et cela, en appliquant deux principes d'une simplicité biblique. Premier commandement : lorsqu'on veut faire de bonnes affaires, « c'est à l'achat que tout se joue ». Il va donc chercher à se procurer des produits sidérurgiques au prix les plus bas possibles. Michel Duriau, l'un des compagnons des premiers jours, a ainsi expliqué à Francis Groff[2] qu'une de ses premières affaires fut de se porter acquéreur de milliers de tonnes d'acier déclassé à bas prix.

Albert Frère cherchera toujours à négocier, à obtenir une « petite remise ». Et il ne comprendra jamais très bien ceux qui lui refusent cette dernière faveur. Ainsi, il semble avoir encore, des dizaines d'années plus tard, gardé en travers de la gorge cette phrase que lui asséna un jour Lucien Boël, un des maîtres de forge de la région, à qui il demandait « un prix d'amis » pour une commande : « Sachez que les Boël n'ont pas d'amis, ils n'ont que des intérêts. »

Prix d'amis ou pas, si Albert Frère obtient souvent des produits sidérurgiques à des conditions avantageuses, c'est qu'il achète des quantités importantes, et cela avant même d'avoir trouvé un client. Outre le risque de rester « planté » avec des tonnes d'invendus, cette pratique recèle un autre danger : le temps de dénicher un client les prix sont susceptibles de baisser pouvant occasionner de lourdes pertes d'argent, ce qu'Albert Frère, on s'en doute, n'aime pas du tout. « On tirait la gueule, on était de mauvaise humeur, mais on honorait notre contrat », raconte-t-il aujourd'hui.

Deuxième commandement : pour trouver un client, il faut aller le chercher. Alors que beaucoup d'autres entreprises vivent sur leur lancée et se contentent souvent de renouveler les contrats de leurs clients habituels, Albert Frère va « prospecter ». « La Wallonie ne sait pas vendre, dit Jean Guy, le directeur du journal socialiste de Charleroi, elle n'avait en fait pas besoin de vendre car on achetait automatiquement ses produits. Les grands patrons de l'époque ne ressentaient pas le besoin de courir les clients. »

Albert Frère va d'abord se procurer, notamment auprès des services commerciaux des ambassades de Belgique à l'étranger ou auprès des fédérations spécialisées, la liste des importateurs d'acier dans tous les pays possibles. Le bureau de Frère-Bourgeois est envahi de répertoires volumineux, de bottins téléphoniques. « J'étais tout gosse à cette époque, raconte Michel De Saint Aubain, et j'étais frappé, quand j'entrais dans le bureau d'Albert Frère, de voir les piles de bottins qui s'entassaient ! »

On envoie des lettres dactylographiées, personnalisées, dans le monde entier, précisant le type de produits que Frère-Bourgeois est susceptible d'offrir. Dès qu'une secrétaire a une minute de libre, elle est mise « à la prospection », tapant lettre sur lettre. Les télex n'existant pas encore à l'époque – Frère-Bourgeois sera l'une des premières entreprises de la région à s'en équiper – les commandes sont transmises par télégramme.

« Un dimanche matin, raconte Albert Frère, j'étais au bureau ; le téléphone sonne. C'était la régie des télégrammes et des téléphones. La standardiste me donne lecture d'un télégramme du Venezuela me commandant 1 000 tonnes de ronds à béton. Ce fut mon premier grand marché et je vous assure que j'étais content. » Le rythme s'accélère, les risques augmentent eux aussi. Ah, si l'Argentine n'avait pas payé ! Albert Frère semble éprouver à cette idée une peur rétrospective. « Il est sûr que si certains clients ne m'avaient pas payé, je n'en serais pas là. »

La vodka de Varsovie

Le plus souvent, Albert Frère a de la chance. Ainsi sur ce contrat de 4 000 tonnes de petits rails avec la Roumanie, qui accepte de payer en dollars. Si, en général, la commission prise par Frère-Bourgeois est de 2 %, il la fixe à 3 % pour cette commande. A 100 dollars la tonne, voilà déjà 12 000 dollars d'assurés. La bonne nouvelle c'est qu'entre la signature du contrat et la livraison, le dollar s'est considérablement apprécié, et Frère-Bourgeois encaisse une surprime d'environ 50 000 francs belges, soit un demi-million d'anciens francs français. Au total, donc, la commission s'établit à 650 000 francs belges à une époque où une voiture coûte...

Bref, on vend de tout, à tout le monde et, performance sans doute la plus éblouissante, on parvient dans la grande majorité des cas à se faire payer ! Peut-être pas toujours de la manière la plus orthodoxe qui soit, mais l'argent arrive quand même.

Albert Frère comprend que l'Allemagne vaincue de 1945 va bien vite se relever et que ce pays, plus que tout autre, aura besoin de produits sidérurgiques. « Un des traits de génie d'Albert Frère, estime André Baudson, un ami d'enfance du financier belge, qui deviendra ministre socialiste, a été d'avoir cru en l'Allemagne dès 1950, alors que beaucoup ne donnaient pas cher de l'avenir d'un pays anéanti par la guerre. » En 1966, on ne comptera pas moins de cinq Allemands dans l'équipe d'Albert Frère, qui est longtemps resté consul honoraire de la République fédérale à Charleroi, fonction occupée aujourd'hui par son fils Gérald.

Et puis, surtout, ces ventes se font dans une surchauffe des cours étourdissante. « C'était démentiel, raconte Albert Frère, l'acier était rare, car il y avait à l'époque pénurie de matières premières, particulièrement de charbon, et tous les pays en voulaient. Les cours s'enflammaient, parfois ils augmentaient de 10 dollars la tonne en une seule nuit ! »

Mais la question se pose : dans sa frénésie de vendre toujours davantage de « camelote », Albert Frère a-t-il dépassé certaines limites permises, notamment en commerçant avec des pays comme la Corée du Nord ou la Chine, alors en guerre avec les Occidentaux ? « Bien sûr que j'ai vendu de l'acier à la Chine communiste, dit-il aujourd'hui, et d'ailleurs tous les maîtres de forge en étaient très satisfaits, mais bien après la guerre de Corée. » Certains de ses collaborateurs sont plus précis : « Nous vendions à tous les pays, et cela faisait râler certains barons de l'acier de la région. Pas forcément pour des raisons de morale politique mais pour la bonne raison qu'ils ne parvenaient pas, eux, à organiser de tels commerces et qu'ils avaient, aussi, peur des risques énormes qu'il fallait prendre car ces pays étaient souvent des débiteurs très douteux. »

Un des comptables de Frère-Bourgeois durant ces temps héroïques nous racontera aussi, près de cinquante années plus tard, les artifices auxquels il avait eu recours pour que le mot « Chine » n'apparaisse pas dans les livres de comptes de la société.

Albert Frère a très vite compris le parti qu'il pouvait tirer des pays socialistes d'Europe ou d'Asie. Des wagons entiers, chargés de ronds à béton, de blooms, de billettes, partent alors du bassin de Charleroi vers Bucarest, Léningrad, Varsovie. Et c'est de Pologne qu'Albert Frère reviendra un jour avec un contrat d'achat de… 15 000 bouteilles de vodka en poche. « C'était au début des années 1970, raconte-t-il, j'avais été invité à Varsovie pour fêter la deux millionième tonne d'acier vendue à la Pologne par Frère-Bourgeois. La fête s'est poursuivie une partie de la nuit et nous avions beaucoup bu. C'est moi, d'ailleurs, qui avait envoyé le champagne. Un type, un peu perdu, m'a abordé et m'a dit :

— Je n'ai rien à vous vendre ni à vous acheter car je ne suis pas producteur d'acier mais distillateur de vodka.

— Qu'à cela ne tienne, je vous en achète un camion !

Aussitôt dit, aussitôt fait, et me voilà acheteur de 15 000 bouteilles de vodka. Le camion est arrivé un mois après à

Charleroi et, aujourd'hui, je crois que j'en ai encore quelques bouteilles. »

« Ce que ne dit pas Albert, ajoute un de ses anciens collaborateurs, c'est que, pour se débarrasser de ces bouteilles, un de nos employés fut chargé de vendre cette vodka, à des prix certes attrayants, à l'ensemble du personnel des entreprises sidérurgiques ! »

La haine des fumeurs

Au départ, Albert Frère va essentiellement travailler en famille et avec quelques amis. Ce n'est que progressivement qu'il recrutera d'autres collaborateurs. Notamment dans les maisons de commerce d'acier d'Anvers. « A l'époque, il n'était pas question d'analyses graphologiques ou de tests psychologiques pour trouver des gens : si le bonhomme avait une bonne bouille et que j'avais quelques bons renseignements sur lui, je l'engageais », dit Albert Frère, qui avoue que « même si ce n'est pas gentil à dire, pour les secrétaires, c'était plutôt pour faire plaisir à des amis que l'on embauchait l'une ou l'autre ». Avec, pourtant, une exigence essentielle : pas de fautes d'orthographe! Albert Frère peut se féliciter de ses méthodes peu rationnelles de recrutement : son flair l'a rarement trahi et, de l'avis général, il a toujours su s'entourer des plus efficaces. Et des plus fidèles.

Or les plus fidèles, ce sont d'abord les membres de sa famille. Dans la maison de la rue Chavée, le clan s'affaire sous le regard bienveillant (mais sans doute un peu étonné) de Madeleine Bourgeois, qui continuera longtemps à signer, avec fierté, les lettres importantes de la société. Seul Gérard, le frère aîné, volera bientôt de ses propres ailes en montant son entreprise de cerclage, Cercleurope. « Même physiquement, les deux frères ne se ressemblaient pas, dit Christian

Daubie. Gérard était plus râblé, avait les yeux et les cheveux plus noirs qu'Albert. »

Gérard, comme Albert, est un bon vivant, volontiers farceur, mais il n'est pas animé de la même rage de vaincre que son frère. C'est ainsi qu'il restera plus proche de Fontaine-l'Evêque et organisera longtemps le bal donné chaque année par les « Gilles » de la ville. « Le plus grand défaut de Gérard, aux yeux de son frère s'entend, est peut-être de ne pas avoir reconnu tout de suite le génie d'Albert », ironise l'un des plus fins analystes du « phénomène Frère », l'écrivain Pol Vandromme, grand prix de la critique de l'Académie française en 1992 et directeur du *Rappel de Charleroi*.

Un défaut que l'on ne peut reprocher à la sœur aînée, Marie-Andrée, fidèle entre les fidèles. « Entre ses deux costauds de frères, elle a dû se battre pour s'imposer, et elle s'est battue », raconte Christian Daubie. Dynamique, spirituelle, « requinquante », elle offrira longtemps à Albert Frère la stabilité dont il aura besoin. Elle s'occupera aussi beaucoup de Gérald, au moment où celui-ci traversera une phase difficile.

Son décès, en avril 1978, d'un cancer du poumon, affectera énormément Albert Frère et renforcera encore sa haine de la tabagie. On ne fume pas dans les bureaux du « patron » ! Et si l'amateur impénitent de l'herbe à Nicot va en griller une sur le palier, voire dans la rue, il se fera malgré tout réprimander à son retour. Lorsqu'en 1958 Albert Frère reprendra une société, ACEX, qui a le même objet social que Frère-Bourgeois, il s'aperçoit, à son grand désespoir, que la plupart des secrétaires qui y sont employées fument comme des pompiers. Il s'en débarrasse. « Pas seulement parce qu'elles fumaient, ce serait un peu exagéré, raconte une ancienne collaboratrice de Frère-Bourgeois, mais parce qu'elles étaient, en quelque sorte, des étrangères, elles ne faisaient pas partie de la famille. »

Même si ses célèbres « virées », nous le verrons, ne sont pas arrosées d'eau de Vichy et s'il est devenu un grand connaisseur des crus du Bordelais, Albert Frère voue aussi une haine tenace aux alcooliques. « Comment peut-on travailler avec des gens qui boivent du cognac dès dix heures du matin ! » s'emportera-t-il un jour, de retour d'Angleterre.

Noël Lammertijn, le mari de Marie-Andrée, fera aussi très vite partie de « la bande à Albert ». Né en 1922 à Kurne, au cœur du pays flamand, dans une famille aisée, il fait son service militaire en Wallonie afin de perfectionner son français. A 23 ans, il se retrouve à la caserne de Charleroi. Il se lie alors d'amitié avec Gérard et Marie-Andrée, et, dans une moindre mesure avec Albert, plus jeune. Les amis se perdront de vue jusqu'au jour où Madeleine emmènera sa fille à la procession du Saint-Sang à Bruges. La route passe par Kurne et les deux femmes tomberont par hasard sur Noël. Le mariage sera célébré en 1953 et le couple élira domicile à quelques pas des nouveaux bureaux d'Albert Frère, rue des Combattants. En 1963, ils s'installeront à Bourlers, une petite commune de Wallonie, dont Noël Lammertijn deviendra bourgmestre (maire), une première puisque jamais un Flamand n'avait été élu premier magistrat d'une ville de Wallonie. « Encore un miracle d'Albert », diront les inconditionnels du financier de Charleroi. Ce dernier fera un beau cadeau de mariage à Lammertijn : la représentation de ses affaires pour la Flandre. « Un des traits de caractère d'Albert Frère, rit Pol Vandromme, c'est son extrême fidélité à l'égard de ceux... qui lui sont fidèles. »

Le roi de la billette

Dans les tout premiers temps, et avant qu'elle ne mette au monde Gérald en 1951, Nelly Depoplimont va aussi donner un coup de main. « Une belle fille », dit d'elle Michel De Saint Aubain. Ses parents tiennent un magasin de graines pour oiseaux à Souvret. D'un an plus jeune qu'Albert, elle a connu celui-ci au lycée de Morlanwelz. Ils se marient en 1949.

Très vite, Nelly sera dépassée par les événements. La carrière d'Albert va trop vite, les changements sont trop rapides. « La petite épicerie est devenue un supermarché, et Nelly a perdu pied », commente un ancien familier du couple. Tandis qu'Albert fait flèche de tout bois, tente de se faire connaître dans le monde entier, commence à recevoir et à être reçu, elle prend peur de ne pas pouvoir tenir son rang.

En dehors du cercle familial, Albert Frère va aussi avoir comme partenaire un certain Alfred Grosjean, le type même du « ferrailleur » qui a réussi. « Cinquante ans d'école primaire », dit de lui Pol Vandromme, qui sait avoir la dent dure. Il apportera quelques capitaux à Albert Frère. Autre ami : Carlos Kerkhof, qui a épousé une jeune fille très riche de Couvin, Françoise Courtheoux.

Cheveux drus, coiffés en brosse, plus massif, plus carré encore qu'aujourd'hui, Albert Frère – il suffit de regarder les photos de l'époque pour s'en convaincre – dégage une impression de force presque brutale, en dépit de l'arrondi du visage. Et pourtant, pour convaincre ses interlocuteurs au cours d'une négociation, il sait très habilement les endormir, voire les attendrir, en jouant de son côté jeune homme mal dégrossi.

« En 1952, j'ai commencé à traiter avec Albert Frère, dit aujourd'hui Jacques Van De Steene, qui occupa de hautes fonctions aux Usines métallurgiques du Hainaut avant de rejoindre son ancien client. Il était malin, très habile. Ainsi, il avait un petit cheveu sur la langue, ce qui lui donnait un air "naïf", qu'il exploitait à merveille, car on ne se méfiait pas de lui. » « Il vendait, poursuit-il, à Porto-Rico ou ailleurs les demi-produits que nous fabriquions ; il obtenait le marché d'abord et, dans un deuxième temps, cherchait la marchandise, très souvent des "billettes". »

Les billettes, ce sont des demi-produits d'acier, présentés en barre de 5 à 12 mètres de long. Plus tard, lorsqu'il sera pensionnaire dans une institution huppée en Suisse, lassé d'entendre ses compagnons vanter les mérites de leurs pères, « rois » de l'aluminium, du chocolat ou du pétrole, Gérald Frère leur lancera : « Eh bien, mon père à moi, c'est le roi de la billette ! »

La famille continue, malgré tout, à vendre des clous, des chaînes et des articles de ferronnerie. Garantir l'acquis : telle est l'une des autres règles qui guideront toute la carrière d'Albert Frère. Pour lui, une affaire n'est jamais petite à partir du moment où elle dégage des bénéfices. Autre principe : on ne « ferme » jamais une société, même si elle n'a apparemment plus de raisons d'exister. Un peu comme ces cuisinières qui répugnent à jeter le moindre reste d'un repas. Une quinzaine de sociétés anonymes vont ainsi voir le jour. Avec souvent, dans un premier temps, des objectifs extrêmement limités, comme cette société Cloturac créée uniquement pour vendre des piquets pour les clôtures. Jusqu'au jour où...

Chez Monsieur Frère

« Si je devais me souvenir des augmentations de capital, des fusions, des créations de sociétés que j'ai vues passer en quarante ans ! » s'exclame en riant Germain Druart, qui fut l'un des collaborateurs les plus proches d'Albert Frère. « Mais tout n'a pas toujours été facile, ajoute-t-il, il fallait se battre. En 1953, quand on tirait un bilan avec 10 millions (de francs belges, soit environ 100 millions d'anciens francs français) de bénéfice, c'était formidable ! »

Né en 1927, grand-rue, à Fontaine-l'Evêque, à quelques dizaines de mètres de chez les Frère, il sympathise avec Albert après la guerre et joue souvent aux cartes avec lui. A la manille coinchée, plus précisément. «Déjà, il n'aimait pas perdre.» En 1953, Druart rejoint l'équipe de «Monsieur Frère» : «A partir de ce moment-là, lui que je tutoyais, je ne l'ai plus appelé que comme cela», dit-il aujourd'hui. «C'était mon patron!» Il travaillera quarante ans avec lui et fera sauter le petit Gérald sur ses genoux.

Depuis 1953, la camarilla s'est installée dans une immense maison de la rue Verte (aujourd'hui rue du Parc). Albert habite le rez-de-chaussée avec sa femme et Gérald, né le 17 mai 1951. Les bureaux occupent le premier étage. Si Marie-Andrée continue à s'occuper du secrétariat, elle est maintenant assistée de plusieurs autres secrétaires. Albert, bien entendu, contrôle tout.

Maurice Elter, qui travaillait précédemment à l'Union des Trefileries et Clouteries belges à Bruxelles, occupe en quelque sorte les fonctions de secrétaire général de la première équipe. «Un comptable comme on n'en fait plus», dit encore de lui Albert Frère. Il est de l'ancienne école, Maurice, celle qui refuse un bloc-sténo à une secrétaire («Vous en avez déjà eu un il y a trois jours!») celle qui licencie sur-le-champ la préposée au courrier prise en flagrant délit d'affranchissement trop onéreux des lettres : «Mais, c'est la galette de la société que vous jetez par les fenêtres!»

«Quand je suis rentré chez M. Frère, raconte Germain Druart, la première chose qu'il m'a dite, en wallon, c'était "Vo neste nin rossi aux charbonnages!", ce qui voulait dire : "Vous êtes ici, pas aux charbonnages", ou : "Vous êtes ici pour travailler, pas pour dormir."» Avec le patron, on est mobilisable vingt-quatre heures sur vingt-quatre. Pour travailler, mais aussi jouer aux cartes ou au tennis. «Quand il engueulait l'un d'entre nous en criant, ce n'était pas dangereux, ironise Germain Druart, c'était plus grave quand il ne criait pas.»

Cela tient du commando, de la secte et de la bande de

copains. « En 1954, le service comptabilité que je dirigeais se composait déjà de quatre personnes et nous étions installés dans l'ancienne buanderie de la maison. Avec un poêle à mazout qui s'éteignait dès que l'on ouvrait la porte », raconte Druart qui se souvient aussi du jour où le jeune Gérald avait perdu la clef du coffre-fort de la société...

Celle-ci s'appelle toujours Frère-Bourgeois, mais le 15 février 1953, Albert la transforme en SPRL (Société de Personnes à Responsabilité Limitée) dont l'objet, selon les registres du commerce de l'époque retrouvés par François de Brigode, est notamment : « La fabrication et le commerce SOUS TOUTES SES FORMES (achat, vente exportation, courtage et commission) de TOUS produits métallurgiques et spécialement de chaînes, clous, articles forgés, ainsi que l'exportation et l'importation de TOUS produits, articles, et matières premières généralement quelconques. »

Sans oublier de spécifier que la société peut aussi réaliser « TOUTES opérations civiles, commerciales, mobilières, immobilières » et peut « s'intéresser par voie d'apport, de fusion, de souscription, de participation, d'intervention financière ou autrement, dans TOUTES sociétés et entreprises existantes ou à créer, en Belgique ou à l'étranger, dont l'objet serait analogue ou connexe au sien ». Voilà qui est clair. Ceux qui, par la suite, s'étonneront de la boulimie du jeune commerçant n'avaient sans doute pas lu le *Moniteur* (le *Journal officiel* belge) où sont inscrites, noir sur blanc, les ambitions de l'enfant de Fontaine-l'Evêque. Faut-il préciser que les parts de la nouvelle entreprise sont réparties entre Albert Frère, sa mère, son frère, sa sœur, son beau-frère et Léon Duriau, l'ami de la famille ?

Albert Frère aurait pu se contenter de ce lucratif travail d'intermédiaire qui semblait si bien réussir. Mais il veut davantage. Il n'est pas homme à faire un coup, aussi juteux soit-il, puis à s'arrêter. Et s'il est capable de prendre de gros risques, il n'est pas joueur. Ainsi, on ne le verra jamais dans un casino et «s'il joue en Bourse, c'est toujours pour réaliser une plus-value», ironise Gérald Frère. «J'ai toujours eu l'idée, bien fixe et bien ferme, de contrôler et la commercialisation et la production», reconnaît Albert Frère. Il a compris que ses bénéfices – de commerçant – se multiplieraient s'il avait aussi un pied dans la production.

La bonne société de la région continue à se moquer du « ferrailleur ». « Dire qu'au départ Albert Frère est un marginal, c'est peu dire », ironise Pol Vandromme, qui fustige « ces notaires, avocats, dont la culture se limite à Anatole France ! » « Comme à Normale supérieure, poursuit l'écrivain, il y a les héritiers et les boursiers. Les maîtres de forges sont les héritiers, Albert Frère est un boursier. »

Il ne le restera pas longtemps.

Le paysan a tracé le sillon, le corsaire va passer à l'abordage. Son premier objectif est modeste et il le connaît bien, puisqu'il s'agit de la Société anonyme des Laminoirs et Boulonneries du Ruau de Monceau-sur-Sambre.

Or cette entreprise, il veut la contrôler et non pas se contenter d'un strapontin au conseil d'administration. Il dira plus tard : « Petit actionnaire minoritaire : petit con ; grand actionnaire minoritaire : grand con ! »

Albert ne veut être ni l'un ni l'autre.

NOTES

1. *La personnalité d'Albert Frère et son rôle dans la stratégie des groupes financiers concernés par les médias*, Mémoire présenté par François de Brigode, Université libre de Bruxelles, année académique 1984-85.
2. Francis Groff, *Albert Frère. Le pouvoir et la discrétion, op. cit.*

CHAPITRE 4

« Je vous souhaite bonne chance ! »

Sa petite serviette à la main, le cœur serré, comme étonné lui-même par l'importance de la partie qu'il va engager, Albert Frère n'en mène pas large ce vendredi matin de l'hiver 1954. Il est 10 heures du matin à Luxembourg et, dans quelques minutes, il va discuter avec un certain M. Weicker, directeur de l'antenne du Grand-Duché de la Société générale de banque, l'établissement financier de la toute-puissante Société générale de Belgique, la « vieille dame » qui contrôle une bonne partie de l'économie du royaume.
Dans sa poche, Albert a une lettre de recommandation de M. Boudard, le directeur de la Générale de Charleroi. Plus rapidement que les maîtres de forges, les banques de la région se sont intéressées à ce jeune homme dont le compte en banque commence à s'arrondir. Et si c'est avec Paribas qu'Albert Frère choisira plus tard de coopérer, il s'en est fallu de peu, estiment certains témoins de l'époque, qu'il ne tisse des liens plus étroits avec la Générale, ce qui aurait pu

changer la face, sinon du monde, du moins de l'économie belge.

Pour le moment, Luxembourg, l'une des capitales financières de l'Europe, est bien loin de Charleroi, et M. Weicker lit d'un œil distrait la lettre que vient de lui remettre Albert Frère. « J'avais l'impression très nette que je l'emmerdais », raconte aujourd'hui celui-ci. M. Weicker lève un regard méfiant et demande à son interlocuteur l'objet de sa visite.

— Je voudrais obtenir un rendez-vous avec le directeur de l'Arbed !

Stupeur du bon Monsieur Weicker. Il faut savoir que l'Arbed, à Luxembourg, est une véritable puissance, dotée d'impressionnants complexes sidérurgiques et de participations multiples. Il répond :

— Vous n'y pensez pas. Je ne peux absolument pas vous aider, à moins que vous me précisiez les sujets que vous voulez aborder avec M. Léopold Bouvier.

Albert Frère reprend sa respiration, attend quelques secondes et lance :

— Je voudrais tout simplement acheter les parts que l'Arbed possède dans le Ruau.

Par l'intermédiaire de la Société générale, le groupe luxembourgeois détient en effet une participation majoritaire dans la Société anonyme des Laminoirs et Boulonneries du Ruau, dont Albert Frère a déjà, mais il ne le dit pas, acheté un paquet confortable d'actions. Il a très vite découvert les joies de la Bourse et la première chose qu'il fera, sa vie durant, en arrivant au bureau sera de consulter les cours, d'acheter ou de vendre sur telle ou telle place financière. Mais il ne s'agit pas chez lui d'une passion, de celle qui en a brûlé tant et tant. Pour Albert, la Bourse fait partie, tout simplement, de la panoplie des moyens permettant de gagner de l'argent. « Monsieur Participations », comme on dira quelques années plus tard, a déjà commencé à déployer sa stratégie de l'infiltration et réinvesti ses premiers bénéfices dans l'achat de ces actions du Ruau.

M. Weicker est tout de même impressionné par l'aplomb du jeune homme. Certes, le Ruau bat de l'aile et ne constitue qu'une infime partie de l'empire. Mais de là à vendre ! Il prend aussitôt son téléphone, parle une minute, raccroche :

— M. Bouvier vous attend dans son bureau !

Et voilà Albert Frère introduit dans le saint des Saints : le siège de l'Arbed, tout en boiseries encaustiquées et en lustres gigantesques. M. Bouvier, amusé maintenant par le désarroi dans lequel il a plongé le jeune Frère, tente de le mettre en confiance :

— Je sais que vous faites de bonnes affaires, mais pour la vente du Ruau, je dois en référer au président.

Nouveau voyage dans les couloirs du Palais pour arriver enfin dans le bureau du grand maître : Aloïse Meyer. Ce dernier, mis au courant de l'offre d'achat par Bouvier, lance :

— Certes, nous pouvons vendre le Ruau, mais avez-vous une offre à nous faire ?

— Oui, Monsieur le président, je vous propose 800 francs l'action.

Ce chiffre, Albert Frère nous avouera qu'il l'a calculé « au pif », en se fondant sur les derniers cours. Ce qu'il ne sait pas, c'est qu'Aloïse Meyer est sourd comme un pot.

— 1 800 francs, c'est d'accord !

Stupeur d'Albert Frère, qui n'ose pas contredire son interlocuteur. Heureusement, M. Bouvier vient à son secours et explique à Aloïse Meyer que le prix proposé est bien de 800 francs.

— Dans ce cas, je dois réfléchir et je vous ferai connaître rapidement ma décision.

Le lendemain, un samedi, à midi moins dix exactement, se souvient Albert Frère, Aloïse Meyer téléphone. Il est d'accord et lui demande de se mettre en contact avec l'administrateur délégué du Ruau pour la mise au point des modalités de vente. Il conclut :

— En tout état de cause, monsieur, je vous souhaite bonne chance.

Albert Frère a 28 ans. Il vient d'entrer dans le club si fermé des maîtres de forges. Vingt-cinq ans plus tard, il dominera toute la sidérurgie wallonne.

Liège-la-belle et Charleroi-l'opiniâtre

On ne comprendrait rien à l'histoire d'Albert Frère, ni d'ailleurs à celle de la Wallonie, si on ne réalisait pas l'importance qu'a la sidérurgie pour la région. Importance économique, certes, mais aussi politique, sociale, culturelle. Toute la vie en dépend. « On était de "Thy le Château", "La Providence", du Ruau ou de Cockerill. La mine, le laminoir, le haut-fourneau, la coulée continue, occupaient notre espace, le formaient. Et finissaient par nous former aussi », raconte un ancien sidérurgiste.

Il suffit aujourd'hui de se promener dans les environs de Charleroi ou de Liège, d'observer les squelettes, s'étendant sur des dizaines de kilomètres, des anciennes entreprises, pour s'en rendre compte. Et prétendre régner sur ce monde supposait aussi façonner un espace, diriger des hommes, modeler un paysage.

René Leboutte, conservateur-adjoint au Musée de la vie wallonne [1], nous explique la métallurgie du fer, apparue entre 1700 et 1500 av. J.-C. dans le sud du Caucase, a connu ses premiers développements avec l'arrivée des Celtes en Wallonie vers 500 avant notre ère. Jusqu'à la fin du Moyen Âge, la métallurgie est une activité itinérante et les forgerons sont des nomades. Le recours à l'énergie hydraulique et la mise en place des premiers hauts-fourneaux, d'où sort la fonte, vont ensuite transformer radicalement cette activité.

Avec soixante-quinze établissements, la Wallonie apparaît, au début du XVIe siècle, comme l'une des régions sidérurgiques les plus denses de l'Europe occidentale. Mais de 1810 à 1830, la révolution industrielle va bouleverser l'industrie traditionnelle. L'utilisation du coke (au lieu du charbon de bois) comme combustible et l'emploi de machines à vapeur (à la place des roues hydrauliques) comme source d'énergie vont provoquer le déplacement des centres métallurgiques des régions rurales et forestières vers les sites charbonniers : Seraing et Charleroi.

En 1840, la métallurgie wallonne a réalisé sa révolution industrielle. Elle est sortie du marasme dans lequel les techniques de production traditionnelles semblaient vouloir la condamner à la fin du XVIIIe siècle et va pouvoir poursuivre son expansion. Le 1er mai 1922, quatre années donc avant la naissance d'Albert Frère, lorsque l'Union économique belgo-luxembourgeoise voit le jour, la région est le plus grand exportateur mondial d'acier.

Après la Seconde Guerre mondiale, la sidérurgie wallonne va encore connaître de beaux moments. Moins touchée par les bombardements que la France et l'Allemagne, elle peut repartir plus tôt et, nous l'avons dit, profiter de l'accroissement de la demande consécutive à la guerre de Corée. La crise, pourtant, se profile : n'ayant pas eu à reconstruire ses installations comme ses concurrents européens, la métallurgie wallonne va vite vieillir.

« Epargnés par les bombardements de la guerre, nos entreprises, une fois la paix revenue, s'étaient bien plus souciées de faire de l'argent que de se moderniser », écrit René-Pierre Hasquin[2]. Les outils, eux aussi, sont souvent dépassés. Si, en France, les convertisseurs (ces gigantesques fours servant à affiner la fonte) peuvent traiter 150 tonnes de minerais, ils n'ont qu'une capacité de 20 tonnes en Wallonie.

« Chaque grand groupe financier avait ses propres laminoirs, explique Yves De Wasseige, un ingénieur qui travailla longtemps avec Albert Frère avant d'entrer en politique, aucun, par prestige, ne voulait ou s'en débarrasser ou les faire fusionner avec d'autres. D'où une surcapacité prévisible de la production. » Un seul chiffre suffit à étayer cette thèse : il y avait autant de trains de laminoir en Belgique qu'en France ou en Allemagne !

En 1966, Georges Staquet, qui deviendra le président des syndicats socialistes de la métallurgie de Charleroi, tire, lui aussi, la sonnette d'alarme. Dans un mémoire présenté devant le jury de l'Institut de formation sociale et culturelle de l'Université du Travail de Charleroi, il souligne les handicaps de la sidérurgie belge, carolorégienne en particulier, suggère le regroupement de toutes les usines en une seule entité technique régionale et propose la participation de l'Etat dans le financement des investissements. Tout cela se fera, mais les décisions viendront trop tard.

Ce manque d'efficacité de la sidérurgie wallonne est dû aussi à la structure bien particulière de l'Etat et de la société politique belge. Dans ce pays, créé artificiellement en 1830, les particularismes locaux, régionaux, culturels sont extrêmement vivaces et constituent la substance même de la nation. Et si les problèmes « communautaires », comme on appelle ici les tensions entre francophones et néerlandophones, n'ont, en tout état de cause, jamais véritablement dégénéré, c'est aussi parce que les dirigeants économiques et politiques ont toujours tenté d'investir de la façon la plus équilibrée possible dans les différentes régions. « Si je veux un scanner, nous disait un dirigeant d'un centre hospitalier de Liège, je sais que je l'obtiendrai mais qu'il en faudra aussi un pour chaque grand hôpital de Wallonie et de Flandre. » C'est ainsi qu'en

1961, les grands groupes qui finançaient déjà les entreprises sidérurgiques de Wallonie ont créé la société Sidmar en Flandre, qui est devenue en 1969 le deuxième producteur belge d'acier.

L'interminable lutte entre Charleroi et Liège, ces deux villes distantes d'à peine 100 kilomètres, s'inscrit dans ce contexte. « Avant de devenir Charleroi, en 1666, la minuscule Charmoy, haut perchée sur la colline en pain de sucre dominant la tortueuse Sambre, avait tous les attraits d'un lambeau de paradis terrestre » : René-Pierre Hasquin[3] décrit ainsi cette minuscule bourgade qui allait devenir la capitale du Pays noir. Les « parchonniers [...], ces hommes, femmes et enfants, ancêtres de ceux qu'on appellera plus tard les "houilleurs", apportaient à leurs congénères ce que le soleil et le bois des forêts ne leur donnaient pas en suffisance : la chaleur. Ils fouillaient donc le sol, parfois profondément ; telles des taupes ils se faufilaient sous la terre pour en arracher la houille, une sorte de tourbe dure et noire. »

« Nous avons assisté à toutes les guerres et nous avons payé cher notre fauteuil d'orchestre », ironise Jean Place, journaliste de Charleroi. Carrefour des civilisations mais aussi des guerres, Charleroi, initialement Charmoy, puis Charleroy puis Char-sur-Sambre, puis Libre-sur-Sambre, est véritablement née de l'industrialisation. Liège, non. Depuis sa libération de la domination bourguignonne en 1477, la ville principautaire est restée indépendante, sous la conduite de ses Princes-Evêques, jusqu'en 1794. Liège, qui compte déjà plus de 50 000 habitants à la fin du XVIIIe siècle, a une vie artistique intense, une architecture sophistiquée, une académie.

Entre Liège-la-belle, la rebelle, toujours farouchement attachée à son indépendance, et Charleroi-la-travailleuse, la commerçante, l'opiniâtre, la lutte sera toujours vive. Les Liégeois se moquent de ces « Carolos » mal dégrossis, frustes disent-ils, « le cœur sur la main et la tête près du bonnet ». De leur côté, les habitants de Charleroi fustigent la suffisance des Liégeois, leur mépris, leur morgue.

La lutte entre les deux villes sera particulièrement âpre dans le domaine sidérurgique. Jean Gandois, l'actuel président du patronat français, appelé en 1982 comme consultant au chevet de la sidérurgie belge, a bien décrit l'opposition entre les deux villes dans le livre de souvenirs qu'il a consacré à cette époque[4].

« Liège, écrit-il, c'est l'aristocrate riche et décadent qui a reçu des héritages et qui les a laissés en l'état. Pourquoi chercher à avoir une conception d'ensemble puisque, de toute façon, on est riche et puissant. Certes, on a laissé s'effondrer une partie des ruines du château et, à côté, on a construit quelques installations de prestige, comme pour montrer que l'on est toujours ce que l'on a été. A Liège on fait de la technique comme on pourrait faire de la musique ou des belles-lettres. »

Il poursuit : « Charleroi-Est, c'est le paysan pauvre, ambitieux et près de ses sous, qui, petit à petit, a agrandi ses possessions en rachetant, le moins cher possible, des maisons vieilles et a cherché à les rafistoler. On a construit des ailes nouvelles pour avoir aussi son petit château, mais on l'a fait en rognant sur tout, pour dépenser le moins possible. On fait de la technique quand on a le temps mais on ne s'amuse pas à en faire ; l'économie, on ne l'a pas apprise à Harvard mais en cherchant tous les endroits où l'on peut gagner 1 franc, alors ça marche cahin-caha. »

« Tutti cadaveri »

Morcelée, ayant subi plus que d'autres les brûlures de l'histoire, la Wallonie est à la recherche d'une improbable identité. Le mot Wallonie n'est apparu qu'au milieu du XIXe siècle et il a fallu attendre la révision constitutionnelle de 1970 pour qu'elle voie juridiquement et politiquement le jour sous l'appellation de « région wallonne ». « Nous sommes un pays de citadelles, écrit René Hénoumont. Regarde la Meuse, on en trouve tous les trente kilomètres ! Les Wallons ont trop longtemps essayé de se débrouiller à leur pied, chacun pour soi, contre une garnison représentant un pouvoir qui leur était étranger, pour avoir profondément intégré le sentiment de leur unité. »

Charleroi et Liège se retrouvent pourtant dans les moments de colère, de révolte ou d'émotion populaires. Ainsi, en 1950, lorsque la majorité des Wallons s'oppose au retour sur le trône du roi Léopold III, qu'ils accusent d'avoir eu une conduite équivoque pendant la guerre. Lors de la consultation-référendum, le 12 mars 1950, si près de 72 % des Flamands se prononcent pour le retour du roi au château de Laeken, 51,8 % des Bruxellois (et surtout 57,8 % des Wallons) votent contre. La majorité des Belges ayant répondu « Oui », le roi décide de rentrer de son exil, mais des manifestations violentes embrasent Liège et le Pays noir. Léopold III devra abdiquer plus tard, en faveur de son fils Baudouin.

En 1960 aussi, Carolos et Liégeois s'unissent pour lutter contre un projet de loi visant, entre autres, à prélever des impôts nouveaux. Alors que le mariage de Baudouin, « le roi triste », et Fabiola, la sainte espagnole, fait pleurer dans les chaumières, la Wallonie est en état d'insurrection. « Le 30 décembre, raconte René-Pierre Hasquin [5], on dépave les rues, on enlève les plaques de signalisation routière, on coupe les fils électriques et téléphoniques, on sabote deux lignes de chemin de fer... »

Flambées de colère imprégnées d'angoisse qui cimentent une communauté. Ainsi de ce 22 août 1956 qui marque une date cruciale dans l'histoire du bassin houiller. Il est 4 heures du matin. « *Tutti cadaveri !* » (Tous morts !) ne peut que mur-

murer le chef de l'équipe de sauveteurs qui vient de remonter des profondeurs (moins 1 035 mètres) de la mine du Bois du Cazier, à Marcinelle, en plein Pays noir. L'espoir n'est désormais plus permis et le bilan d'une des plus grandes catastrophes minières de l'après-guerre s'inscrit en lettres de sang : 262 morts.

Tout avait commencé deux semaines plus tôt. Le 8 août, à la pause du matin, 274 hommes prennent leur service au Bois du Cazier. A cette époque, il y a encore 25 000 mineurs de fond dans le seul bassin de Charleroi. 8 heures du matin, Antonio Iannetta engage, dans la cage qui descend par ascenseur, un chariot rempli de charbon, qui pousse de l'autre côté le wagonnet vide. Mal engagé, ce dernier dépasse de quelques centimètres. L'encageur tente de le dégager mais, à ce moment-là, la cage se remet en mouvement. Elle n'était pas destinée à l'étage moins 975 mètres, où se trouve Antonio, mais à l'étage moins 765 mètres.

En remontant, le wagonnet, qui dépasse toujours de quelques centimètres, arrache une poutrelle qui sectionne les fils téléphoniques, un câble électrique à haute tension, les conduites d'huile de la balance hydraulique et la colonne d'air comprimé des marteaux-piqueurs. Le court-circuit met le feu à 800 litres d'huile pulvérisée et aux boiseries. «Comble de malchance, ce puits d'extraction est aussi celui qui sert à l'entrée d'air : une atmosphère viciée, chargée de fumée et d'un gaz toxique, l'oxyde de carbone, se répand dans toutes les galeries, en suivant le circuit d'aération. Le piège mortel vient de se refermer», peut-on lire dans la brochure, remarquable de simplicité et d'émotion, écrite par la ville de Charleroi pour commémorer le quarantième anniversaire de la catastrophe. En un mois, on ne retrouvera que douze survivants. «On a eu de la chance que c'étaient les vacances, car sinon il y aurait eu au moins 500 morts», estime aujourd'hui Silvio Di Luzio, qui a participé aux opérations de sauvetage durant plusieurs semaines. Il raconte : « On a dû attendre huit jours pour avoir accès à certains étages. Au-dessus de 975 mètres, il n'y avait plus rien à faire, je le dis sincèrement. Mais, en-dessous, si on avait pu y aller le jour même, on aurait pu sauver 100, 150 personnes, parce que le 23 août on a trouvé une inscription : "Nous fuyons pour les fumées vers Quatre paumes : nous sommes à peu près cinquante. Il est 1 heure et quart." »

Plus rien ne sera comme avant dans les mines de Charleroi ou d'ailleurs. Eberlués, les Belges eux-mêmes, du moins ceux qui ne vivent pas dans le Pays noir, constatent que leur pays a « le triste privilège d'avoir les travailleurs des mines les plus mal payés et, pourquoi ne pas le dire, les plus maltraités par la double instabilité de l'emploi et des rémunérations. En Belgique, poursuit la brochure de commémoration, les revendications en faveur d'une sécurité accrue dépassent l'entendement des milieux économiques intéressés puisqu'ils sont tacitement d'accord pour exploiter les charbonnages wallons le plus intensivement possible tout en les sachant condamnés. »

« Soixante-dix ans après Zola, qui était venu à Charleroi pour écrire *Germinal*, le monde et la Belgique ont découvert l'horreur de ce métier », dit René-Pierre Hasquin qui ajoute : « Il ne faut pas oublier qu'il y avait 200 morts chaque année dans les mines de Wallonie, mais c'était un par un, donc moins parlant ! » A partir de 1956, les salaires des mineurs seront considérablement augmentés – en vingt-huit ans, le salaire journalier d'un mineur passera de 180 à... 4 000 francs belges – ainsi que leur droit à la retraite. C'est aussi à partir de la catastrophe de Marcinelle que la silicose sera reconnue comme maladie professionnelle.

La crise, cependant, va se précipiter. Dernière catastrophe : celle du puits « Les Pechons », 12 morts en 1978. Dernier puits en fonction : celui d'Aiseau-Presles, fermé en 1981.

La liste des victimes de la catastrophe de Marcinelle est

éloquente elle aussi : sur 262 morts, on compte un Néerlandais, un Russe, un Ukrainien, un Britannique, deux Hongrois, cinq Allemands, huit Polonais. Mais 95 Belges et… 136 Italiens. Après la guerre, Rome et Bruxelles ont purement et simplement échangé 50 000 travailleurs italiens contre 2 à 3 millions de tonnes de charbon par an. Par milliers, ils arrivent dans les mines belges ; ceux qui ne veulent pas descendre, effrayés par le « trou noir », sont signalés à la police des étrangers, arrêtés et regroupés dans la caserne du Petit-Château, à Bruxelles, en attendant d'être renvoyés en Italie.

Les autres, qui ont la chance (si l'on ose dire) de rester, vivent souvent dans les anciens camps d'internement construits durant la guerre par les Allemands pour loger les prisonniers de guerre russes travaillant dans les mines. Il faut lire *Rue des Italiens*[6] de Girolamo Santocono pour comprendre « ce qui restera sans doute, selon l'expression de Jacques Van Solinge, comme l'une des plus importantes déportations en temps de paix de notre siècle[7] ».

Patrick Bazagiola, de son côté, écrit qu'avec la catastrophe de Marcinelle, les Italiens de Belgique ont payé « le prix du sang » pour leur intégration dans le royaume[8]. Des chanteurs (Adamo, Claude Barzotti, Frédéric François), des sportifs (Enzo Scifo), des hommes politiques (Elio Di Rupo) témoignent de cette intégration. Quant à Albert Frère, deux de ses principaux interlocuteurs syndicaux dans la sidérurgie, Mirello Bottin et François Cammarata, seront des « Ritals ».

Le génie d'Emile

« Je vous souhaite bonne chance ! » Aloïse Meyer, le grand patron de l'Arbed, était certainement sincère en encourageant ainsi Albert Frère qui venait d'acheter la majorité des parts du

Ruau au géant luxembourgeois de l'acier. Sans doute éprouvait-il aussi une certaine admiration pour l'audace de ce jeune Belge, pratiquement inconnu, qui faisait ainsi irruption dans le milieu si fermé des maîtres de forges. Mais, les affaires étant les affaires, Aloïse Meyer n'était sans doute pas mécontent non plus de se débarrasser de ce Ruau qui ne valait plus grand-chose...

« Nous avons découvert une situation terrible, raconte Albert Frère, et j'ai compris que si l'Arbed avait accepté de vendre, c'était aussi parce qu'elle ne voulait pas attacher son nom à une éventuelle faillite. » Certes, les patrons sont les patrons et Albert Frère a, comme tous ses pairs, un penchant, bien humain, à exagérer la situation qu'il a trouvée, de manière à valoriser son action future. Il n'empêche : quelques mois après avoir acheté le Ruau, le voilà qui va jusqu'à commander une évaluation pour savoir ce que lui rapporterait l'entreprise... si on la vendait à la casse. « Si j'avais pris cette décision, je n'en serais pas là », constate aujourd'hui Albert Frère.

Deux hommes vont lui permettre de transformer le Ruau en une entreprise rentable.

Avec quel argent moderniser l'affaire ? L'homme qui va apporter un début de réponse s'appelle Jacques Van der Schueren. En 1954, il est ministre, libéral, des Affaires économiques. Frère le rencontre pour lui demander une aide de l'Etat par l'intermédiaire de ce qui deviendra la SNCI (Société nationale de crédit à l'industrie). « Il m'a reçu très gentiment, raconte aujourd'hui Albert Frère, et m'a fait accorder un prêt de 40 millions de francs belges [environ 400 millions d'anciens francs français]. » Ce coup d'essai jouera aussi comme une révélation pour Albert Frère qui découvre, au passage, que l'Etat et les hommes politiques ne sont pas si mauvais que cela... à condition de savoir s'en servir.

Fidélité : plus de quarante années plus tard, lors de la tentative d'OPA de Carlo de Benedetti sur la Société générale de

Belgique, c'est à ce même Van der Schueren, devenu vice-gouverneur de la Société générale, qu'Albert Frère promettra de vendre en priorité les actions de la Générale qu'il possède.

Mais il ne suffit pas d'avoir de l'argent, encore faut-il savoir le dépenser et réaliser les investissements nécessaires. Lorsqu'il prend le contrôle du Ruau, Albert Frère a certainement du culot à revendre et une ambition encore plus impressionnante. Il a déjà prouvé qu'il sait vendre aux quatre coins de Belgique et du monde et constituer des équipes efficaces. Mais il ne connaît pas grand-chose à la production. Si, plus tard, comme nous le dira Jean Gandois, il acquerra « un contact intime avec l'acier, comme celui d'un paysan avec son champ », en 1954 il est totalement ignorant de ces choses.

Une nouvelle fois, il va transformer ce handicap en atout. Mais il gardera de cette époque une aversion fondamentale pour les « ingénieurs » – ses ennemis intimes avec les « technocrates ». Issus souvent de grandes familles, formés dans les meilleures écoles du royaume, ces ingénieurs tiennent le haut du pavé dans les bassins sidérurgiques. Comme les maîtres de forges, ils regardent avec un certain mépris cet Albert Frère qui n'a aucun diplôme en poche et veut s'immiscer dans leur monde.

Ils devront vite déchanter. Car au Ruau, Frère inverse complètement la logique selon laquelle s'organise une grande partie de la sidérurgie wallonne : on produit d'abord, on vend ensuite. Lui va d'abord vendre et produire ensuite. Si, comme dit l'adage, « là où il y a une volonté, il y a un chemin », pour Albert Frère « là où il y a une demande, il y a un produit » ! L'enfant de Fontaine-l'Evêque va trouver l'homme idoine pour mettre en œuvre ce principe.

Né en 1919 à Charleroi, Emile Gonze a 35 ans lorsque Albert Frère – de sept ans son cadet – prend possession du Ruau. Adjoint au chef du service « boulonneries », il a un diplôme d'ingénieur-technicien. « Un magicien », dit aujourd'hui de lui Albert Frère, dont l'admiration presque enfantine pour les hommes de l'art est aussi grande que son mépris pour les « penseurs ». (En 1995, un architecte belge, bien connu sur la place, sera étonné de voir Albert Frère, alors au faîte de sa carrière et de sa richesse, en oublier ses rendez-vous pour contempler des heures durant le travail d'un draineur sur le chantier de ses futurs bureaux.)

« Pas de problème, Emile le fera ! » : tel sera l'un des leitmotive d'Albert Frère au Ruau. Fidèle à sa stratégie, le nouveau patron de l'entreprise répond aux appels d'offre du monde entier sans savoir très bien s'il pourra trouver les produits demandés. « Un jour, raconte Emile Gonze, il avait accepté une grosse commande d'un type de produits très spécial, destiné aux armatures de fenêtres, et pour un prix très moyen. A tel point qu'aucun de nos concurrents n'avait accepté le marché. Je lui ai d'abord dit que c'était impossible à réaliser.

— Tire ton plan ! m'a-t-il répondu.

Eh bien, finalement, j'ai trouvé la solution et nous avons pu livrer les produits demandés à des prix compétitifs. »

Et Emile d'ajouter, non sans fierté : « Des gens sont même venus d'Angleterre pour voir comment nous avions fait. »

Albert Frère va remodeler de fond en comble le Ruau. D'abord, il se débarrasse de la section « boulonneries » pour se concentrer sur les laminoirs, qu'il va moderniser. Une des premières fois qu'il rencontre Emile Gonze, Albert Frère lui demande :

— Qu'est-ce qu'il faut faire ?

— Rénover le matériel.

— Eh bien, fais-le !

Ainsi on modernise les deux laminoirs existants, et on en commande un troisième. Pour trouver les machines adéquates, Frère n'hésite pas à emmener tout son monde, y compris Emile Gonze, en Allemagne ou ailleurs. « M. Frère écoutait plus qu'il ne parlait, dit Emile Gonze, mais il ne fallait pas le rouler.» A son retour de voyage, Emile fait un rapport circonstancié sur les machines qu'il a pu voir. «Je lui parlais du prix, mais c'était toujours lui qui négociait. Si nous avions vu une machine qui coûtait 400 ou 500 000 francs belges, eh bien, lui, il pouvait l'emporter pour 250 000 francs!»

Emile est aussi chargé d'observer, discrètement s'entend, ce que font les concurrents, à Liège notamment. «Comme il avait le nez fin, il semblait pressentir les choses. Alors, il me disait : "Emile, va voir un peu ce qui se passe là-bas!"» Quand il y a un ennui, surtout quand la production ne parvient pas à suivre la commercialisation, alors le patron s'énerve et c'est en wallon qu'il apostrophe son employé :

– Emile, ça ne va nin!

«Je ne peux pas dire, explique Emile Gonze, qu'il s'y connaissait vraiment dans la technique, mais il voulait toujours savoir pourquoi telle ou telle chose n'avait pas marché. On lui expliquait et on parvenait à le convaincre.»

«C'était un gaillard qui voulait toujours aménager la production et nous faisait beaucoup travailler», raconte Emile – aujourd'hui sa femme opine tendrement et précise : «Même le dimanche, et même en vacances!» Le dimanche matin, comme son fils, Gérald, a le même âge que le fils d'Emile, Albert arrive chez son directeur technique, pose son fils, boit une tasse de café, et voilà les deux hommes repartis pour une tournée dans l'usine.

La production augmentant, et les ventes aussi, les ouvriers, selon Emile Gonze, sont plutôt mieux payés que chez les concurrents. Et s'il y a un problème social, Albert demande à Emile de s'en occuper :

– Le dirigeant syndical, c'est toi!

Les résultats sont convaincants : en dix ans, la production annuelle du Ruau ne passe-t-elle pas de 46 000 à 450 000 tonnes ? Et puis, ce n'est pas le moindre titre de gloire d'Emile Gonze, le Ruau est à même de fabriquer 454 profils d'aciers spéciaux, dont l'un a servi à la construction de Kennedy Airport. « Nous étions les meilleurs de la CECA [Communauté européenne du charbon et de l'acier] », affirme Emile Gonze, qui continuera au Ruau puis conseillera Albert Frère dans ses autres entreprises jusqu'en 1984 avant de prendre une retraite bien méritée.

« J'ai quitté quand il a quitté. Le travail sans Albert Frère ce n'était plus la même chose. Avec lui, on avait l'impression de travailler en famille. Ainsi, de temps en temps, je devais aller chez sa mère, elle m'offrait toujours une bonne tasse de café. Même si nous nous sommes souvent disputés, il y avait toujours une bonne ambiance. La plupart du temps, il était de bonne humeur et on rigolait bien. »

Chaque année, pour la Saint-Eloi, le patron des sidérurgistes, Emile Gonze envoie une lettre à Albert Frère qui lui répond par retour. Les deux hommes ne se sont jamais revus.

NOTES

1. René Leboutte, *Les Sidérurgistes, Archives de Wallonie*, 1989.
2. René-Pierre Hasquin, *Les Grandes Colères du Pays noir, op. cit.*
3. *Ibid.*
4. Jean Gandois, *Mission Acier. Mon aventure belge*, Paris, Duculot, 1986.
5. René-Pierre Hasquin, *op. cit.*
6. Girolamo Santocono, *Rue des Italiens*, Mons, Editions du Cerisier, 1986.
7. *Le Soir*, 17 juin 1996.
8. *Le Monde*, 1er juillet 1989.

CHAPITRE 5

Les frasques d'Albert

« Toutes sortes de gens passaient à Fontaine-l'Evêque dans nos bureaux, certains avec des turbans, d'autres avec des burnous; ils parlaient dans toutes les langues; c'était une époque formidable » : Jeannine Tubiermont se souvient avec émotion de ses « années Frère », du 1er juin 1956 au 31 mars 1962 très exactement, qu'elle a passées comme secrétaire au service comptabilité de Frère-Bourgeois, sous les ordres de Germain Druart et de Maurice Elter. A cette époque, l'entreprise a quitté la maison de la rue Chavée pour s'installer rue des Combattants, dans l'ancien château d'Hauchy, une grande bâtisse aujourd'hui transformée en clinique.

Car si Albert Frère est devenu industriel en entrant dans le capital du Ruau, il n'en a pas pour autant abandonné Frère-Bourgeois. Se débarrasse-t-on d'une société qui accumule les bénéfices et qui est susceptible d'assurer à d'autres tant de débouchés? Se met alors en place l'extraordinaire combine, parfaitement légale au demeurant, qui va permettre à Albert Frère de réaliser de fructueuses affaires. Pour résumer le montage, on peut dire que Frère-Bourgeois vendait ce que le Ruau produisait et qu'Albert Frère, lui, empochait sa commission à chaque transaction.

« En fait, nous étions un peu des… entremetteurs », avoue Jeannine Tubiermont, avec un grand bon sens. Parfois, la société reçoit des commandes de plus d'un million de tonnes et, si elle parvient à fournir, elle le doit uniquement au talent d'Emile Gonze. Il arrive même que l'on se retrouve avec une cargaison… de pistaches. « C'était une affaire que nous avions traitée au Liban, se souvient Germain Druart, et nous avions accepté d'être payés, en partie, en pistaches. Nous avions heureusement réussi à les revendre à un grossiste, mais Maurice Elter en avait gardé une partie qu'il avait mise en réserve dans un classeur que l'on n'utilisait pas très souvent. Il les avait oubliées pendant longtemps. Le jour où il a dû ouvrir ce classeur, les pistaches avaient pourri, il y avait des petits vers blancs partout, ça grouillait. Je n'ai jamais vu M. Frère rire autant ; pendant des années, on s'est moqué de Maurice et de ses pistaches ! »

Redoutable perversité d'un homme qui a compris que l'on peut exiger beaucoup plus des autres quand on leur donne l'illusion d'appartenir à une famille ? Simplicité naturelle d'un être qui aime avant tout s'amuser, même et surtout pendant le travail ? Force vitale de quelqu'un qui entraîne derrière lui toute son équipe ? Toujours est-il que l'immense majorité des collaborateurs et employés d'Albert Frère, et davantage encore ceux de cette époque, éprouve toujours un attachement très fort pour lui. Il était dur, colérique, souvent injuste, parfois même épouvantable, et pourtant tout le monde l'adorait. « Lorsqu'il a eu sa première Mercedes décapotable, raconte Jeannine Tubiermont, et qu'il est venu au bureau, il avait l'air si content que nous en étions fiers pour lui. Tous les gens de la société allaient admirer la voiture, un peu comme un jouet. »

Les conditions de travail chez Frère-Bourgeois étaient honnêtes, sans plus. « Je gagnais 2 200 francs par mois (environ 200 francs français), ce qui était un salaire moyen, explique Jeannine Tubiermont, et certaines d'entre nous devaient faire plusieurs kilomètres à pied pour se rendre au travail. » Emile Gonze, qui reconnaît que sa situation matérielle s'est bien améliorée avec l'arrivée d'Albert Frère au Ruau, a cette phrase éloquente sur la politique salariale de son ancien patron : « Il avait bien cerné les problèmes financiers, surtout pour les hommes dont il avait besoin. »

Si Albert Frère est le premier au bureau, malheur à celle ou à celui qui sera en retard à son poste. « Quand l'une d'entre nous arrivait après l'heure, se souvient Jeannine Tubiermont, il criait tellement que tout tremblait dans le couloir. » Quant à sa mauvaise foi, elle reste aussi mémorable que ses colères. Jeannine Tubiermont raconte : « Il me téléphone, un jour : "Jeannine, descendez-moi le dossier traité en 1953, marqué de deux traits bleus." Deux traits bleus : acier exceptionnel ! J'étais en train de déjeuner, au bureau, je lui descends le dossier en question et il entre dans une colère terrible : "Mais, c'est nenni, ça !" Je ne me démonte pas, et je lui fais comprendre que c'était bien le dossier en question, alors là il se calme et me dit : "Mais Jeannine, il fallait le dire !"... Il ne fallait pas avoir peur de lui, un jour où il était de nouveau en colère, je me suis mise à pleurer, il m'a donné son mouchoir, il était gêné. »

A partir de 1959, le jour de la Saint-Nicolas, qui est en Belgique la fête des enfants, Albert Frère remet à tous ses employés 2 000 francs belges par enfant sous forme de bons d'achat aux grands magasins de l'Innovation de Charleroi. De même, le jour de la Saint-Eloi, chaque employé se rend à son tour dans le bureau d'Albert pour recevoir une enveloppe contenant un mois de salaire.

Si les heures supplémentaires sont payées, ce n'est jamais de gaieté de cœur. S'amusant en travaillant et travaillant en s'amusant, Albert Frère ne comprend pas toujours comment on peut demander à être payé davantage pour rester au bureau. « Un dimanche, raconte Jeannine Tubiermont, il arrive chez moi avec du produit pour photocopie et me demande de faire 100 photocopies pour le lendemain. Et, à l'époque, c'était un travail très fastidieux. Eh bien, il ne m'a jamais payé les heures supplémentaires. »

On est dur avec les employés dont on n'est pas content. « Celui-là, il a les mains moites, il faut le vider », ira-t-il jusqu'à dire à un de ses collaborateurs en parlant d'un employé. Heureusement pour l'homme aux mains moites, plusieurs personnes firent comprendre à Albert Frère que ce léger défaut n'était pas un motif sérieux de licenciement. Mais il a aussi des mouvements de cœur. « Il devait mettre une fille à la porte, mais elle avait un enfant sourd et muet, et c'était grâce à Madame Madeleine, la mère d'Albert, qu'elle avait été embauchée. Non seulement elle n'a pas été renvoyée, mais elle est restée jusqu'à l'âge de 55 ans au bureau », confie une autre secrétaire de l'époque, qui ajoute : « Il ne voulait pas montrer qu'il avait bon cœur. »

Si Albert Frère ne supporte ni les mains moites, ni les fumeurs, il n'aime pas beaucoup non plus les malades. Lui qui a une santé de fer et raconte qu'il jette toujours à la poubelle les médicaments que son médecin lui conseille de prendre, se montre toujours fort marri quand on lui annonce qu'une de ses employées est absente.

– Qu'est-ce qu'elle a encore, celle-là ?

Et le jour où Jeannine Tubiermont lui demande quelques jours de congé pour rester auprès de son fils qui vient d'être opéré de l'appendicite, il accepte, non sans lui faire promettre de venir quand même quelques heures par jour au bureau...

« *On descend tous dans la rue !* »

« Il faut dire aussi qu'on riait beaucoup », explique Jeannine Tubiermont pour faire comprendre à quel point elle est restée attachée à son ancienne entreprise. « A cette époque, raconte-t-elle, Albert Frère était le président d'honneur des Gilles Fontainois. Un jour, ce devait être en 1958, on était au café Le Phare et il nous dit : "Allez, on descend tous dans la rue, avec les instruments de musique". Nous faisons beaucoup de bruit et, après, on va tous, toujours sous l'impulsion d'Albert Frère, boire un coup à Marchienne-au-Pont, à quelques kilomètres de là. On part à cinq, six voitures, on réveille le cafetier, on va chercher des petits pains. Albert nous dit : "Je vais faire une blague." Il faut dire qu'il y avait dans notre groupe un monsieur très bien, très comme il faut, Fortuné Lempereur, qui était secrétaire général de l'association des familles nombreuses, de l'harmonie municipale, et des Gilles. Il était de toute petite taille. Ce soir-là, il avait énormément bu et dormait par terre. Avec Michel De Saint Aubain ils vont, juste à côté, dans une entreprise de pompes funèbres, réveillent le patron :

— Nous voudrions commander un cercueil pour un de nos amis qui vient de mourir.

— Quelle taille ? demande le croque-mort.

— Il est petit, tout petit, répondent les deux complices qui parviennent, tant bien que mal, à garder leur sérieux.

Les deux gaillards prennent un cercueil, et, avec le patron, qui a, lui aussi, envie de s'amuser, ils retournent au café et mettent le pauvre Fortuné en bière. Il se réveillera ainsi quelques heures plus tard.

Le lendemain matin, il m'appelle au bureau :

— Tu as vu, Jeannine, quelle affaire, on a bien rigolé !

« Il pleurait encore de rire », conclut Jeannine.

Au tennis, comme dans les affaires

« Il savait mettre le feu aux poudres ! » Quoique de seize années plus jeune que lui, Michel De Saint Aubain a été, avec Michel de Namur et Michel Duriau, l'un des compagnons de « guindaille », comme disent les étudiants belges, les plus proches d'Albert Frère avant que ce dernier ne quitte Fontaine-l'Evêque. Les trois Michel formaient ainsi la garde rapprochée du tout jeune patron du Ruau lorsque celui-ci avait envie de « dégager ». Et cela arrivait souvent. « J'ai toujours vu mon père travailler, dit Gérald Frère, mais je l'ai toujours vu aussi prendre des vacances, des week-ends prolongés. C'est difficile à expliquer, mais, pour lui, le plaisir c'est de travailler, et travailler c'est un plaisir. »

Alors, entre deux coups de téléphone, trois négociations, quatre réunions, entre une tournée au Ruau et un ordre d'achat à sa banque, entre les instructions données à ses collaborateurs et la recherche de nouveaux marchés pour quelques centaines de tonnes de billettes achetées le matin, Albert Frère s'amuse. « A midi, raconte Michel De Saint Aubain, le chauffeur d'Albert venait me chercher : c'était l'heure du tennis, et nous jouions une heure ou deux. Souvent, vers cinq heures, nous remettions cela. Si moi, ou un de ses autres partenaires habituels, n'étions pas libres, alors, il passait au bureau et demandait à un de ses employés de jouer avec lui. »

« Il tapait comme un sourd, restant en fond de court, planté comme un chêne et renvoyant toutes les balles, un vrai mur ! », se souvient Michel De Saint Aubain qui garde quelques souvenirs cuisants de ses matches en double avec Albert : « Il entrait dans des colères terribles lorsque je ne courais pas assez vite sur la balle alors qu'il se contentait de rester en fond de court. » Bref, au tennis comme dans les affaires, un bon adversaire est un adversaire... mort. « Allez, avoue aujourd'hui l'un de ses plus fidèles collaborateurs, il jouait au tennis comme un sauvage, il attaquait la balle comme s'il s'agissait d'un dossier. Même chose pour le ski : à peine arrivé, dès la première descente, il fonçait comme un sourd! »

Albert Frère, aussi acharné à réussir sur un terrain de tennis que dans les affaires, perfectionna pourtant son style en prenant de très nombreuses leçons avec André Valentin, qui fut l'un des meilleurs joueurs belges et qui parvint à affiner quelque peu le jeu de son élève. Ce dernier remporta même en 1987 (il avait 61 ans) un tournoi amical organisé, à l'occasion de l'inauguration du Tennis-club du Bois-du-Prince à Charleroi, par des journalistes, des hommes politiques et des entrepreneurs de la ville. Il est vrai que c'était en double et qu'il avait André Valentin comme partenaire!

En 1960, Albert Frère, capitaine de l'Astrid-club de Loverval, avait l'habitude d'emmener son équipe dans sa Bentley gris-métallisé. « Il fallait voir la tête des gamins des cités industrielles quand nous débarquions. Ils entouraient la voiture comme si nous débarquions de Mars », raconte Pierre Francotte, secrétaire général de la Chambre de commerce de Charleroi. On comprend que ces manières de « parvenu » aient terriblement indisposé la bonne société de la région. « Bezo », comme le surnomment certains de ses amis de l'époque, n'en a cure. Il a de l'argent, qu'il a gagné pratiquement tout seul, sans avoir reçu aucune aide de ces « familles » qui se gaussent de lui avant de le jalouser, puis de l'envier et finalement de lui faire allégeance ; et cet argent, il en profite.

Le premier salaire de Gérald

Et que doit-on penser, derrière les fenêtres des « châteaux », lorsque la rumeur (tout se sait) rapporte les virées d'Albert Frère et de sa bande dans les bars de la région... Pas toujours pour fêter, comme le prétendent certains, tel ou tel gros marché enlevé quelques heures auparavant : non, comme tout bon commerçant Albert Frère n'a pas la victoire exubérante. Il faut savoir triompher «à p'tit bru» (à petits bruits), dit-il à ses collaborateurs! (Ah, Albert Frère et ses vieux aphorismes wallons qui réjouissent tant ses proches, surtout quand ils sortent tout droit de son imagination : ainsi ce «On ne doit pas se couper les couilles pour emmerder sa femme», l'un de ses préférés à une certaine époque.)

Souvent, après le tennis, la bande se met en route. Albert n'aimant pas conduire, c'est Michel Duriau qui prend le volant de la Buick, de la Cadillac ou de la Mercedes décapotable – suivant les époques. L'été on va passer la soirée à Knokke-le-Zoute, la station chic de la mer du Nord. Et si on veut faire encore une autre partie de tennis, Albert Frère, qui n'a pas réservé de court, se contente de dire qu'il est avec «Messieurs de Namur et De Saint Aubain» pour que les portes du club huppé s'ouvrent. Puis la bande dîne à La Réserve, le meilleur restaurant du coin. C'est Albert qui paye.

«Il était généreux, mais il ne jetait jamais l'argent par les fenêtres», affirme De Saint Aubain. Dans les bars de Charleroi, le futur patron de la CLT, à peine entré, commande : «Un verre pour tout le monde.» C'est là qu'il aime tant «mettre le feu aux poudres». Un soir, par exemple, au Charlemagne de Charleroi, Albert prend le siphon d'eau gazeuse et commence à arroser le pantalon de Michel Denamur. Hélas, le siphon se coince, et voilà Albert, hilare, en train d'arroser toute la clientèle du bar! Le patron se fâche et l'équipe se retranche aux Templiers, non sans avoir pris la précaution de demander au nouveau patron si «au moins, on peut guindailler ici»... On commande des huîtres chez Lucullus, on boit, on rigole, on mange. Et le lendemain, à sept heures, Albert Frère, frais comme un gardon, prend toujours un malin plaisir à téléphoner, ou à faire téléphoner par sa secrétaire, à ses compagnons de bamboche pour savoir si tout va bien.

Si Albert Frère a appris à affiner ses goûts culinaires – il fait aujourd'hui partie du club des Cent – et est devenu un œnologue averti, ses préférences gastronomiques de l'époque sont plus simples. A midi, c'est souvent le steak grillé et la salade verte chez sa mère. Le soir, rien ne lui fait plus plaisir qu'un énorme steak tartare qu'il va faire chercher chez le père d'un de ses amis, Arille Hermal, qui possède, dit-on alors, la meilleure boucherie chevaline de Fontaine-l'Evêque et de la région. Il l'arrose volontiers de « sailla » (seaux) de Spaten-Braü, sa bière préférée, chez Germaine, propriétaire bienveillante du Café du Phare. A la fin du mois, Albert passe chez Germaine et règle sa note.

La réussite aidant, Albert Frère est convié à des dîners plus mondains. « En fait, il n'a jamais aimé cela, confie un de ses amis, comme s'il avait toujours un petit peu peur d'être seul au milieu de gens qu'il ne connaît pas, ou qu'il n'a pas sous sa coupe. En fait, c'est aussi un grand timide. » Il n'en perd pas pour autant son sens du commerce. « Nous étions à Knokke-le-Zoute, poursuit cet ami, et le soir il était invité à Bruxelles ; comme nous passions devant un magasin très chic, il se dit que ce serait bien d'acheter une robe pour sa femme. Eh bien, vous me croirez si vous le voulez, mais il a réussi à obtenir une solide réduction du prix. »

Pris dans ce tourbillon, Albert Frère n'a peut-être pas consacré tout le temps qu'il aurait voulu à sa famille proche. Sa femme, Nelly, semble vite dépassée par ce rythme trépidant. Quant à Gérald, le fils né en 1951, il est très souvent chez sa grand-mère, Madeleine Bourgeois, ou chez sa tante, Marie-Andrée.

Bon élève (meilleur que son père en tout cas), il a 11 ans, en 1962, lorsqu'il est envoyé dans une des pensions les plus chics de Suisse, Le Rosey, près de Genève. Cette décision est mal acceptée par une partie de la famille d'Albert Frère, qui la trouve un peu sévère. Le type de pension choisi est toutefois très significatif. Après tout nous ne sommes qu'en 1962, et si Albert Frère a déjà un compte en banque rondelet, ses affaires en sont encore à leurs balbutiements. Le fait qu'il ait envoyé Gérald dans un tel établissement confirme sans doute que l'homme est aussi en quête de respectabilité, mais aussi qu'il est apparemment animé de la certitude qu'il deviendra, un jour, aussi puissant que les parents des autres enfants de Le Rosey.

Lorsque Gérald reviendra au pays, en 1965, il entrera à l'Athénée royal de Chimay, l'un des lycées de la région. « Mon père, dit-il aujourd'hui, était plutôt tolérant en ce qui concerne mes activités extra-scolaires pour autant que tout reste dans les bonnes normes ; en revanche, il était très sévère pour mon travail. Il se mettait dans des colères terribles si je n'avais pas de bonnes notes. »

Et Gérald de raconter sa première, et dernière, expérience dans un atelier. « Au cours du premier trimestre de l'année 1966-67, mon père m'avait menacé de représailles, et notamment de me faire travailler en usine, si mes notes, qui n'étaient pourtant pas si mauvaises que cela, ne s'amélioraient pas. Arrivent les vacances de Noël, mon bulletin n'est pas fameux, et mon père me convoque. "Donc, vous allez tout droit sur le platane", me dit-il et il décide d'exécuter la sentence. »

Gérald se retrouve donc à l'atelier du tour à cylindre des Laminoirs du Ruau, où il doit prendre son poste à 6 heures du matin. Mais Albert avait tout prévu sauf que son fils n'avait aucun moyen de se rendre à l'usine à cette heure-là. « Mon père se levait à 4 heures et demie tous les matins pour m'accompagner et je me marrais comme un fou », raconte Gérald. Au bout d'une semaine, Albert convoque Gérald :

– Bon, on arrête.

– Pas question, j'irai jusqu'au bout.

Gérald continuera donc encore une semaine. Au moment de lui verser ses émoluments – ici plus qu'ailleurs tout travail mérite salaire – Albert Frère suggère à son fils de verser ceux-ci à la caisse des œuvres sociales de l'entreprise.

– Pas question !

Voilà comment Gérald Frère toucha ce jour-là son premier salaire. Il entrera en 1969 à l'Université libre de Bruxelles (ULB) pour faire ses études de droit. Encore un choix significatif. L'ULB, c'est le fief de la libre-pensée, un courant encore important en Belgique, qui s'oppose à l'Université de Louvain, la catholique. Or, si les luttes entre néerlandophones et francophones sont constitutives de la Belgique, l'opposition entre chrétiens et laïques, aussi exacerbée en Flandre qu'en Wallonie, est un clivage tout aussi déterminant de la société belge. Chaque courant de pensée a ainsi ses partis politiques, ses syndicats, ses universités, ses journaux.

Albert, pourtant, bien que sa mère fût profondément croyante et qu'il affirme croire en Dieu, ne fait pas partie de la grande famille des catholiques. Ses principaux détracteurs, nous le verrons, ne seront d'ailleurs pas les socialistes, mais certains catholiques bien-pensants. (Politiquement, encore que ses engagements en la matière ne l'aient jamais préoccupé outre mesure, il se veut proche du Parti libéral, le plus petit des partis traditionnels qui, entre les sociaux-chrétiens et les socialistes, se veut l'émanation de la bourgeoisie éclairée.)

Gérald, comme il le dit lui-même, n'est pas le plus assidu des étudiants de l'ULB et fréquente davantage les bars que les amphithéâtres. Il se laisse aller, boit beaucoup, fait la fête. Son père s'inquiète alors auprès de ses amis. Lui, le fonceur, le chef, il ne se reconnaît pas dans ce fils qu'il juge un peu mou, apparemment sans ambition, qui perd son temps dans les cafés à un âge où lui, Albert, prenait la vie à bras-le-corps. Un ami lui conseille d'employer Gérald, qui aime la campagne et nourrira toute sa vie une passion pour les chevaux, comme régisseur de sa maison des Ardennes. En fait, Gérald entrera en 1972 au service comptabilité des affaires de son père et, nous le verrons, prendra au fil des années une assurance certaine. A sa manière, plus feutrée que celle de son père.

A l'âge de 30 ans, Albert Frère confie volontiers à Michel De Saint Aubain, avant de partir en virée à Knokke-le-Zoute ou à Charleroi : « Un jour, ce sera moi le patron de toute la sidérurgie wallonne ! »

CHAPITRE 6

On le fera par la finance !

– Maurice, je crois que je viens de faire une connerie !

Le fidèle Maurice Elter n'en revient pas : non seulement le patron s'est fait avoir, mais il le reconnaît. Nous sommes au printemps 1966. Quelques minutes plut tôt, Albert Frère était dans le bureau de Joseph Moise, le patron de Paribas-Belgique, un homme qui siège au Conseil de Paribas et dans près de quarante conseils d'administration en Belgique, de l'électricité aux charbonnages en passant par la grande distribution.

« Le plus beau de tous les fleurons de l'empire Paribas à l'étranger, écrit Jean Baumier[1], c'est assurément l'ensemble formé par la Banque Paribas (Belgique) et son associée, la Compagnie financière Cobepa ». Parmi les groupes familiaux, explique Jean Baumier, qui ont participé à la création de la Banque de Paris et des Pays-Bas à Paris en 1872, l'un d'entre eux, la dynastie Bischoffsheim, a joué un rôle éminent.

Installée au début du XIXe siècle dans le royaume des Pays-

Bas, qui regroupe une partie de la Hollande et de la Belgique d'aujourd'hui, cette famille avait pignon sur rue tant à Amsterdam qu'à Anvers. Lorsqu'en 1830 la Belgique devient indépendante, Jonathan Raphaël Bischoffsheim est nommé représentant de la maison pour l'ensemble du nouveau royaume. Allemand d'origine, il se fait naturaliser belge et devient l'un des maîtres d'œuvre de l'industrialisation du pays.

C'est son neveu, Henri Bamberger, qui, avec Edmond Joubert, portera en 1872 la Banque de Paris et des Pays-Bas sur les fonts baptismaux. Bref, ce qui deviendra Paribas est sans doute le groupe financier français d'importance le plus intimement lié à la Belgique. A la fin des années 1920, Paribas-Belgique n'est-elle pas la seule banque étrangère admise à participer aux opérations d'émissions du Trésor, au même titre que les établissements bancaires locaux ?

Exsangue à la sortie de la Seconde Guerre mondiale, Paribas-Belgique va connaître ensuite une formidable expansion. Ainsi son bilan total passera-t-il de 1,5 milliard de francs belges en 1950 à 35 milliards en 1970. Une fois encore, on peut dire qu'Albert Frère a eu du nez en choisissant ce partenaire.

Maurice Naessens, le proconsul

Tout a commencé dans un café de Charleroi, où le gérant de l'agence Paribas de Charleroi a l'habitude de prendre l'apéritif avec Albert Frère. Les affaires d'Albert marchent fort bien et Maurice Naessens s'en aperçoit, lui, le véritable « proconsul » de Paribas en Belgique, toujours à l'affût de sang neuf et qui s'interroge sur ce jeune Carolo, habitant de Charleroi, dont la réputation commence à dépasser les frontières de sa région...

Né à Anvers en 1907, d'une mère femme de ménage et d'un père huissier à la mairie de la ville, Maurice Naessens est un personnage hors du commun. Après des études secondaires brillantes, il s'embarque comme matelot à destination des Etats-Unis. Il revient en Belgique pour faire des études supérieures, tout aussi brillantes, et se lance dans la politique. Flamand, il devient «flamingant», comme on appelle ici les ultras de la cause flamande. Dans cette Flandre dominée par les sociaux-chrétiens, il milite pour le parti socialiste, au sein de la tendance la plus dure. « Pour lui, écrit Jean Baumier, l'argent, c'est l'ennemi. » Dans un ouvrage polémique, il proteste ainsi contre le fait que «les trafiquants d'armes sont aidés par certaines banques spécialisées et notamment la Banque de Paris et des Pays-Bas...»

Naessens va ensuite virer sa cuti. Après avoir dirigé une agence de la Caisse d'Epargne, il entre en 1950 à Paribas-Belgique, dont il deviendra le directeur général, puis le président en 1974. Parlant parfaitement le français, homme de grande culture, mécène, il va donner à Paribas-Belgique son essor. Notamment en lui permettant de s'implanter dans une Flandre en pleine expansion alors que l'économie wallonne commence à donner des signes d'essoufflement.

Naessens se lie d'amitié avec Albert Frère et lui fait donc rencontrer Joseph Moise. «En fait, c'est lui qui m'a appelé pour me donner un rendez-vous», précise Albert Frère, qui ne se sentait plus d'aise – il rit encore de sa naïveté – d'avoir été mandé par un homme aussi prestigieux. D'autant plus que, dès le début de l'entretien, Joseph Moise (qui, soit dit en passant, est encore plus sourd que le bon directeur de l'Arbed) caresse le Carolo dans le sens du poil :

– Nous vous considérons comme un de nos amis...

«J'étais si fier de savoir qu'un personnage aussi important puisse me compter parmi ses amis!» avoue Albert Frère.

«A l'heure des yuppies qui font ou défont une fortune en quelques semaines, et obtiennent aussi vite l'aval, et l'argent, d'établissements financiers prestigieux – quitte à les faire sombrer corps et biens –, philosophe un financier belge, on peut être frappé par le temps qu'il a fallu à un homme comme Albert Frère pour être considéré comme un interlocuteur respectable. »

« Je ne leur en ai pas voulu, dit aujourd'hui Albert Frère [mais doit-on le croire?], de m'avoir obligé à faire mes preuves. Au début, c'est vrai, ils me considéraient comme un intrus, mais je les ai obligés à me prendre au sérieux. J'avais bonne réputation, je payais mes contrats, je trouvais des marchés pour les autres entreprises, qui, elles, ne prenaient pas de risques. Petit à petit, les usines se sont enhardies et ont accepté de me vendre leurs marchandises. Jusqu'au moment où ce sont les autres qui sont devenus demandeurs car j'avais une sérieuse force de frappe commerciale et ils devaient souvent passer par moi. »

Bref, fier comme un coq d'être considéré par M. Moise comme un « ami » de Paribas, Albert Frère écoute la suite :

– Nous venons de procéder à une augmentation de capital d'Hainaut-Sambre et, bien entendu, comme à tous nos amis, nous vous avons réservé une partie des actions créées, car cette augmentation de capital est une réussite.

Hainaut-Sambre, ce n'est pas rien. Neuvième entreprise industrielle de Belgique, constituée en 1955 par la fusion de deux sociétés voisines – les Usines métallurgiques du Hainaut (fondées en 1829) et la Société métallurgique de Sambre et Moselle (1836) –, Hainaut-Sambre, implantée à Couillet, Montignies-sur-Sambre et Châtelineau, ne cesse d'augmenter sa production : de 1,3 million de tonnes (en aciers-lingots) en 1964 à 1,7 million en 1969. Rien à voir, donc, avec le Ruau, qui était en pleine déconfiture lorsque Albert Frère en a pris la direction.

Il reste que l'augmentation de capital n'a rien à voir avec le succès annoncé. « Je le savais bien, raconte Albert Frère, mais j'étais tellement flatté que je n'ai rien dit et que j'ai accepté tout de go l'"offre" de M. Moise, et ce n'est qu'ensuite, dans la voiture, que j'ai dit à Maurice Elter que je m'étais fait avoir. »

La conviction, les armes et la finance

Et de deux : après le Ruau, Hainaut-Sambre va donc faire partie de l'empire d'Albert Frère, même si ce dernier a l'impression qu'on lui a un peu forcé la main. Peu importe en effet : ce premier coup réalisé avec Paribas permet à Albert Frère de mettre un pied dans le groupe. « Pour Frère, écrit Daniel VanWylick[2], l'association avec Cobepa est profitable à plus d'un titre. Elle lui apporte capitaux et know-how dans la gestion des holdings et lui confère une envergure internationale grâce au groupe Paribas. » Car, et c'est cela qui compte, Albert Frère ne va pas se contenter de faire de la figuration. En 1968, moins de deux ans après son rendez-vous avec M. Moise, grâce a l'appui de Cobepa, l'antenne belge de Paribas, il est nommé président du Comité de direction de Hainaut-Sambre.

Quatre ans plus tard, toujours avec l'aide de Paribas, il devient le patron d'une nouvelle entreprise du bassin de Charleroi : Thy-Marcinelle. Et de trois.

La conquête de ce fleuron de la sidérurgie du bassin de Charleroi, implanté à Marcinelle et à Monceau-sur-Sambre et dont la production, en millions de tonnes d'acier-lingots, est passée de 1 en 1966 à 1,4 en 1972, vaut d'être contée tant elle éclaire les motivations et les manières du Carolo.

Les motivations d'abord. « Ce qu'il est impossible de faire par la conviction, on le fera par les armes ; et la finance, cela sert à cela » : plus de vingt années après, Albert Frère emploie encore des mots vengeurs et guerriers pour expliquer pourquoi, en moins de vingt ans, il a ainsi pris le contrôle de l'essentiel de la sidérurgie du bassin de Charleroi. « Quand je voyais le morcellement du tissu industriel de l'époque, explique-t-il, le fractionnement des investissements, je trouvais cela ridicule. En quelque sorte, on dupliquait les investissements : Thy-Marcinelle faisait monter une bande d'agglomération, Hainaut-Sambre aussi. Moi, je pensais qu'une seule aurait suffi et cela me révoltait. Des baronnies s'étaient créées avec autant de hobereaux qui travaillaient chacun de son côté. » Et de porter l'estocade : « Se regarder, heureux, dans sa glace, c'est une chose ; la réalité, à savoir les comptes pertes et profits, c'en est une autre. »

« Et c'est pour faire entendre raison à ces hobereaux que je suis devenu financier, pour pouvoir prendre, par cet intermédiaire, le contrôle des entreprises et faire avancer les choses », explique Albert Frère. Et d'ironiser : « Lorsque j'ai pris le contrôle de La Providence, on a dit : c'est donner la truffe au pourceau ; certes, mais vous avez déjà vu le contraire : la truffe qui mangerait le pourceau ? »

Il faut dire que La Providence, une autre entreprise sidérurgique, était considérée comme une des valeurs refuge de tout épargnant belge au même titre que les « parts de réserves » de la Société générale de Belgique, et que voir cette institution tomber entre les mains du fils d'un marchand de clous avait profondément choqué la bonne société du royaume.

Comment Frère est-il donc parvenu à prendre le contrôle de Thy-Marcinelle ? Celle-ci était, en fait, contrôlée par le groupe de Launoit, considéré longtemps comme la deuxième puissance financière du royaume après l'intouchable Société générale. « Le groupe de Launoit, écrit Anne Vincent [3], structuré autour de trois sociétés, Brufina, Cofinindus et Banque de Bruxelles, était traditionnellement la deuxième puissance financière du pays – du moins si l'on prend en compte les activités exercées en Belgique. » Fondée en 1871, la Banque de Bruxelles était à l'origine du groupe qui devait son essor au regroupement, sous la houlette de la famille de Launoit, de nombreuses sociétés.

En 1972, lorsque Albert Frère attaque Thy-Marcinelle, c'est le comte Jean-Pierre de Launoit qui se trouve aux commandes du groupe. Grand amateur de musique classique – son principal titre de gloire est de présider aux destinées du Concours Reine-Elisabeth –, volontiers dilettante, humaniste et racé, il forme un couple étrange avec Albert Frère, massif, fonceur et roublard et si, aujourd'hui, ils travaillent bien ensemble, leur premier contact fut explosif.

Albert Frère, toujours avec l'aide de l'antenne belge de Paribas, Cobepa, va être bien près de faire échouer l'une des grandes fusions de l'histoire financière belge : celle qui devait unir les holdings Brufina et Cofinindus, possédés par la famille de Launoit, d'une part, et la Compagnie Lambert, de l'autre. Brufina et Confinindus possédaient notamment des intérêts dans la sidérurgie, dont Thy-Marcinelle, mais aussi dans de nombreux autres secteurs. Le groupe de Launoit n'était-il pas l'un des principaux actionnaires de la Compagnie luxembourgeoise de télédiffusion, la fameuse CLT, devenue aujourd'hui l'un des acteurs de l'extraordinaire bataille de la télévision numérique, et qui, depuis, est tombée, avec tout le groupe Bruxelles-Lambert, dans les mains... d'Albert Frère lui-même ? Mais n'anticipons pas.

Pour le moment, à l'hiver 1971-1972, les conversations, « exploratoires et confidentielles », vont bon train entre Jean-Pierre de Launoit et le baron Léon Lambert, responsable de la Compagnie Lambert pour l'industrie et la finance. Objectif : envisager la fusion des deux groupes. Les discussions progressent, l'accord est sur le point d'être conclu, lorsque, en septembre 1972, les comploteurs apprennent qu'un troisième larron veut s'opposer à la fusion et a les moyens de le faire.

Le quotidien flamand *Het Volk* révèle en effet qu'« un groupe bancaire français ayant de solides attaches en Belgique aurait soumis un plan d'offre publique d'achat sur Cofinindus ». La Bourse de Bruxelles entre en effervescence, les pouvoirs publics, qui souhaitent le rapprochement, s'affolent. On connaît vite le nom de l'impétrant : la Cobepa, filiale belge de Paribas. Ce qu'on sait moins – et la plupart des journaux de l'époque ne mentionnent même pas son nom –, c'est qu'Albert Frère est le principal artisan de cette contre-attaque.

Avec Pierre Scohier, le patron de la Cobepa, qui sera, nous le verrons, dans la plupart de ses bons et de ses mauvais coups, le Carolo veut lui aussi acquérir Brufina et Cofinindus et mettre la main sur les participations sidérurgiques des deux holdings.

« On le fera par la finance ! » : fidèles à ce principe, Albert Frère et Cobepa achètent des actions des deux holdings, pour porter respectivement leur participation à 25 % de Cofinindus et 12,5 % de Brufina. Ce qui s'appelle tout simplement acquérir une minorité de blocage. Lorsque le comte de Launoit et le baron Lambert veulent sceller leur alliance, ils sont obligés d'en référer à Frère et Scohier, qui, dans un premier temps, s'opposent à la fusion. Le gouvernement belge, soucieux d'éviter l'affrontement entre les deux groupes, convoque alors une table ronde, sous la houlette du président de la Commission bancaire et financière, Eugène de Barsy. « Ce furent des discussions difficiles mais toujours empreintes de courtoisie et de respect mutuel », se plaît à dire aujourd'hui Jean-Pierre de Launoit[4]. L'accord sera conclu et la fusion entre Brufina, Cofinindus et la Compagnie Lambert se fera pour donner naissance au groupe Bruxelles-Lambert.

On imagine mal Frère et Scohier n'exigeant pas de contreparties. En fait, ils obtiendront ce qu'ils veulent : Thy-Marcinelle. « Léon Lambert et Jacques Thierry ont accepté cet accord car la sidérurgie était assez loin de leurs préoccupations, bien que, il ne faut pas l'oublier, à cette époque ce secteur marchât encore très fort. Thy-Marcinelle dégageait ainsi un cash flow de près de 300 millions de francs belges par mois», précise Jacques Moulaert, l'un des responsables du groupe Bruxelles-Lambert.

Les armes de la finance peuvent être, provisoirement, rangées au vestiaire. Mais Albert Frère aura certainement retenu de nombreuses leçons de cet épisode. Pour le moment, il a accru sa puissance dans la sidérurgie, apparemment le seul secteur qui l'intéresse. Quand on connaît la suite, et notamment la manière dont il s'emparera du groupe Bruxelles-Lambert moins de dix années plus tard, on devine que cette passe d'armes financière aura donné quelques idées au Carolo...

Les vases communicants

Résumons-nous. Il était une fois le fils d'un marchand de clous qui avait développé une petite affaire d'exportations de produits sidérurgiques, puis s'était rendu maître d'une, puis de deux, puis de trois, puis de pratiquement l'ensemble des industries métallurgiques de sa région, tout en continuant à développer son commerce, sans oublier de poser les fondations d'un solide empire financier. Le génie d'Albert Frère, si génie il y a, aura été de mener de front ses différentes activités tout en prenant un soin jaloux de bien les différencier en créant un réseau complexe de sociétés. Bref, lui, le mauvais élève, d'avoir extrêmement bien assimilé la technique des vases communicants.

Dans sa «Chronique impressionniste d'une crise sans retour»[5], Luc Delval parle ainsi des deux «recettes magiques» d'Albert Frère. Première recette : séparer juridiquement les centres de profit (sociétés commerciales et financières) et les centres de perte (sociétés industrielles). La deuxième recette est étroitement liée à la première puisqu'il s'agit de monopoliser la commercialisation. Chaque fois qu'il a pris le contrôle d'une entreprise, même avec l'aide d'autres groupes, Albert Frère a toujours gardé exclusivement pour lui, c'est-à-dire pour Frère-Bourgeois Commerciale, l'exclusivité totale de la vente des produits de sa nouvelle entreprise.

S'il n'est pas le seul à procéder ainsi, nombre de familles de maîtres de forges s'étant efforcées, elles aussi, de gagner dans la commercialisation ce qu'elles avaient perdu dans la production, personne, sans doute, n'y a réussi aussi bien qu'Albert Frère. « Son truc, explique un spécialiste du secteur, encore bluffé trente ans après par la performance de l'enfant de Fontaine-l'Evêque, sera de mettre des péages sur l'autoroute aux endroits précis où cela peut rapporter. Quitte même à acheter parfois un tronçon de l'autoroute... pour le revendre deux fois plus cher. »

Ce qui rappelle l'histoire, devenue célèbre dans toutes les salles de rédaction françaises : Joseph Kessel est de retour d'un reportage en Afghanistan, au cours duquel il a été obligé, alors qu'il se trouvait sur les pistes du Chamir, d'acheter un âne pour se déplacer. Stupeur, et gigantesque éclat de rire de son rédacteur en chef en lisant la note de frais de Jeff : Achat d'un âne : 2 000 francs, puis, vingt lignes plus loin : Vente de l'âne : 500 francs ! Albert Frère n'achète pas d'âne, mais des billettes. Pourtant, comme le grand Jeff, il « touche » chaque fois qu'il peut...

Dans un secteur où les investissements sont considérables, la rentabilité commerciale est bien plus forte que la rentabilité industrielle. Pour caricaturer, disons que là où le commerçant a besoin d'une petite équipe soudée et dynamique, d'un télex et de tout son culot, les industriels, eux, emploient des milliers d'ouvriers, doivent mobiliser des sommes très importantes pour moderniser leur outil. La question qui se pose alors est évidente : pourquoi, dans ces conditions, Albert Frère ne s'est-il pas contenté de faire fructifier sa maison de commerce et s'est-il engagé dans l'industrie ? La réponse est complexe.

Il y a d'abord, sans aucun doute, la volonté de multiplier ses gains. Certes, les risques, en prenant le contrôle de la production, étaient grands, mais en gérant l'ensemble au mieux de ses intérêts, Albert Frère, comme le joueur qui achète le casino, a pu gagner sur les deux tableaux. « Bien sûr, ajoute un haut fonctionnaire de la commission européenne en charge, à l'époque, du dossier "acier", qu'Albert Frère pouvait aussi perdre de l'argent, mais, dans cette hypothèse, il en perdait avec les autres alors que, ce qu'il gagnait, il le gagnait tout seul. » Et le principal reproche qui sera adressé à Albert Frère lorsque la crise touchera de plein fouet la sidérurgie wallonne sera d'avoir continué à toucher les profits et d'avoir fait endosser tout ou partie des pertes à l'Etat.

Mais il n'y a pas que cela. Certes, l'argent est une motivation importante pour lui. Mais le même homme ne dira-t-il pas un jour à l'un de ses amis : « Ce que j'aimerais, c'est avoir un boulevard qui porte mon nom à Charleroi » ? Bref, son ambition ne se limite pas à arrondir sa pelote. A ce moment-là de sa vie – tous les témoins de l'époque en conviennent –, Albert Frère est totalement immergé dans la sidérurgie. C'est son terreau, sa raison de vivre, il ne peut s'endormir sans savoir combien de milliers de tonnes de ronds à béton, de billettes ou de coils ses usines ont produits dans la journée. Milliers de tonnes qu'il va aussitôt transformer, dans sa tête, en autant de millions de francs de commandes. Mais milliers de tonnes dont il est si fier parce qu'elles sortent de *chez lui*.

Industriel et fier de l'être

« Mais chassez-moi ce fou ! » Le responsable d'un laminoir d'Hainaut-Sambre se souviendra longtemps de ce jour où, apercevant de loin un individu bizarre, mal vêtu d'un vieux cache-poussière plein de trous, portant un casque usé, en train de marcher l'air de rien entre les machines ronflantes, il piqua une colère terrible contre ses services de sécurité « qui laissaient rentrer n'importe qui dans l'entreprise ! ». Et quelle ne fut pas sa stupeur lorsqu'il découvrit que l'hurluberlu en question n'était autre qu'Albert Frère, venu, à l'improviste, inspecter ce laminoir !

« Inspecter n'est pas le mot juste, reprend le proche d'Albert Frère qui nous a raconté cette anecdote, en fait, Albert avait toujours besoin d'un contact physique avec les choses, avec les gens. C'est pour cela qu'il a toujours du mal avec les technocrates, les banquiers, les hommes d'affaires, voire avec les ingénieurs, tous ceux qui n'ont qu'un contact livresque, indirect, désincarné, avec les réalités. Si, ce matin-là, Albert Frère était à l'usine, c'était, beaucoup plus, pour jouir en quelque sorte de son bien que pour mener une quelconque tournée d'inspection. » Il n'empêche : le responsable du laminoir se fit copieusement engueuler par le patron, le sang de ce dernier n'ayant fait qu'un tour lorsqu'il avait vu, par terre, plusieurs cadavres de bouteilles de bière, mais surtout... des mégots de cigarettes !

A la tête de la majeure partie de la sidérurgie carolorégienne, Albert Frère va mener de front plusieurs activités. Industriel, commerçant, financier, il est aussi au centre d'un réseau complexe de pouvoirs. Et... il continue à s'amuser. Analyser séparément ces différentes facettes permet, certes, de mieux comprendre la « méthode Frère ». Mais il ne faut jamais oublier, sous peine de passer à côté du personnage, qu'Albert Frère a toujours tout fait en même temps et que ces différents instantanés le présentant tour à tour en industriel, en commerçant ou en financier doivent être, au bout du compte, superposés comme autant d'esquisses complémentaires.

Albert Frère est-il essentiellement un commerçant de génie ? Beaucoup le pensent. Pas lui. Son expérience d'industriel est peut-être celle qui l'a le plus marqué. « Dès son entrée en Hainaut-Sambre, en 1967, je l'ai emmené faire un tour des installations, qui étaient souvent très obsolètes. Il m'a dit : "Si je mettais 400 millions [de francs belges, soit environ 40 millions de francs français de l'époque] à votre disposition, quels sont les éléments que vous remplaceriez ?" Je lui ai rapidement répondu, et, très vite, j'ai eu ces 400 millions » raconte Jacques Van De Steene, qui, à l'époque, était directeur d'Hainaut-Sambre. 400 millions qui seront « levés » par un emprunt obligatoire émis par Paribas. Souci d'épater le journaliste venu l'interroger sur sa carrière ? Mémoire éléphantesque ? Toujours est-il que, près de trente ans plus tard, Albert Frère se souvenait, à quelque décimales près, des conditions exactes de cet emprunt !

Agé de six ans de plus qu'Albert Frère, Van De Steene va rapidement devenir l'un des éléments clés de la garde rapprochée du Carolo, le patron lui confiant plus tard d'autres responsabilités. Comme au Ruau, comme dans toutes les entreprises qu'il prend en main, le style change vite à Hainaut-Sambre. Finis les rapports compassés entre les gens, oubliés les costumes trois-pièces, jetées aux oubliettes les politesses inutiles !

Et, surtout, définitivement enterrées les méthodes de travail aussi obsolètes que les machines. Pour bien prendre la mesure de la révolution qu'a engendrée l'arrivée d'Albert Frère dans la sidérurgie carolorégienne, il faut avoir à l'esprit que la plupart des entreprises sidérurgiques de la région n'avaient pas, à proprement parler, de patrons. Les ingénieurs qui dirigeaient les entreprises n'étaient en fait que les mandants des grands groupes financiers, dont le siège se trouvait à Bruxelles. Même les syndicats se féliciteront d'avoir, enfin, un « vrai » patron.

Et voilà maintenant Van De Steene, désormais en bras de chemise comme son patron, cherchant à utiliser au mieux ces 400 millions d'investissements dont il n'aurait osé rêver...

Raconté par plusieurs témoins de ces négociations, et notamment par Van De Steene et Yves De Wasseige, ingénieur à Hainaut-Sambre, qui fera ensuite une carrière politique dans les mouvements fédéralistes wallons, voici Albert Frère dans son meilleur rôle, celui de négociateur de machines nouvelles – ces coulées continues ou ces hauts-fourneaux à plusieurs milliards de francs belges pièce.

Premier acte : la préparation. *Moderato, ma non troppo.* « Albert Frère faisait confiance au technicien que j'étais, raconte de Wasseige, il me consultait sur l'équipement que je souhaitais, et c'était celui-ci qu'il décidait d'acheter. Mais il me demandait des fiches très précises sur les autres offres. Une fois que nous avions décidé, il convoquait le responsable de la firme dont nous avions choisi le matériel. » Frère veut tout savoir de lui. « Il me demandait, poursuit de Wasseige, si je le connaissais, quels étaient ses goûts gastronomiques, s'il aimait la chasse ; je n'ai jamais vu quelqu'un se mettre aussi bien et aussi rapidement à la place de son interlocuteur pour mieux comprendre ses réactions, souvent même les anticiper et parvenir ainsi à trouver exactement son point faible. Le voir négocier, c'était extraordinaire. » « Il avait une capacité d'empathie proprement incroyable », ajoute un haut fonctionnaire de l'Etat belge qui a été amené à négocier avec lui.

Deuxième acte : l'attaque. *Allegro.* « Albert Frère mettait l'affaire en route à neuf heures du matin et, au bout d'une heure environ de préliminaires, il me laissait poursuivre la discussion », se souvient Van De Steene. De Wasseige ou d'autres ingénieurs ne sont pas loin, prêts à intervenir pour régler tel ou tel problème technique. De temps en temps, Albert fait appeler l'un ou l'autre de ses lieutenants :

— Alors, il en est où ?
— Toujours au même prix !

On l'aura compris : une fois que ses ingénieurs ont fait

leur choix sur l'équipement le plus adéquat, Albert monte en première ligne.

Troisième acte : à la fin de l'envoi, je... touche ! Vers 18 heures, le patron revient, prend les affaires en main et sort son argument-massue pour faire baisser le prix de son interlocuteur : la fameuse « offre-robot ». Laissons raconter de Wasseige : « Il montrait plusieurs fiches, avec les offres des différents concurrents, en mettant une particulièrement en avant : non seulement l'équipement proposé était le moins cher, mais il était techniquement le plus performant. » « Cette offre, précise Van De Steene, n'était en fait qu'une offre-robot, faite d'un montage que nous avions très sérieusement mis au point, intégrant les éléments les plus intéressants de toutes les autres propositions. » Le « truc », c'est qu'Albert Frère ne présente pas du tout cette fiche comme une offre-robot, mais comme une proposition en bonne et due forme. Conclusion unanime : dans l'immense majorité des cas, le truc marchait et Albert Frère parvenait à faire descendre le prix proposé au montant exact qu'il avait fixé au début de la négociation.

Il arrive pourtant qu'en dépit de son habileté, de ses ruses les plus savantes, Albert Frère ne parvienne pas à faire fléchir son interlocuteur, qui reste campé sur ses prix. « Dans ces cas-là, raconte de Wasseige, Albert Frère était intraitable et refusait de lui commander quoi que ce soit ; il préférait acheter une machine ailleurs, même si elle coûtait plus cher. »

Il y a eu pire. Un jour, un fabricant avait accepté de baisser ses prix mais trop tard, une fois qu'Albert Frère avait « topé là » – comme chez les chevillards, la parole donnée ici vaut toutes les signatures de contrat – avec un concurrent. « J'appelle Albert Frère, raconte Van De Steene, et je lui dis qu'on peut avoir la machine pour près de 8 % moins cher. Il était vraiment fou de perdre ainsi tant d'argent. Il m'a téléphoné :
– Rappelle la première firme et fais-leur savoir que nous

avons une offre plus intéressante. Dis-leur, aussi, que, bien entendu, nous ne remettrons jamais en question la parole que nous leur avons donnée ! »

Et voilà Van De Steene devant une mission impossible. « Vous ne me croirez pas, en rit-il encore, mais nous avons, en fin de compte, réussi à obtenir un petit "geste" de notre premier fournisseur. » « Je négociais le moindre boulon », dit Albert Frère quand on lui reproche d'avoir dépensé, ou fait dépenser, trop d'argent dans ses entreprises sidérurgiques. Et d'ajouter : « A la commission des achats, tout était passé au crible. »

Le principal motif de satisfaction d'Albert Frère durant toute sa carrière sidérurgique, celui dont il parle encore avec une fierté non dissimulée, se nomme Carlam, ou Société carolorégienne de Laminage.

Le 26 décembre 1973, alors que la crise pétrolière bat son plein, le Comité de concertation de la politique sidérurgique (CCPS), un organisme créé par le gouvernement belge pour tenter de remettre un peu de cohérence dans le secteur sidérurgique, notamment en matière d'investissement, donne, à une voix de majorité, son feu vert à deux énormes investissements dans le bassin de Charleroi : 3,8 milliards de francs belges (environ 300 millions de francs français) pour construire un train laminoir à larges bandes à Hainaut-Sambre, et 2,5 milliards de francs belges (environ 200 millions de francs français) pour la transformation de Thy-Monceau-Marcinelle en aciérie OBM, un procédé moderne d'affinage de la fonte par soufflage d'oxygène par le fond du convertisseur.

Cette décision va mettre le feu aux poudres entre Liège et Charleroi. En créant Carlam, qui sera inauguré en octobre 1976, Albert Frère lance en effet Charleroi dans la production de produits plats, spécialité de Liège, alors que jusque-là le Pays noir était spécialisé dans les produits longs. La différence est fondamentale : alors que les produits longs (ronds à béton, rails, poutrelles) sont de moins en moins utilisés, les produits plats (feuillards, tôles) sont en pleine expansion, tant dans le bâtiment (cloisons préfabriquées) que dans l'industrie automobile ou les containers.

D'autant qu'Albert Frère a l'intention d'aller encore plus loin et se propose d'investir dans la construction du nec plus ultra, à savoir des installations permettant de fabriquer des produits plats, mais à froid. L'acier extrêmement fin permettant par exemple de fabriquer les canettes de bière ou de Coca-Cola doit en effet être laminé à froid. Le projet ne verra pas le jour, mais, encore aujourd'hui, beaucoup, comme le dirigeant syndicaliste Mirello Bottin, secrétaire général de la fédération des métallurgistes du syndicat socialiste (FGTB), sont persuadés qu'Albert Frère, s'il était resté dans la sidérurgie, aurait construit ces installations ultra-modernes.

On ne comprendrait rien à l'attachement d'un grand nombre de gens dans la région de Charleroi à la personnalité d'Albert Frère si l'on négligeait cette création de Carlam. Même si celle-ci ne fournissait à elle seule que 500 emplois (et 1 500 en amont), elle redonnait espoir à toute une région. Espoir et fierté. Sans compter qu'Albert Frère a modernisé ses autres outils de production. A la fin des années 1970, Charleroi dispose ainsi de deux coulées continues, ces installations qui permettent, en une seule opération, d'obtenir des demi-produits au départ de l'acier liquide et d'éviter la coulée en lingots et le dégrossissage de ceux-ci par le passage dans des trains particuliers. Liège, de son côté, ne dispose d'aucune coulée continue...

« Jusqu'à cette période, Albert Frère peut, sans forfanterie, se féliciter de son action d'industriel. C'est après que son action prêtera plus à controverses », commente un homme politique belge.

Les truffes

Parallèlement, le commerçant continue à faire flèche de tout bois. Comme c'est maintenant devenu son habitude, il a scindé les Etablissements Frère-Bourgeois en deux entités distinctes – toujours les vases communicants : l'une, les établissements Frère-Bourgeois, sera le holding du groupe, l'autre, la SA Frère-Bourgeois Commerciale, engrangera les bénéfices et multipliera les bonnes affaires, puisqu'elle a comme raison sociale les ventes d'acier en Belgique et à l'étranger.

Une truffe, car Albert Frère, à chaque fois qu'il prend le contrôle d'une nouvelle entreprise sidérurgique, réserve à Frère-Bourgeois Commerciale l'exclusivité des ventes de son nouveau groupe. Etant donné, répétons-le, que les sociétés commerciales sont toujours rémunérées à la commission, en général 3 % de la vente, plus la production augmente et plus les bénéfices de Frère-Bourgeois augmentent eux aussi...

On ne change pas une méthode qui a fait ses preuves. Les principes qui avaient guidé les premiers pas d'Albert Frère dans la jungle du commerce de l'acier sont désormais intangibles : vendre partout où c'est possible dans le monde, et au meilleur prix. «Il vendrait des clous à un fakir, du pétrole aux Arabes et du sable aux Touaregs», ironise-t-on à l'époque sur Albert Frère, dont la société de commercialisation est devenue une des plus performantes d'Europe.

Le fils du marchand de clous fréquente maintenant les grands de ce monde. Il a ainsi été reçu à plusieurs reprises par l'ancien président libanais Soleiman Frangié et a de très bons rapports avec Edward Gierek, le dictateur polonais, ancien mineur dans le nord de la France. Le fils de Leonid Brejnev, qui se trouvera par la suite au centre d'un des plus grands trafics de l'ex-URSS, fait aussi le voyage de Charleroi. Voilà que Moscou a besoin, le plus vite possible, de 100 000 tonnes d'acier de la même spécification ! «C'est pour construire un mur entre la Chine et la Russie», ironise Albert Frère devant ses collaborateurs. Entouré d'une quinzaine d'apparatchiks, gris-muraille comme il convient, le gendre du secrétaire général explique à quel point il est pressé. Rien ne filtrera de ce contrat. Et pour cause : on saura par la suite que c'est pour atteindre le quota fixé par le plan soviétique en matière de production nationale d'acier que Moscou s'est adressé à Albert Frère. Ce dernier devait absolument trouver les 100 000 tonnes permettant aux responsables du plan d'annoncer qu'ils avaient respecté leurs engagements!

Si la recherche de contrats à l'étranger, et notamment dans les pays réputés «difficiles», est toujours une aventure, les ventes sur le marché belge sont moins périlleuses. Il suffit parfois à Albert Frère de quatre signatures pour empocher en quelques jours, sans sortir de son bureau, un beau pactole. Voilà, raconté par un acteur de l'époque, comment les choses se passent :

— Thy-Marcinelle, qui appartient à Albert Frère, vend de la fonte à Hainaut-Sambre, qui lui appartient aussi. Via, bien évidement, Frère-Bourgeois Commerciale. Première commission. Hainaut-Sambre coule alors cette fonte en lingots. Ceux-ci sont (le plus souvent pendant le week-end) envoyés aux Pays-Bas pour être laminés à façon. Deuxième commission. Les demi-produits sont alors transportés au Ruau pour être encore transformés. Troisième commission. Le Ruau les transforme, par exemple, en poutrelles, qui sont vendues par Frère-Bourgeois Commerciale. Quatrième commission.

Par souci d'acheter ce qu'il y a de moins cher, ou pour des raisons que personne ne connaît, Albert Frère en est parfois arrivé à se conduire de façon pour le moins paradoxale. Le responsable d'une entreprise appartenant à Albert Frère fut ainsi bien surpris en constatant par exemple, lors d'une visite d'inspection, la présence d'une importante cargaison de tôles étiquetées «Italsider». Vérification faite, ces tôles avaient bien été achetées en Italie, et par l'intermédiaire de Frère-Bourgeois Commerciale. Mis au courant, les syndicats, ne comprenant pas très bien pourquoi Albert Frère avait acheté en Italie ce que lui-même produisait en Wallonie, lui demandèrent des explications. « Marmonnant qu'il s'agissait de contreparties ou de compensations, Albert Frère fut moins convaincant qu'à l'ordinaire », raconte Mirello Bottin.

On a aussi beaucoup reproché à Albert Frère d'avoir laissé ses entreprises développer plus que de raison la production d'aciers dits de « deuxième choix ». Dans son rapport sur l'état de la sidérurgie belge, Jean Gandois écrivait en 1983 : « La proportion de deuxième choix par rapport au premier est excessive à Liège et tout à fait démesurée à Charleroi. » « Frère-Bourgeois Commerciale, précise Luc Delval, créait un important courant d'affaires entre les usines du « Triangle » et certaines de ses propres filiales spécialisées dans le commerce des produits de deuxième choix. » En fait, on reproche non seulement à Albert Frère de produire plus de « deuxième choix » que ses concurrents, mais aussi de vendre ces produits déclassés encore moins cher que la normale. Selon Jean Gandois, l'effet cumulé de ces deux pratiques représentait « au moins trois cents millions par an ». 300 millions perdus, certes, pour les entreprises sidérurgiques contrôlées en partie par Albert Frère-l'industriel, mais gagnés, de l'autre côté, par Albert Frère-le commerçant...

NOTES

1. Jean Baumier, *La Galaxie Paribas*, Paris, Plon, 1998.
2. Daniel Van Wylick, « C'est en forgeant qu'on devient financier », *Trends Tendances*, 10 janvier 1986.
3. Anne Vincent, *Les groupes d'entreprises en Belgique*, Bruxelles, Editions du CRISP, 1990.
4. « De Brufina-Cofinindus à GBL », *L'Echo*, 21 août 1996.
5. Luc Delval, « Chronique impressionniste d'une crise sans retour », *in Les Sidérurgistes*, Archives de Wallonie, Charleroi, 1989.

CHAPITRE 7

Monsieur le président

— Nous allons faire un putsch à la Chambre de commerce et vous proposer comme président!

En ce début 1973, Albert Frère, maintenant installé à la tête de la sidérurgie du bassin de Charleroi, a 47 ans. Il se dégage toujours de lui la même puissance et cette ingénuité enfantine que souligne la raie sur le côté. Un œil qui rit et l'autre qui jauge, un œil qui amadoue et l'autre qui tue. Il peut passer en un instant d'une colère terrible vis-à-vis d'un collaborateur à la plus parfaite courtoisie, voire à l'obséquiosité, à l'égard de celui qu'il veut séduire. La puissance fragile.

Ce jour-là, il écoute une délégation composée d'un certain nombre de jeunes loups de l'économie régionale, conduite par son ami, Pierre Francotte, le secrétaire général de la Chambre de commerce et d'industrie de Charleroi (CCIC), une institution pratiquement aussi âgée que la Belgique elle-même. Ces jeunes ambitieux disent ne plus supporter le manque de dynamisme de leurs chefs.

Albert Frère hésite. Ce qu'il craint le plus, ses amis le savent, ce n'est pas tant d'accepter un tel poste, avant tout honorifique, qui sonnerait l'heure de la revanche sur l'establishment tout en lui permettant de compléter son carnet d'adresses et de peser plus encore sur les décisions susceptibles d'influer sur le cours de ses affaires... Non, ce que le Carolo redoute le plus, c'est de... parler en public. « C'était pour lui une appréhension terrible », raconte un de ses anciens collaborateurs de la Chambre de commerce. Derrière le commerçant retors, capable de prendre les risques les plus fous pour conquérir un marché et de recourir à la dialectique la plus sophistiquée pour convaincre un acheteur, derrière le « patron », l'entraîneur d'hommes, qui peut aussi se révéler à l'occasion un redoutable tueur, derrière le financier qui a déjà réalisé quelques beaux coups et a étonné plus d'un banquier par son flair, bref, derrière le gagneur, se cache un grand timide.

Tout oppose décidément l'homme d'affaires « belge » à ces responsables économiques français, formés dans les grandes écoles, aussi brillants devant micros et caméras que désarmés devant leurs concurrents. Ne dira-t-on pas plus tard que si Albert Frère adore travailler avec les Français, c'est pour une raison bien simple : « Quand ils parlent, lui, il compte ! »

Si Paris vaut bien une messe, la présidence de la Chambre de commerce et d'industrie de Charleroi vaut bien quelques conférences et Albert Frère, oubliant ses appréhensions, acceptera tout de même de participer au putsch concocté par Francotte et ses amis. En y mettant toutefois deux conditions : 1) qu'une personnalité représentative du milieu industriel – en l'occurrence Pierre Uyttdenhoeve, le patron des Ateliers de constructions électriques de Charleroi (ACEC) – prenne lui aussi des responsabilités dans le bureau ; 2) que Pierre Francotte soit le secrétaire général de la Chambre de commerce et d'industrie. Conditions acceptées.

Début avril 1973, la revanche est consommée : Albert Frère est élu président de la Chambre de commerce et d'industrie de Charleroi. Cette présidence, qu'il occupera pendant huit ans, sera la seule fonction officielle que l'homme d'affaires aura jamais acceptée. Quant à Francotte, le putschiste, il restera secrétaire général de la Chambre pendant quinze ans.

Albert Frère va vite devoir s'exprimer à travers une série d'interviews. Le 3 avril, il déclare au *Journal et Indépendance*[1] : « A Charleroi, l'investisseur éventuel, qu'il soit américain ou autre, a trop souvent l'impression d'être reçu comme un chien dans un jeu de quilles, alors qu'ailleurs – point n'est besoin de faire un dessin – on est aux petits soins pour lui. L'investisseur potentiel est donc d'autant plus vite dégoûté qu'il n'a que l'embarras du choix, qu'il est gâté par d'autres régions où il est l'objet d'une surenchère de facilités et d'avantages. »

Deux jours plus tard, le 5 avril, c'est dans les colonnes du quotidien catholique *La Libre Belgique* qu'il lance une violente diatribe contre certains responsables de sa ville. « Il faut bien convenir qu'à Charleroi, contrairement à ce qui se passe à Liège ou à Mons, on veut tout faire et on ne fait rien. On se contente de hurler comme des loups, mais rien n'en sort. »

A chacun son métier

Mais il ne prendra pas souvent la parole en public. On le sent terriblement contracté, le 10 octobre 1979, lorsqu'il répond, devant les caméras du centre de Charleroi de la Télévision belge – et pendant près d'une heure! – aux questions de Christian Druitte. Jacques de Nozze, chargé de ses relations de presse, a eu du mal à le convaincre d'accepter ce défi.

Revoir cette émission près de trente ans plus tard révèle, avant tout, que le Carolo n'a finalement pas beaucoup changé. Sans doute serait-il plus assuré aujourd'hui, mais il donnerait toujours l'impression d'être dans l'incapacité de conceptualiser quoi que ce soit. Le premier dialogue donne le ton de l'émission :

— On ne vous entend pas souvent vous exprimer, pourquoi cette réserve ?

— Vous êtes journaliste TV, moi, je gère des entreprises ; vous faites votre métier, je fais le mien.

Après s'être félicité de sa collaboration avec l'Etat et avoir estimé qu'«aller vers la semaine de 36 heures serait suicidaire», il se laisse aller à une certaine nostalgie. «Les mentalités ont bien changé en dix ans», regrette-t-il, avant de dénoncer en vrac «la recrudescence de l'absentéisme, l'indiscipline, le refus de l'autorité, la contestation permanente, les grèves sauvages.» L'émission se terminera sur un vibrant appel adressé aux Wallons pour qu'ils prennent en main leur destin. Un appel écrit préalablement et que le président de la Chambre de commerce a lu avec son accent inimitable.

On imagine son trouble lorsque, le 4 octobre 1980, il sera obligé, et au pied levé, de remplacer le Premier ministre Wilfried Martens lors de la première «rencontre de midi» organisée à Charleroi par *Connaissance et vie d'aujourd'hui*...

Le 10 décembre de la même année, Albert Frère va même jusqu'à prononcer un long discours, toujours devant la Chambre de commerce et d'industrie de Charleroi. Thème choisi : «Etre responsable ou ne pas être».

«Tous ceux qui me connaissent, précise-t-il d'emblée, savent que je n'aime pas beaucoup disserter en ayant l'air de vouloir délivrer un message. Je l'ai dit et répété : Je ne suis ni professeur d'économie ni chargé de donner des cours en management [...]. J'imagine, poursuit-il dans cet autoportrait intéressant, que certains d'entre vous lorsqu'ils ont reçu l'invitation se sont dit : Voilà Albert Frère qui se prend pour un philosophe ! D'autres : Quoi, il parodie à bon compte Hamlet ! Eh bien non, je viens au-devant de vous comme je suis, c'est-à-dire sans apprêt, avec le style que ceux qui me pratiquent connaissent : direct, visant à l'efficacité, rapide. »

Les auditeurs découvrent ensuite un Albert Frère inconnu, qui n'hésite pas à exprimer quelques considérations d'un solide bon sens : « Dans la perspective qui est la mienne, l'homme et la femme sont libres et conscients [...]. Le déterminisme n'entre pas dans mon cadre de pensée [...]. Je considère que la conscience de la responsabilité consiste : à connaître les moyens dont on dispose, les limites au sein desquelles on peut déployer ces moyens ou, si vous préférez, le champ d'application des exigences et des droits que nous pouvons faire respecter et, par corollaire, la perception que cette attitude entraîne. »

Albert Frère en vient vite à la responsabilité du chef d'entreprise, « le premier travailleur de la maison, l'animateur qui doit entraîner et stimuler les équipes qui l'entourent [...]. Il est grand temps, assène l'homme d'affaires, que l'on cesse, sous l'emprise d'un terrorisme intellectuel, de donner mauvaise conscience à ceux qui, aujourd'hui, veulent, passez-moi l'expression, "faire de l'argent" ». Ouf, on avait cru un moment que le Carolo allait oublier l'essentiel...

Revenons en 1973. Patron de l'essentiel de la sidérurgie de la région, président de la Chambre de commerce, Albert Frère ne serait-il pas tenté d'entamer, à 47 ans, une carrière politique ? Tout est réuni pour cela. Il a pignon sur rue dans la capitale du Pays noir. Depuis 1966, ses bureaux ont quitté Fontaine-l'Evêque pour Charleroi. (Ils resteront plus de trente et un ans au numéro 11 du boulevard Tirou, dans le centre de la ville. L'Hermès, le bâtiment qui les accueille, est considéré à l'époque comme *le* building de la ville, le plus moderne. Il témoigne aussi de l'irresponsabilité des architectes de l'époque : dans le langage truculent des «ketjes» de Bruxelles, «architekt» n'est-il pas une insulte? En 1979, Albert Frère fera construire, juste à côté, un autre building, le Vulcain, tout aussi imposant, et tout aussi laid.)

Une année plus tôt, en 1965, Albert Frère s'est fait construire une maison à Gerpinnes, à quelques kilomètres de Charleroi, une solide gentilhommière qu'il commence à remplir de tableaux de maîtres. Sa passion pour la peinture (un plaisir et un investissement!) lui a été transmise par un commerçant en acier : M. Graindorge, qui sera fait baron lorsqu'il fera don d'une partie de sa collection (dont un Picasso) au musée de Liège. Sur ses conseils, il achète trois dessins de Cézanne : *Le Cirque*, *L'Eléphant* et *La Maternité*. Viendront ensuite quelques «petits impressionnistes».

Ses goûts ont évolué. S'il lit toujours aussi peu, il a entrepris, avec la même constance qu'il a mise à conquérir la sidérurgie, une collection d'œuvres d'art. Autre domaine où il commence à exceller : l'œnologie. S'il ne déteste pas, de temps à autre, déguster une bière dans un bistrot de Charleroi, il est bien fini le temps où Albert Frère et ses amis de guindaille dévoraient des kilos de filet américain arrosé de leur bière favorite.

Très vite, il se prend de passion pour les bordeaux, à l'encontre d'une tradition bien établie qui voulait que le Flamand soit amateur de bordeaux et le Wallon de bourgogne. «Ne disait-on pas à l'époque, expliquera Albert Frère[2], que les plus grandes caves de Bourgogne ne se trouvaient pas en France mais en Wallonie? L'histoire et une longue tradition expliquaient cette passion presque exclusive. Les bourgognes rejoignaient la Wallonie par la route, au contraire des bordeaux qui arrivaient par bateau au port d'Anvers.» Les choses changent dans les années 1950 lorsque des marchands corréziens du Libournais font leur apparition en Wallonie. «Très vite, explique Albert Frère, le saint-émilion devint le porte-drapeau d'une nouvelle mode. [...] L'arrivée du bordeaux dans mon pays allait bousculer ma sensibilité. Comme un peintre, je commençais une autre période. J'étais devenu un amateur de bordeaux. »

Monsieur le président de la Chambre de commerce, qui a toujours un solide coup de fourchette, fréquente les meilleurs restaurants, a une cave réputée et, surtout, a compris que les meilleures affaires se traitent toujours sur son terrain.

La salle à manger de la maison de Gerpinnes commence à accueillir des personnages importants. Et notamment la crème du gotha belge. On y aperçoit aussi à l'occasion quelques patrons européens de premier plan. Bref, patiemment, comme une araignée qui tisse sa toile, Albert Frère met au point son réseau. Ne faisant partie d'aucune des familles en place – de la grande bourgeoisie protestante à l'Internationale socialiste en passant par la démocratie-chrétienne – qui dominent l'Europe, il constitue son propre cercle, une étrange galaxie dont il occupe le centre.

Deux ministres, deux banquiers, deux industriels

Albert Frère ne reçoit pas seulement à Gerpinnes. En 1973, il achète une luxueuse maison à Saint-Tropez. C'est au soleil de la presqu'île que sera échafaudé, en 1981, le plan « Arche de Noé » visant à faire échapper les filiales étrangères de Paribas à la nationalisation. C'est lors de parties de tennis – le membre du gouvernement se contentait d'arbitrer – que certaines décisions fondamentales pour l'avenir de la sidérurgie wallonne ont été prises avec Willy Claes, ministre des Affaires économiques.

En 1970, Albert Frère se porte acquéreur d'un appartement situé rue De Crayer, dans le centre de Bruxelles. Là, pendant plus de vingt-cinq ans, il organisera régulièrement des déjeuners. La table idéale ? Réponse de l'intéressé : « Deux ministres, deux banquiers, deux industriels, et, le plus souvent possible, le gouverneur de la Banque nationale. » Principale fierté du Carolo : aucune indiscrétion n'a jamais filtré de ces repas, où il lui arrive d'ailleurs de ne passer que pour le café. S'il est convenu que l'on ne parle pas boutique, rien n'empêche l'un ou l'autre de recueillir, ou de lâcher, une information, de recommander un ami ou de dénigrer un concurrent...

En 1972, autre consécration : Albert Frère devient propriétaire d'un appartement avenue Foch. Pour compléter cet honnête patrimoine, il faudra y ajouter l'appartement de Courchevel, acquis en 1978, et l'appartement de Knokke-le-Zoute, acheté en 1992. Mais le centre du dispositif, pour ce qui concerne sa vie privée autant que pour ses activités professionnelles, reste Charleroi.

Pourquoi, demandions-nous, ce notable disposant de tant d'atouts n'a-t-il jamais envisagé de faire une carrière politique ? Il ne faut pas un quart de seconde à Albert Frère pour répondre : « Jamais ! Jamais ! Même si j'ai beaucoup d'amis dans le monde politique, j'ai toujours fait en sorte d'avoir le moins de choses possible à leur demander, j'ai toujours hésité avant de les mettre à contribution. A tel point que certains d'entre eux sont même ennuyés de voir que je n'ai rien à leur demander. »

« Il faut savoir qu'en Belgique, la carrière politique n'a jamais été considérée comme quelque chose de noble. Pourquoi se mettre au service d'un Etat qui n'a jamais vraiment existé et d'une nation incertaine ? S'il avait été en Belgique, jamais un Georges Pompidou n'aurait quitté une carrière prometteuse dans le groupe Rothschild et une fortune assurée pour devenir Premier ministre », nous confiait un professeur bruxellois de sciences politiques. Quant à Albert Frère, ceux qui connaissent sa soif de pouvoir, mais aussi son impatience, ne peuvent l'imaginer rongeant son frein pour gravir patiemment les échelons à l'intérieur d'un parti politique, seule source du pouvoir en Belgique. Et, comble du comble, remettre tout en jeu devant le suffrage universel...

Si Albert Frère a versé, autant que les autres groupes financiers belges, sa quote-part aux principaux partis politiques du royaume, il n'a apparemment jamais cherché à influer en quoi que ce soit sur eux à l'occasion de telle ou telle nomination. Et lorsque les secteurs qui le concernent directement sont en jeu, il préférera toujours discuter d'homme à homme avec les responsables concernés. Bref, pourquoi s'adresser aux sous-fifres quand on peut jouer au tennis avec le chef?

Ses amitiés ou inimitiés politiques n'ont rien d'idéologique. Si Albert Frère, racontent ainsi les mauvaises langues (qui ne sont pas toujours les plus mal informées), a voulu la peau du mayeur (maire) de Charleroi, le libéral Claude Hubaux, élu en 1966, c'est avant tout pour une vulgaire histoire de feux rouges mal placés qui lui faisaient perdre de précieuses minutes quand il se rendait à son bureau du boulevard Tirou.

En un mot comme en mille, Albert Frère se soucie comme d'une guigne de la *res publica*. Logique avec lui-même – à chacun son rôle, le sien étant de faire tourner ses affaires et de gagner de l'argent – il n'est pas homme à jeter les bases d'une fondation ou à financer des actions humanitaires. Si, déjà à cette époque, il est constamment sollicité – un jour par une bonne œuvre, le lendemain par un tapeur connu ou inconnu – il lui arrive, certes, de mettre la main au portefeuille mais avec une prudente parcimonie. « C'est le coup de cœur ou rien », explique un de ses amis.

Ancien professeur de français, journaliste à Charleroi avant de devenir directeur-rédacteur en chef du quotidien socialiste *Le Peuple*, Jean Guy est encore étonné, vingt ans après, du coup de téléphone qu'Albert Frère lui donna un matin : « En venant à mon bureau, je viens de passer devant l'hospice des vieux, c'est intolérable de traiter des gens comme cela, vous devez absolument dénoncer ce scandale ! »

Sous la houlette d'Albert Frère, la Chambre de commerce et d'industrie de Charleroi joue un rôle moteur dans une série de plans de rénovation de la ville dont l'objectif principal est d'attirer les investisseurs étrangers. « Je tiens à préciser, déclare l'homme d'affaires dans un entretien au *Soir* du 30 avril 1974, que la Chambre ne désire nullement se substituer aux organismes en place pour cette recherche d'investisseurs. Elle profite simplement de sa situation privilégiée au sein des courants d'affaires pour saisir des opportunités […]. Nous amorçons et nous aguichons le "poisson", poursuit-il, mais nous laissons à l'ADEC [intercommunale de Charleroi] le soin de le sortir de l'eau. »

Albert Frère semble aujourd'hui satisfait de son bilan et rappelle que la Chambre de commerce est notamment parvenue à débloquer le projet de construction d'un petit « ring » (périphérique) autour de la ville. Il insiste aussi sur la « contribution efficace » de la Chambre aux « efforts louables » entrepris par le port autonome de Charleroi et l'aéroport de Gosselies. Beaucoup, il est vrai, ironisent aujourd'hui à Charleroi sur cet aéroport qui, disent-ils, la plupart du temps, sert à l'avion privé d'Albert Frère et à ceux de ses amis.

Pauvre Sporting Club de Charleroi

Pas question, en revanche, de donner le moindre franc à l'équipe de football locale, le Sporting Club de Charleroi. A une époque où chaque politicien, chaque homme d'affaires qui se respecte a eu, a, ou aura son club (de Giovanni Agnelli à Jean-Luc Lagardère en passant par Bernard Tapie), Albert Frère ne se perd pas en circonlocutions quand certains de ses amis viennent le sonder sur son éventuelle entrée dans le comité de direction du Sporting :

— C'est un piège à cons, et puis ça va me coûter combien ?

Les amis reviendront plusieurs fois à la charge. En vain.

— De toute manière, cela ne m'intéresse pas !

Ultime tentative :

— Peut-être, alors, quelqu'un de votre entourage ?

— Pas question !

La carrière de dirigeant sportif d'Albert Frère s'arrêtera là.

« J'aime bien le Sporting, nous dira-t-il bien plus tard, d'ailleurs quand je suis à l'étranger je demande toujours les résultats de l'équipe. Pourquoi je n'en ai pas accepté la présidence ? Sans doute par manque de temps et parce qu'on avait peut-être pas été suffisamment insistant pour me le demander. » Voyant la moue dubitative que cette réponse suscitait sur le visage de son interlocuteur, Albert Frère dévoila, alors, le fond de sa pensée : « Là où je suis, j'aime bien être le patron, sinon cela ne m'intéresse pas. Il aurait alors fallu que je m'occupe vraiment de tout, et c'était vraiment trop d'ennuis, trop de mécontents. »

Bref, Albert Frère aurait bien accepté de devenir patron du Sporting Club de Charleroi, à la condition de jouer lui-même à la place des onze joueurs et... d'arbitrer lui-même les matches.

Nous l'avons dit, Nelly Depoplimont, la première femme d'Albert Frère, a rapidement été dépassée par le rythme effréné de son mari. En 1976, la rupture est consommée par un divorce en bonne et due forme.

Le 10 novembre 1976, il épousera Christine Hennuy, la fille d'un négociant en vins, ami de chasse d'Albert Frère. Ils pourront se marier à l'Eglise, le Carolo ayant réussi à faire casser son premier mariage par les autorités ecclésiastiques. Ils auront deux enfants : Ségolène en 1977, et Charles-Albert en 1980. Gérald, l'enfant du premier mariage, est, on l'a dit, entré en 1972 au service comptabilité du groupe paternel. Quant à la sœur d'Albert, Marie-Andrée, elle continuera, jusqu'à sa mort tragique en 1978, des suites d'un cancer du poumon, à couver, admirer et admonester son cadet.

La mort de sa mère, en 1969, aura peut-être constitué la vraie coupure d'Albert Frère avec Fontaine-l'Evêque. Et il est certain que sa personnalité a été profondément marquée par la mort de son père alors qu'il n'avait pas 4 ans, puis par le décès d'une mère adorée.

Le fils du marchand de clous est, avant tout, le fils de personne.

Mais d'un autre côté, en refusant, comme il l'a toujours fait et le fait encore aujourd'hui, de séparer sa vie professionnelle de la vie tout court, il a tissé avec tous ses collaborateurs des liens très étroits. Non qu'il invite chacun d'entre eux à son anniversaire, mais il ne conçoit pas l'entreprise comme un lieu clos. Tour à tour, il sera donc le père sévère, le frère amusant, le fils tyrannique, d'un groupe dont il n'acceptera jamais de ne pas être le centre. Cette espèce de famille connaît ses moments de joie (lorsqu'on décroche par exemple un beau contrat), de franche rigolade (quand le patron est de bonne humeur et décide de « dégager »), de vraie solidarité (lorsque la société aide l'un des siens dans le besoin).

Les relations qu'Albert Frère entretient avec ses deux principaux collaborateurs de l'époque sont, à cet égard, très significatives. L'affable Jacques Van De Steene, né en 1920, est ingénieur civil. Entré en 1943 aux Usines métallurgiques du Hainaut, il rencontre pour la première fois Albert Frère en 1951 lorsque celui-ci fait ses premiers coups à l'exportation. Seize ans plus tard, en 1967, alors qu'Albert est président du Comité permanent d'Hainaut-Sambre, Van De Steene, lui, est le directeur de l'entreprise.

En 1985, Van De Steene croit savourer une retraite bien méritée. Albert Frère, toujours désireux de s'entourer d'amis, le rappelle pour diriger les éditions Dupuis dont il vient de prendre le contrôle. Comment refuser quoi que ce soit à un tel homme ?, semble dire aujourd'hui Van De Steene, enfin à la retraite. Et de plaisanter sur les coups de téléphone du patron à n'importe quelle heure du jour et de la nuit, sur ses mille idées par semaine. Et, aussi, sur son souci d'avoir toujours ses amis-collaborateurs à portée de main. « Je voulais acheter une maison de campagne, raconte Van De Steene, et dès que j'en ai parlé à Albert Frère, il m'a conseillé de chercher du côté de Saint-Tropez, où il avait sa villa. "Comme cela on ne sera pas loin." L'idée n'avait pas été lancée que le lendemain il partait à Saint-Tropez et, de là, tous les matins, il me téléphonait et m'envoyait des tas de prospectus sur les maisons à vendre dans la région... C'est cela, Albert Frère ! » conclut Van De Steene avec un grand sourire après avoir précisé qu'il n'avait jamais acheté de maison à Saint-Tropez...

Tout autre est Henri Burhin. Entré chez Albert Frère en 1966, il le quittera en 1987, manifestement au bout du rouleau. On imagine mal que cet homme fin, cultivé, au regard triste et à l'ironie bienveillante, manifestement plus à l'aise dans une salle de concert que dans un conseil d'administration, préférant les accords de guitare aux chiffres des bilans, a pu être pendant près de vingt ans sur tous les champs de bataille financiers aux côtés de son bulldozer de patron-ami. Juriste, mais aussi excellent fiscaliste (il sort de l'Ecole supérieure des sciences fiscales), son rôle fut en effet fondamental, d'abord comme secrétaire général adjoint (sous la direction de Maurice Elter) des établissements Frère-Bourgeois, puis comme secrétaire général.

« Albert Frère n'est... pas tout à fait un dictateur, ironise Burhin aujourd'hui quand il parle de son ancien patron. Il avait dix idées par jour, poursuit-il, il pouvait aussi bien les écrire sur du papier-toilette que dans sa voiture lorsqu'il venait de Gerpinnes à Charleroi. » En fait, Burhin était chargé de faire le tri, de rejeter les idées farfelues ou légalement peu orthodoxes. « J'étais, en quelque sorte, le chien de garde ; il faut savoir qu'Albert Frère a toujours été très obéissant vis-à-vis des juristes. Si on lui disait : "Albert, tu ne peux pas faire cela", il rechignait peut-être, mais il ne le faisait pas. C'est pourquoi il est inattaquable. » En plus de Burhin, Albert Frère sera aussi entouré, pour ses affaires privées ou publiques, de deux avocats qui comptent parmi les meilleurs du royaume et qui sont, sans doute, deux de ses amis les plus proches. Là encore, le Carolo – hasard ou choix ? – aura misé sur les deux tableaux. Si l'un, Pierre Van Ommeslaghe, est un libre-penseur sans états d'âme, l'autre, Emile Verbruggen, a été pendant vingt-sept ans président des Grandes conférences catholiques.

Autre trait caractéristique d'Albert Frère, toujours selon Burhin : « Sa manière de se mettre les banques dans la poche : il n'était pas spécialement endetté, mais il voulait toujours pouvoir disposer de lignes de crédit énormes, et dans toutes les banques. Paribas, naturellement, puisque c'était son partenaire, mais aussi la Générale de Banque, la Banque Bruxelles-Lambert, l'Alsacienne. Dans l'heure, il pouvait disposer de plusieurs milliards de francs belges. » Burhin explique aussi le souci constant d'Albert Frère d'éclater son patrimoine en différentes sociétés. « S'il y avait un risque dans une société, il la scindait en deux, entre une société de commerce et un holding avec portefeuille. Cela le mettait à l'abri d'une faillite commerciale. »

« *Il les arrose tous* »

« Les hommes politiques ? Albert Frère les arrose tous autant qu'il les méprise », dit l'un. « Ses amitiés politiques suivent la feuille de température de ses intérêts : si les socialistes sont au pouvoir, il verra les socialistes, si ce sont les libéraux, il verra les libéraux », ajoute l'autre. Le patron s'est en fait contenté de s'acquitter de ses devoirs d'homme d'affaires vis-à-vis de la scène publique en finançant tel ou tel parti, pratique parfaitement légale à cette époque, en Belgique comme en France. Deux journalistes flamands, Peter Franssen et Ludo Martens[3], ont ainsi répertorié l'ensemble des versements des grands groupes belges au parti social-chrétien (CVP en Flandre et PSC en Wallonie et à Bruxelles) durant les années 1970. Un tableau éclairant, ne serait-ce que parce qu'il donne une image assez juste du poids respectif des puissances financières du royaume. Comme il se doit, la Société générale vient en tête, avec 20 millions de francs belges (environ 2,5 millions de francs français). Sans compter les versements de quelques groupes qui dépendent de la « vieille dame ». Après « les électriciens », le groupe Solvay et Philips, on trouve Bruxelles-Lambert – dont Albert Frère ne prendra le contrôle qu'en 1982. Le nom du Carolo n'apparaît qu'en neuvième position, pour un montant d'1,2 million de francs belges.

Il aurait par ailleurs été impensable qu'Albert Frère, comme d'ailleurs la majorité de ses pairs, se soit contenté de « cracher au bassinet » des seuls sociaux-chrétiens. Dans un pays où les gouvernements sont toujours des coalitions, pourquoi mettre tous ses œufs dans le même panier ? D'autant que le Carolo a d'abord « besoin » des socialistes, tout-puissants en Wallonie, et que, personnellement, sans avoir des idées politiques très ancrées, il se sent proche du parti libéral.

Par ailleurs, si Albert Frère a participé au financement des partis politiques, il a toujours tenu à le faire le plus légalement du monde, sans passer par les fausses commandes, les factures d'imprimerie ou les publicités surpayées. La meilleure manière – toujours le respect des juristes – de ne pas avoir d'ennuis avec la justice, mais aussi de mettre les choses au net dans son rapport avec le monde politique. Les seuls (petits) problèmes sont venus de l'administration fiscale qui lui refusait les déductions qu'il demandait au titre de son aide aux bonnes œuvres! Henri Burhin en rit encore.

Durant toute sa carrière sidérurgique, pour des raisons autant stratégiques que personnelles, Albert Frère a entretenu des relations plus poussées avec trois hommes politiques du royaume : André Cools, Willy Claes et Philippe Maystadt. La diversité de leurs histoires, de leurs engagements et de leurs personnalités prouve bien la capacité du patron à s'adapter à des interlocuteurs différents.

« Il m'a dit : si nous avions eu plusieurs Albert Frère, le visage de la Wallonie aurait été bien différent » : l'écrivain Pol Vandromme témoigne ainsi de l'amitié – le mot n'est pas trop fort – qui a uni pendant longtemps l'homme d'affaires de Charleroi à André Cools, l'une des figures marquantes du socialisme wallon, dont l'assassinat, le 18 juillet 1991, allait traumatiser la Belgique.

De prime abord, rien ne rapprochait les deux hommes. Albert était l'enfant d'une petite bourgeoisie wallonne extrêmement soucieuse de respectabilité, André celui d'une famille de militants socialistes, anarchistes et libre-penseurs. Albert a toujours pensé que les études étaient du temps perdu, André n'a cessé de vouloir apprendre, tant à l'école qu'à l'université du peuple. Albert a eu très tôt sa première voiture américaine, André, un an avant sa mort, avouait à des journalistes du *Soir* que le coupé Audi – dans laquelle il fut assassiné – était la première voiture qu'il avait achetée « avec ses sous ». Cools était un orateur incisif, jamais aussi à l'aise que devant une salle hostile, jouant de tous les registres de son talent, Frère... non. Sans oublier l'essentiel : André Cools était un Liégeois, et Albert Frère un Carolo...

Et pourtant, les deux hommes, qui se sont rencontrés pour la première fois lors d'un voyage en Egypte, se sont tout de suite sentis de la même confrérie : celle des hommes qui aiment le pouvoir et se sont faits tout seuls. Albert Frère a perdu son père à 4 ans, celui d'André Cools n'est pas revenu des camps de concentration. Si, sous l'Ancien Régime, un jeune homme pauvre avait, disait-on, le choix entre les armes et la soutane pour tenter de faire son chemin dans la vie, dans la Belgique des années 1950 et 1960, l'ambitieux devait choisir entre l'argent ou le parti. Et si Albert, nous l'avons vu, gagna très vite beaucoup d'argent, André gravit aussi vite les échelons du parti socialiste.

« L'impression déconcertante, écrivait René Fort[4], que l'on ressent au premier contact se renforce encore lorsque M. Cools s'abandonne au naturel de sa conversation. Il parle haut et d'abondance ; il rit de ses plaisanteries liégeoises ; il s'entretient parfois dans un débraillé à la bonne franquette ; il traite sur un ton de familiarité tonitruante les problèmes les plus complexes. On se dit alors : c'est un démagogue qui cherche à se faire pardonner par un entrain d'estrade et par une cordialité trop appuyée pour ne pas être gênante une carrière commencée dans l'agitation gauchiste et à présent installée dans les honneurs du pouvoir. Il faut dépasser ce pittoresque et les comédies un peu foraines qui lui font escorte pour approcher de la vraie nature du personnage. »

Redonnons la parole à Pol Vandromme : « Cools considérait un peu Albert Frère comme faisant partie du même monde que le sien, un monde en tout cas différent de celui des "familles" riches de Wallonie. Il y avait aussi chez Cools cette vieille idée socialiste que Marx avait comprise : l'aspect prométhéen du capitalisme. Cools était pour le capitalisme des pionniers et non pour celui des usufruitiers de la troisième génération. » Ces deux « flibustiers » furent, nous y reviendrons, les artisans majeurs d'un regroupement que personne n'aurait pu imaginer quelques années plus tôt : celui des bassins sidérurgiques de Liège et de Charleroi.

Willy Claes compta aussi, durant toute cette période sidérurgique, parmi les proches d'Albert Frère, sans que l'on puisse véritablement parler d'amitié entre eux. Le fait qu'il ait souvent été ministre des Affaires économiques à cette époque explique sans doute une partie de l'attachement que lui porta Albert Frère. Victime, lui aussi, des retombées de l'Affaire Agusta, sur laquelle nous reviendrons, il démissionnera de son poste de secrétaire général de l'OTAN, le 20 octobre 1995.

« Willy les grandes oreilles », comme le surnomment affectueusement les journalistes belges, faisait partie intégrante du paysage politique du royaume. Né dans une famille modeste d'Hasselt, l'une des régions les plus cléricales de Flandre, militant socialiste dès l'age de 18 ans, député en 1968, ministre pour la première fois en 1972, ce petit homme d'apparence frêle et affable savait se montrer autoritaire, voire vaniteux. Socialiste modéré, flamand, mais éloigné des « flamingants », il était particulièrement bien en cour auprès du roi Baudouin, qui appréciait notamment sa modération dans les querelles entre Flamands et francophones.

Willy Claes avait tout de même un défaut majeur aux yeux d'Albert Frère : il préférait sans nul doute la musique au tennis. Fils d'un père violoniste, n'avait-t-il pas révélé de réelles capacités à diriger un orchestre symphonique ? C'est ainsi que lors des réceptions chez Albert Frère à Gerpinnes, Willy se mettait volontiers au piano, et qu'invité à Saint-Tropez, il arbitrait sans rechigner les matches opposant le patron de la sidérurgie à ses amis plus sportifs. On dit ainsi que c'est entre deux sets qu'Albert Frère et Willy Claes jetèrent les bases de l'accord entre l'Etat belge et l'homme d'affaires sur l'entrée de l'Etat dans le capital de Frère-Bourgeois Commerciale.

« Ce serait plutôt à M. Albert Frère de se déplacer jusqu'à mon bureau ! » Voilà ce que Philippe Maystadt, alors ministre, aurait répondu à un collaborateur d'Albert Frère qui l'avait convoqué un peu cavalièrement à venir rencontrer son patron dans son bureau de Charleroi. Si l'anecdote ne nous a pas été confirmée, elle donne bien la mesure d'un personnage qui a toujours détonné dans le milieu politique belge. Pourtant, lui aussi originaire de Charleroi et bien plus jeune que le patron de la sidérurgie, Maystadt aurait pu céder, comme tant d'autres édiles, à la bonhomie émanant de l'enfant de Fontaine-l'Evêque. « Il incarne le modèle-type du nouveau député : diplômé en droit et en économie de l'Université de Louvain, "master" en quelque chose aux USA, bien de sa personne, tiré à quatre épingles et toujours très poli », pouvait-on lire à son propos dans *Le Soir*[5]. L'article résumait ensuite la trajectoire complexe de ce véritable surdoué. Ce timide passionné, qui défendra toujours les couleurs de la démocratie chrétienne progressiste, n'aura jamais cédé au charme populiste d'Albert Frère.

L'ami des syndicalistes

« Enfin, nous avions en face de nous un vrai patron et non plus le représentant anonyme de groupes financiers multiformes » : ce jugement d'un syndicaliste de Charleroi permet de comprendre l'essentiel des relations qu'Albert Frère a entretenues avec les représentants des travailleurs au cours de sa carrière sidérurgique. Aujourd'hui encore, tous les leaders syndicaux de l'époque que nous avons rencontrés éprouvent incontestablement une réelle admiration pour l'enfant de Fontaine-l'Evêque, son enthousiasme, sa capacité de créer, sa cordialité. Sans toutefois être dupes, ils apprécient surtout la franchise d'un homme qui ne se cachait pas derrière son petit doigt pour dialoguer avec eux. Un homme fait de la même écorce qu'eux. Un Carolo.

Dire que les syndicalistes de Charleroi étaient fiers de la

réussite de leur patron serait un peu exagéré. Il n'en reste pas moins que, dans le monde ouvrier aussi, la concurrence entre Charleroi-la-Laborieuse et Liège-l'Orgueilleuse était réelle. Ainsi, dans les centrales de Charleroi, on estimait souvent que les camarades liégeois «faisaient un peu trop de leur nez». L'entrée en force d'Albert Frère, d'abord dans le bassin de Charleroi puis dans l'ensemble de la sidérurgie wallonne, a incontestablement «décomplexé» les Carolorégiens.

Nous verrons qu'à partir de 1974, date du début de la crise de l'acier, les relations se tendirent entre Albert Frère et les militants syndicaux, et qu'il leur arriva même d'en venir aux mains. Mais ils sont unanimes pour dire qu'en imposant la création de Carlam à Charleroi, Albert Frère a sauvé la sidérurgie du Pays noir. Quatre dirigeants syndicalistes de Charleroi l'ont particulièrement bien connu.

Le premier, c'est Ernest Davister. Secrétaire général de la Fédération des métallurgistes FGTB (socialistes) de la région de Charleroi, il est mort en janvier 1994. Son décès a soulevé une grande émotion dans toute la région. Sa tête taillée à la serpe, ses formules à l'emporte-pièce, son absence de sectarisme, son souci de défendre Charleroi contre l'«impérialisme», fût-il ouvrier, de Liège, avaient fait de lui une véritable figure du Pays noir. A cette époque, au sein de la famille socialiste, le syndicat compte plus que le parti. Il ne faut pas oublier qu'en Belgique le taux de syndicalisation a toujours été un des plus élevés au monde : il y a ainsi 90 % de syndiqués dans la sidérurgie wallonne. 75 % de socialistes et 25 % de chrétiens à Liège, 60 % de socialistes et 40 % de chrétiens à Charleroi. Ici, les caisses de chômage et de Sécurité sociale sont gérées par les syndicats.

«Un patron, quel que soit son style, pour un syndicaliste ça reste un adversaire», répondait d'emblée Davister, en 1979, sur les antennes de la RTBF lors de l'émission *Parole d'homme* consacrée à Albert Frère. Mais le syndicaliste nuançait aussitôt son propos : «Albert Frère est un chef d'entreprise d'un style nouveau, direct, qui a servi la région. Sa principale qualité : savoir qu'il y a des travailleurs et qu'ils ont le droit de poser des revendications.» Un patron social? Belle réponse de Davister : «Un patron n'est social que si les travailleurs sont organisés.»

Six ans plus tard, en 1985, Davister, qui était resté un grand admirateur de la révolution russe et qui avait acheté une voiture française en 1981 pour manifester sa solidarité avec François Mitterrand, était à la retraite. Interrogé sur Albert Frère, il répéta : «Sans lui, il n'y aurait pas de sidérurgie à Charleroi, tout serait à Liège».

«Pour que la sidérurgie du bassin de Charleroi ne soit pas sacrifiée, estime aujourd'hui Mirello Bottin, un autre dirigeant syndicaliste, Davister a en quelque sorte passé un contrat de progrès avec Albert Frère, de la même manière qu'à Liège, le patron de Cockerill, Julien Charlier, s'était entendu avec Robert Gillon, le patron du syndicat socialiste de la sidérurgie.»

Même raisonnement pour Georges Staquet, qui succédera à Davister le 1er janvier 1979 à la tête de la Fédération des métallurgistes. Né le 20 août 1926 dans une famille nombreuse, où l'on est métallurgiste de père en fils, autodidacte, journaliste sportif, il a raconté dans un beau livre l'une de ses premières expériences de militantisme syndical, en 1963 [6].

Staquet anima par la suite beaucoup de conflits sociaux et fit la plus belle carrière qui soit dans l'appareil syndical de Charleroi. «Albert Frère, dit-il aujourd'hui, avait beaucoup d'idées sur le développement de Charleroi. C'est incontestablement lui qui a secoué l'apathie qui régnait dans la région.» Pourtant, en estimant qu'Albert Frère, «un vrai chef d'entreprise qui ne restait pas les pieds dans ses pantoufles» a eu «techniquement et économiquement un rôle positif» même «s'il en a tiré profit puisque c'est l'Etat qui finançait», Staquet n'est pas dupe. « Souvent, avec nous, Albert Frère jouait au père de famille et nous disait que si nous ne suivions pas ses idées, c'est Liège qui en profiterait. Nous, nous étions toujours sur le qui-vive, nous ne savions jamais s'il voulait nous rouler ou non. »

« Nous étions conscients de l'espèce de chantage auquel se livrait Albert Frère, mais sans en être complices », estime aussi Mirello Bottin, qui a remplacé Georges Staquet. « Nous nous rendions bien compte de son jeu, poursuit-il, quand il nous faisait comprendre que c'était ou lui ou l'abandon de la sidérurgie dans le bassin de Charleroi, mais nous étions un peu prisonniers de la situation. »

Né en 1944 à Padoue, Mirello Bottin symbolise cette deuxième génération des « Ritals » de Wallonie, dont certains ont accompli une remarquable ascension. Tour à tour mécanicien automobile, électricien puis chauffagiste, il obtient son diplôme d'électromécanicien en suivant des cours du soir et entre en 1964, bien avant la reprise de l'entreprise par Albert Frère, à Thy-Marcinelle, où il découvre l'action syndicale sur le terrain. Il devient assez vite un permanent du syndicat FGTB.

Autre « Rital » : François Cammarata, le secrétaire général de la Centrale chrétienne des métallurgistes, minoritaire en Wallonie, mais fortement implantée tout de même. « Avec son inimitable accent de Sicile, dont il ne s'est jamais départi, ses costumes sortis tout droit de l'atelier de son tailleur de père, ses montures de lunettes noires, il a été de tous les combats », pouvait-on lire dans le supplément « Sidérurgie : de l'acier et des hommes » publié par *La Nouvelle Gazette-La Province*. Né à Assoro en 1936, ayant acquis la nationalité belge en 1962, venu de la JOC (Jeunesse ouvrière chrétienne) dès 1957, il fit lui aussi une belle carrière. Ne fut-il pas nommé, en 1992, sur le quota syndical, vice-président de la Société nationale des chemins de fer belges ? « Il ne pouvait renier son Italie natale, dont il conservait la subtilité tactique et l'efficacité dialectique [...] il insinuait, suggérait, sans le dire, une approche différente de celle à laquelle vous aviez pensé, mais il savait arrêter sa suggestion quand elle aurait risqué d'être interprétée comme une collaboration de classe», dit de lui Jean Gandois.

Ses rapports avec Albert Frère furent tout à la fois houleux, affectifs, tendus et décontractés. A l'image de ce dialogue, raconté aujourd'hui par l'un des protagonistes, et confirmé par l'autre.

Albert Frère : « Sale petit gamin ! D'abord, tu n'es pas un Carolo, tu n'es qu'un Montois (originaire de Mons). »

François Cammarata : « Si je suis un traître, tu en es un aussi. Ta mère n'était pas de Pâturages ? »

Et, enfin, cette phrase d'Albert Frère à propos de son ami/ennemi syndicaliste : « Vous connaissez, avait-il l'habitude de dire, la différence entre Cammarata et moi ? Lui, il n'a jamais travaillé. » Cammarata aura le mot de la fin. Quand on lui demande quel bilan il tire de l'action d'Albert Frère dans le bassin de Charleroi, il répond : « D'accord il y a eu un patron pour nous voler, mais, heureusement, qu'il était là ! »

NOTES

1. *Journal et Indépendance*, 3 avril 1973.
2. Albert Frère, *L'Amateur de bordeaux, op. cit.*
3. Peter Franssen et Ludo Martens, *L'Argent du PSC-CVP : la mort d'un dirigeant de la CSC*, Anvers, Editions EPO.
4. *Le Monde*, 21 août 1970.
5. *Le Soir*, 5 septembre 1978.
6. Georges Staquet, *Groupons-nous et demain*, Bruxelles, Présences et action culturelle, 1987.

CHAPITRE 8

« J'en ai marre de Charleroi »

« Je n'ai jamais pris une trempe comme celle-là ! » Pierre Francotte se souvient encore de ce match de tennis avec Albert Frère, au début du mois de mars 1982. « Il était 11 heures du matin, nous jouions, comme d'habitude, dans les sous-sols du Palais des expositions de Charleroi. Mais, au même moment, il y avait une grande manifestation des syndicats, un étage au-dessus. Nous entendions les bruits de la foule, et même certaines harangues visant directement Albert Frère. Il était fou de rage. Alors il se défoulait et tapait sur la balle avec encore plus de hargne que d'habitude. Et chaque fois qu'il réussissait un beau coup, il s'écriait :

– Tiens, Cammarata ! Tiens Staquet ! Tiens, Gillon !

Tous les dirigeants syndicaux y sont passés, et moi j'ai perdu à plate couture. »

C'est en sortant de ce match tourmenté qu'Albert Frère annonce à Francotte qu'il a pris une des décisions les plus importantes de sa vie : il quitte la sidérurgie. « J'en ai marre de Charleroi», dit-il à son ami. Quelques jours plus tard, le 22 mars très exactement, il démissionne de son poste de président de la Chambre de commerce.

Le Carolo a jeté le gant.

La crise

Que s'est-il passé? Comment un homme né dans l'acier, et qui avait fait l'essentiel de sa fortune dans la sidérurgie, attaché viscéralement à sa région et à sa ville, a-t-il pu décider d'en terminer ainsi?

Retour sur image. Début 1974, Albert Frère est au sommet de sa gloire sidérurgique et carolorégienne. Les affaires du président de la Chambre de commerce ont rarement été si florissantes. La sidérurgie belge tourne alors à plein rendement, comme si la crise pétrolière l'avait complètement épargnée. Le Groupement des hauts-fourneaux note, dans son rapport annuel, que, pour la période 1972-1974, l'accroissement des exportations sidérurgiques a très exactement compensé l'augmentation de la facture énergétique de la Belgique. Et qui dit exportations sidérurgiques en hausse dit autant de commissions pour Frère-Bourgeois Commerciale...

«Les affaires marchaient si bien, écrit Luc Delval[1], que le gouvernement décida de retirer à la sidérurgie le bénéfice des aides prévues par les lois d'aide à l'expansion économique.» Les investissements déferlent: 17,4 milliards de francs belges (environ 2 milliards de francs français) pour la seule année 1974.

Albert Frère a même acheté une Rolls-Royce. Sa Bentley ne lui procure que des soucis. Lui qui déteste conduire mais peut rester en extase devant une belle mécanique, un moteur qui tourne rond, perd patience. Vexé, le concessionnaire, qui ne cesse de répéter qu'il est impossible d'avoir le moindre problème avec une de ses voitures, lui échange sa Bentley contre une «vraie» Rolls. «Là encore, nous avons eu des tas d'ennuis, raconte Gérald Frère, de toute manière une Rolls à Charleroi, c'était un peu trop voyant, surtout en ces temps de crise, nous nous en servions très rarement, certains soirs par exemple.»

«Dès 1974, les ennuis vont commencer, écrit Georges Staquet[2]. Le chômage fait son apparition, en novembre, à Thy-Marcinelle notamment. Le début d'une crise ? Personne n'y croit vraiment. Ceux qui y croient supposent qu'elle sera de courte durée.»

Comme un orage d'été, la crise frappe la sidérurgie belge avec une violence inouïe. En quelques semaines, voire en quelques jours, la tendance se renverse du tout au tout au quatrième trimestre de 1974. Jouissant de peu de débouchés sur un marché intérieur restreint, la sidérurgie belge se trouve confrontée à une baisse de la demande mondiale et à la concurrence sans merci des autres pays producteurs. Or ceux-ci sont de plus en plus nombreux : depuis les Japonais qui produisent mieux et moins cher jusqu'aux «Bresciani», ces petites entreprises italiennes qui piratent les marchés.

«Pour la sidérurgie wallonne, c'est en 1975 que commence la grande plongée, explique Luc Delval. Effondrement des prix (jusqu'à -50 % sur le marché mondial), hausse brutale des matières premières (+47 % sur le minerai) et des coûts salariaux (17 %) sans oublier, bien entendu, l'énergie.» En 1975, les résultats financiers bruts ont baissé de 90 %. Dans une brochure consacrée à l'entreprise, la direction de Cockerill, le géant de la sidérurgie liégeoise, n'hésite pas à écrire : «32 000 personnes ont travaillé un an pour perdre l'équivalent du prix de 32 000 voitures automobiles : 4 milliards de perte nette.»

Les «années folles» commencent. Gouvernement belge, autorités régionales, Commission européenne, syndicats, maîtres de forges, bureaux d'études vont se livrer à une étrange danse autour du patient. A coups de milliards de francs belges, de dizaines de manifestations dans les rues de Bruxelles, Liège ou Charleroi, de réunions interminables dans les salles enfumées des Maisons du Peuple ou dans les bâtiments feutrés des institutions européennes, de repas fortement arrosés. Une danse de la mort, au cours de laquelle les vrais scoops alterneront avec les fausses nouvelles habilement distillées. Les principaux acteurs adopteront des attitudes si contradictoires que l'on se demandera parfois s'ils sont les maîtres de ballet de ce spectacle poignant ou de simples marionnettes obéissant à on ne sait quelle logique.

Pris dans la tourmente comme les autres, Albert Frère garde l'œil rivé sur certains caps. Et chacun se plaît aujourd'hui à reconnaître le coup de génie qu'a été la décision du Carolo de renforcer l'étanchéité entre ses activités de commerçant et d'industriel. Payée à la commission, Frère-Bourgeois Commerciale continuera ainsi pendant toute la durée de la crise à faire fructifier son magot. Sa connaissance des marchés, tant intérieurs qu'extérieurs, lui permet en outre de faire un diagnostic souvent plus sûr que celui des « ingénieurs » sur les atouts et les handicaps de la sidérurgie belge. Dès 1974, il insiste ainsi sur la nécessaire amélioration de la qualité des produits. D'où les investissements considérables qu'il continue à réaliser, ou à faire réaliser par l'Etat.

Cette modernisation des installations du bassin de Charleroi sera soulignée dans le rapport, commandé par le gouvernement belge et publié en 1977, du bureau d'études américain McKinsey. Les experts d'outre-Atlantique y montraient notamment que, de 1971 à 1977, près de trente installations obsolètes avaient été abandonnées dans le « Triangle », comme on appelait l'ensemble des trois entités sidérurgiques du bassin de Charleroi regroupées sous la houlette d'Albert Frère.

Celui-ci, comme tout patron qui se respecte, insiste sur la nécessité de réduire le coût du travail. « Il est bon de rappeler aux responsables, à tous les niveaux de l'économie, que l'impératif absolu de nos industries doit être la préservation d'un prix de revient suffisamment bas pour rester compétitif au niveau mondial », déclare-t-il, le 9 octobre 1974, à *L'Echo de la Bourse.*

Mais comment un partisan si farouche de l'économie de marché, le même homme qui combattra avec tant de détermination les nationalisations en France, peut-il être, à cette époque, si favorable à l'intervention directe de l'Etat belge dans la sidérurgie ? « Le Carolo est bel et bien l'un des artisans de la quasi-nationalisation des deux bassins de Liège et de Charleroi », n'hésite pas à écrire Daniel Van Wylick[3]. « Pour des raisons sociales, explique Pol Vandromme, il fallait que la sidérurgie continue, à n'importe quel prix. Et Albert Frère, aidé en cela par des syndicats le dos au mur, a réussi à faire reprendre par l'Etat l'essentiel du secteur de la production. »

« Ça ne passera pas ! »

Cette implication de plus en plus grande des pouvoirs publics dans la sidérurgie se concrétise en juin 1979 lorsque l'Etat devient actionnaire des entreprises du bassin de Charleroi. Luc Delval a fait l'addition : « Cette opération lui coûta [à l'Etat] 355,2 millions de francs sous forme de conversions de dettes, plus 888,8 millions sous forme d'augmentation de capital pour Hainaut-Sambre et 271,5 millions uniquement sous forme de conversion de dettes pour Thy-Marcinelle et Monceau. » Total : 1,5 milliard de francs belges, soit environ 200 millions de francs français.

L'Etat est donc propriétaire de 42 % du Triangle et de 49 % de Hainaut-Sambre. Albert Frère, encore majoritaire, reste le président des deux ensembles mais la puissance publique lui adjoint un vice-président, le socialiste Christian D'Hooghe, par ailleurs bourgmestre d'Anderlecht, la commune de Bruxelles célèbre par son équipe de football.

Toujours aussi grand seigneur, l'Etat belge a aussi racheté, pour 735 millions de francs belges, 49 % du capital de Frère-Bourgeois Commerciale. Plus de quinze années après, il n'est pas une personne de bon sens qui ne puisse s'interroger sur cet extraordinaire marchandage. Voilà un Etat qui dépense des sommes considérables pour reprendre un secteur en difficulté et qui, au lieu de dicter ses conditions pour le reste (après tout, c'est lui qui paye!), accepte de débourser encore une somme rondelette pour ne contrôler que 49 % de la seule affaire rentable du secteur!

Renversons les rôles, et supposons Albert Frère à la tête du gouvernement belge. Lui n'aurait évidemment jamais accepté de reprendre, et si cher, 49 % d'une telle société. Comme disent les Bruxellois : « Ça n'existe pas ! » L'intéressé le démentirait certainement aujourd'hui, mais l'un de ses plus fidèles collaborateurs de l'époque raconte qu'Albert Frère était parfois pris de doutes : « C'est indéfendable vis-à-vis de l'opinion publique, ça ne passera pas ! »

C'est passé. Tant pis pour le contribuable belge, tant mieux pour Albert Frère. Quoi qu'il en soit, il est toujours le patron de son enfant préféré, celui qui lui rapporte le plus d'argent. Mais si Frère reste le numéro un, il n'en est pas moins encadré par des représentants publics. Ce qu'il n'aime pas. D'autant que la Commission européenne, appelée au chevet de la sidérurgie de la Communauté, s'en mêle aussi. Et ce sont deux Belges qui seront successivement chargés, au sein de l'exécutif bruxellois, de tenter de ramener un peu d'ordre dans le secteur. Le socialiste Henri Simonet – qui fut, lui aussi, bourgmestre d'Anderlecht – dans un premier temps, mais surtout, à partir de 1977, le social-chrétien Etienne Davignon.

Etienne Davignon-Albert Frère : comment imaginer couple plus impossible? Partenaires et adversaires, hier comme aujourd'hui (Davignon est actuellement président de la Société générale de Belgique, le premier groupe du royaume, alors que Frère préside aux destinées du second, Bruxelles-Lambert), les deux hommes n'ont apparemment rien en commun, sinon la même ambition.

Il suffira de dire que le vicomte Etienne Davignon (« Stevy» pour les intimes) est né à Budapest, en 1932, d'une famille qui donna à la Belgique quelques-uns de ses grands noms, qu'il est longiligne (195 cm sous la toise), qu'il a l'élégance tranquille des gens de sa lignée, acceptant toujours avec un rien de sourire amusé les ordres de ses «supérieurs», qu'il fume la pipe, voire le havane, qu'il adore parler en public et pourrait, par la force de sa dialectique, transformer un mollah iranien en fêtard impénitent, qu'il a accompli la majeure partie de sa carrière au service de l'Etat, et chacun comprendra qu'il est l'antithèse vivante d'Albert Frère.

Or à cette époque, Davignon est chargé par la Commission européenne de discipliner, autant que faire se peut, le marché européen de l'acier. Et la tâche est considérable. Diminution programmée de la production, réduction des capacités, contrôle des prix et des aides étatiques : autant de barrières qui ne sont pas du goût de ce franc-tireur qu'est, et restera toujours, Albert Frère. Au cours d'une réunion d'Eurofer (le groupement des producteurs européens), le Carolo se fait sérieusement prendre à partie par l'un des plus prestigieux des maîtres de forges : le baron Thyssen. On lui reproche essentiellement (il n'est pas le seul dans ce cas) de faire trop souvent fi des directives européennes et, notamment, de casser les prix. Jouissant du quasi-monopole de la commercialisation, ce qui compte pour lui, c'est d'abord de vendre, et de vendre encore. A n'importe quel prix puisque, de toute manière, il touchera sa commission...

Mais si ces pratiques de corsaire irritent tant d'autres maîtres de forges, c'est aussi parce que nombre d'entre eux ont échoué là où il a si bien réussi.

En Belgique, le premier à s'insurger ouvertement n'est autre que le baron Lucien Boël, héritier d'une famille qui a façonné la sidérurgie wallonne; il se trouve à la tête des usines Gustave Boël, situées à La Louvière. La création de ces usines est exemplaire : « Gustave Boël ne peut se résoudre à l'idée de laisser mourir le laminoir qui l'emploie. C'est lui qui récolte les fonds nécessaires pour sortir du gouffre. Son patron, Emile Bouqueau, lui en sait gré : à sa mort il lui lègue une partie de son héritage. Nous sommes en 1850 : les usines Gustave Boël sont nées [4]. »

Depuis, de père en fils, les Boël occupent une position dominante dans la sidérurgie wallonne. Gustave Boël, le petit-fils, va donner un considérable essor aux affaires familiales en créant, en 1928, les aciéries qui porteront son nom. En 1977, le groupe emploie ainsi, à Charleroi et à La Louvière, plusieurs milliers de personnes. Les Boël – Gustave tient les rênes du groupe avec son fils Pol – ont un autre motif de fierté : depuis 1960, ils ont investi 12 milliards dans leur entreprise sans avoir reçu un franc de l'Etat. Mieux : le groupe n'a pas un centime de dette!

Le 2 février 1977, dans les colonnes du *Soir*, Gustave Boël sort de sa réserve. « On ruine, écrit-il, des entreprises saines pour permettre à d'autres de continuer à boiter. » Il n'a pas de mots assez durs pour le Comité de concertation de la politique sidérurgique (CCPS), un organisme paraétatique, « la plus retentissante et la plus lourde des faillites dans notre secteur industriel », selon Gustave Boël, qui poursuit : « Dominé par les influences occultes, il a favorisé l'encombrement de la profession au lieu d'en équilibrer le développement. » Les attaques se précisent lorsque Boël parle de « ces milliards publics investis ou prêtés à des entreprises sidérurgiques en difficulté. » Elles deviennent plus directement personnelles lorsqu'il lance : « D'autres doivent aussi dégraisser leurs groupes et se réorganiser de manière à ne plus permettre que des sociétés de commercialisation implantées en périphérie de la production s'enrichissent au détriment du producteur lui-même. » On ne saurait être plus précis. Albert Frère encaisse. La hache de guerre ne sera jamais enterrée. Chaque fois qu'il peut le faire, le Carolo s'en prend à ces « brontosaures », ces « vieilles badernes » qui « n'ont rien compris ».

« C'est m'galette à mi »

« Maintenant, j'va pichi dj'i mur » (Maintenant, je vais pisser sur le mur) : le ton est à l'orage à Thy-Marcinelle. Un groupe de syndicalistes bloque l'assemblée générale et Albert Frère, en bras de chemise, se voit interdire la sortie par Marcel Van Bockstaele, un véritable colosse, par ailleurs président de la délégation syndicale FGTB de l'entreprise. Bousculé, le Carolo s'énerve, heurte le syndicaliste, fait semblant de déboutonner sa braguette et prononce sa phrase historique : « Maintenant, j'va pichi dj'i mur. » Albert Frère parvient à sortir de la salle.

Il y aura d'autres algarades. Même si personne ne veut croire à l'ampleur du désastre qui est en train de s'abattre sur la sidérurgie wallonne, même si, de plan en plan, d'interventions de la puissance publique en directives européennes, de discours biaisés en propos rassurants, on veut faire croire que tout peut être sauvé, les sidérurgistes pressentent le pire. Les rapports sociaux se tendent. « Chaque menace de fermeture, écrit Georges Staquet[5], chaque plan social provoque des actions ouvrières qui bouleversent le fonctionnement des entreprises sidérurgiques concernées mais aussi la vie économique de Charleroi. Les travailleurs, conduits par leurs délégués d'entreprise, sortent des usines pour défiler dans les rues de Marchienne, de Marcinelle, de Couillet, de Montignies, de Charleroi. Ils défilent pour la plupart en tenue de travail, grelottant parfois sous la pluie, précédés de bulldozers des entreprises sur lesquels sont plantés drapeaux rouges et verts, sinon le drapeau noir de la révolte. »

Albert Frère n'est pas épargné par ces mouvements. D'autant que c'est souvent lui qui les déclenche. Ainsi, le 1er octobre 1976, Jean Leloup, du syndicat chrétien, révèle, dans les colonnes de l'hebdomadaire *Metro*, que le patron de Hainaut-Sambre a mis au point un plan de fusion prévoyant la suppression de 2 000 emplois. Ainsi, en septembre 1980, Albert annonce le licenciement de 800 travailleurs et la baisse de 10 % des salaires. « Albert Frère s'occupait rarement de la négociation des salaires, il laissait cela aux porteurs d'eau », raconte pourtant un dirigeant syndical.

Quelques jours après cette annonce, le 24 septembre très exactement, lorsque Albert Frère arrive dans les bureaux du Triangle, il est violemment pris à partie par un groupe de travailleurs encadrés par des dirigeants syndicalistes. On lui remet un tract incendiaire ainsi qu'un formulaire d'inscription au chômage établi à son nom. Une autre surprise l'attend : en entrant dans le hall du bâtiment, il tombe sur un cercueil symbolisant la mort de la sidérurgie wallonne. Les insultes fusent. En plat wallon. « S'ils étaient grossiers, j'étais plus grossier qu'eux », commente aujourd'hui Albert Frère, qui dit – mais faut-il le croire ? – avoir gardé un bon souvenir de ces affrontements : « Cela faisait partie du jeu, et c'est un jeu que j'aimais bien. »

Voire. « Il était vraiment en colère contre Van Bockstaele, et m'a même dit qu'il avait envie de le tuer », raconte un des protagonistes. S'il nie avoir fait le coup de poing, de nombreux témoins affirment le contraire aujourd'hui encore. « Celui qui avait le plus la trouille, c'est Staquet », estime aujourd'hui

Albert Frère en parlant du dirigeant syndicaliste, présent lors de ces altercations. Quelques mois plus tard, ce seront les bureaux du boulevard Tirou qui seront occupés. « Messieurs, je finis d'écrire une lettre, je vous écoute mais d'abord ne fumez plus... » En privé, il est plus direct : « Tcholte bé, m'fi, c'est m'galette à mi, dji fé c'qui d'j'vou avou. » (Ecoute, fils, c'est mon fric et j'en fais ce que je veux.)

Les militants d'extrême gauche du parti du travail réalisent une affichette assimilant Albert Frère à un repris de justice. Sous une caricature représentant le patron du Triangle en Al Capone, il est écrit : « On recherche Albert Frère pour avoir volé entre 1975 et 1980 plus de 7 000 emplois à la région de Charleroi, pour avoir annoncé récemment un nouveau vol de 1 000 emplois d'ici la fin de l'année. Pour tentative d'assassinat de la sidérurgie avec préméditation. A qui donnera renseignement permettant de le retrouver, il sera offert une forte récompense : un emploi stable. Attention, cet homme est dangereux, il en a envoyé plus d'un au chômage. »

La fusion impossible

— Tu es bien assis ?
— ... ?
— Si je t'annonçais la fusion entre Liège et Charleroi !
— On va se faire bouffer !
— Tu me prends pour une bièsse [un imbécile]. J'ai passé mes nuits avec Cools, Gillon, Staquet, Charlier et nous sommes d'accord pour fusionner.
— Moi, je vais faire foirer tout cela, Charleroi va encore se faire avoir !
— Je te le répète : tu n'as rien compris. Tu crois que l'Etat va encore continuer longtemps à donner deux milliards par mois à Liège et à Charleroi !

C'était le 7 août 1980, Albert Frère et François Cammarata échangeaient ces propos dans les bureaux du boulevard Tirou. Prélude à ce qui allait sonner comme un bouleversement total dans le paysage sidérurgique wallon. Qui aurait pu imaginer en effet, ne serait-ce que cinq ans plus tôt, non seulement le rapprochement mais la fusion entre les frères ennemis : Cockerill, le géant liégeois, et Hainaut-Sambre, le groupe carolorégien d'Albert Frère ?

Sur fond de crise politique latente, de tensions sociales de plus en plus fortes, de dépression économique européenne, l'histoire de cette fusion s'apparente à un feuilleton qui tint la Belgique en haleine pendant plusieurs mois, mais sans que le citoyen puisse se rendre compte que le jeu en coulisse, de la villa d'Albert Frère à Saint-Tropez à l'arrière-salle d'un restaurant huppé de Bruxelles, était plus important que ce qui se passait sur la scène.

Cinq hommes jouèrent un rôle essentiel dans cette pièce étrange où se décida le sort de dizaines de milliers de personnes. André Cools, liégeois et patron du parti socialiste, fut le parrain politique de la fusion. Willy Claes, le ministre des Affaires économiques, lui apporta la caution gouvernementale et flamande. Robert Gillon, le leader des syndicalistes socialistes liégeois, permit de faire avaler la pilule sur le bassin de la cité ardente. Quant au patronat, il était représenté par Julien Charlier, l'administrateur directeur-général de Cockerill et, bien entendu, par Albert Frère.

Né à Liège, Charlier a d'abord été ouvrier aux usines Baltau, puis monteur, puis dessinateur, puis vendeur, puis directeur commercial, toujours dans la même entreprise, avant d'en acheter une partie, de la diriger puis de la revendre aux Américains de General Electric et de traverser l'Atlantique.

Il vivra six ans aux Etats-Unis. «Depuis longtemps, raconte-t-il, j'avais été approché par les dirigeants de la Société générale de Belgique pour prendre éventuellement la tête de Cockerill. Lorsque mes enfants ont commencé à grandir, et comme je ne voulais pas qu'ils deviennent des Américains, je me suis dit qu'il était peut-être bon pour eux de retourner en Belgique. » Le 1er janvier 1976, le voilà aux commandes du premier groupe sidérurgique du royaume, au sommet de la gloire. Le mot n'est pas exagéré pour un personnage qui se prendrait volontiers pour le Roi-Soleil.

« Il n'y avait jamais rien de trop beau pour lui, dit aujourd'hui Jacques Van De Steene, il ne rechignait devant aucun investissement, et il lui fallait toujours le haut de gamme. Pour le prestige, car souvent ce n'était pas nécessairement rentable. Il s'en fichait un peu car ce n'était pas son argent mais celui des groupes, dont la Société générale, qui l'employaient. » Tout le contraire d'Albert Frère, donc. Physiquement, les deux hommes sont aussi très dissemblables. Grand, portant beau, les cheveux toujours soigneusement lustrés, Charlier se comporte en proconsul. Ainsi, pour montrer qu'il ne s'occupe pas de l'intendance, il met un point d'honneur à n'avoir jamais rien sur son bureau, excepté son agenda et son étui à cigares...

Et puis, surtout, Charlier est un remarquable orateur. Un tribun, plutôt. Fort en gueule, baratineur et charmeur. « Un Tapie honnête », dit de lui l'un des acteurs de l'époque, qui ajoute : « Albert Frère était partagé entre la haine et l'admiration pour lui. En fait, il le jalousait un peu. » Et de raconter cette conférence de presse donnée conjointement par les deux hommes à l'hôtel Amigo de Bruxelles. « Charlier n'a pas cessé de tenir le crachoir et je voyais Albert Frère qui rongeait son frein, bouillant de colère contenue. »

Les échanges ne sont pas toujours à fleurets mouchetés. « Je ne discute pas avec un employé », fait dire Albert Frère à l'attention de Charlier. « Ton bassin de Charleroi, voilà ce que j'en fais », rétorque, un autre jour, ce dernier en prenant un immense cendrier et en le vidant sur la moquette. « Charlier plaisantait, raconte un témoin (et non des moindres) de cette scène, mais Albert Frère avait pris cela au premier degré, et, fou de rage, il ne cessait de répéter : "Mais... vous le laissez dire !" »

Aujourd'hui, Charlier, toujours aussi élégant et sarcastique, nie la véracité de ces « sottises ». Faut-il le croire ? Il faut dire que le sens de l'humour de Charlier pouvait prendre des tours assez particuliers. On raconte ainsi qu'en pleine discussion dans un ascenseur en compagnie de Jean-Pierre Pauwels, le chef de cabinet du ministre Willy Claes, il sortit son revolver. « Sornette ridicule », dit-il, tout en reconnaissant qu'à cette époque il était légalement armé du fait des menaces proférées contre lui par certains gauchistes, et que sa maison, les jours de manifestation, était protégée par les gendarmes.

« Très intelligent, mais cassant, autoritaire et colérique », dit aujourd'hui Albert Frère en parlant de Charlier. Ce dernier est plus élogieux à l'égard du Carolo : « Un homme courageux, qui savait décider vite et bien, et puis, il faut comprendre qu'à l'époque nous étions certes concurrents, lui à la tête de la sidérurgie de Charleroi et moi de celle de Liège, mais nous étions aussi collègues dans les difficultés, il nous fallait tous les deux faire front contre l'Etat, les syndicats, les concurrents flamands et étrangers. Dans cette sale affaire, ce sont, en fait, mes rapports avec Albert Frère qui m'ont peut-être rendu l'aventure relativement agréable », reconnaît Charlier, beau joueur, qui se souvient des week-ends à Saint-Tropez et des caisses de vin qu'Albert Frère sortait quand il venait dîner.

Il faut dire que les réunions prennent parfois des tours un peu rocambolesques. Ecoutons Yves Roland[6] raconter un « déjeuner historique » chez Cha-Cha à Yvoz-Ramet, dans le courant de l'année 1981. « La discussion a glissé vers Cockerill-Sambre et j'ai alors dit à André Cools qu'il me semblait un peu trop confondre La Peupleraie [La propriété d'Albert

Frère à Gerpinnes] et la Maison du Peuple. Il a poussé un tonitruant "Nom de Dieu" et plongé la main dans son veston, du côté où, dit-on, il portait une arme. Il en a extrait son tabac et commandé une tournée d'armagnac. Il en a recommandé une deuxième lorsque je lui ai dit que le général de Gaulle était le dernier socialiste d'Europe car il était libre à l'égard de l'argent. Le déjeuner a duré douze heures ; au retour, j'ai raté la sortie de Liège et me suis retrouvé dans un champ de betteraves, à quelques centaines de mètres de la prison de Lantin. »

Gillon, l'ultra-principautaire

Charlier entretient aussi des rapports pour le moins ambigus avec Robert Gillon, le patron des métallos liégeois. Encore un personnage de roman que ce « syndicaliste de poids, syndicaliste de voix et un tantinet de "moi" [7] ». Tout à la fois simple et mégalomane, œnologue averti et admirateur de Fidel Castro, amateur des meilleurs restaurants et des plus belles voitures, Robert Gillon est, avant tout, un Liégeois, un « ultra-principautaire », défendant d'abord les intérêts de son bassin, même si, comme patron du journal *La Wallonie*, et chef d'un syndicat socialiste, il se bat au nom de la région tout entière et de l'internationale ouvrière ; en tout cas, l'une des personnalités les plus puissantes de la région, sans laquelle rien ne peut se faire.

« Quand je suis arrivé en Belgique, écrit Jean Gandois [8], Robert Gillon représentait pour les interlocuteurs du bassin sidérurgique une sorte de mythe et, parfois, d'épouvantail. […] Robert Gillon a une personnalité de leader. C'est un chef de bande, de la nature de ceux qui émergent naturellement dans les groupes d'adolescents ou de jeunes, et qui le demeurent ensuite au cours de leur vie […]. C'est un hâbleur qui parade, qui joue, qui attaque, qui esquive, qui blague volontiers, se rapproche de son interlocuteur, lui donne l'impression qu'un accord ou une proximité est possible, puis, d'un seul coup, rompt pour bien montrer qu'il ne peut pas être enfermé dans quelque cercle que ce soit [...]. C'est une personnalité attachante, dictatoriale et tendre. »

« Moi qui étais de l'école de Chicago, je n'avais, certes, rien intellectuellement de commun avec Gillon, qui était anarchiste, voire communiste, ajoute Charlier, c'était pourtant un homme de parole et, en fait, nous avons souvent travaillé ensemble, dans le même but. » L'ancien numéro un de Cockerill raconte ainsi la colère de Gillon lorsque Charlier lui apprit – il avait fait son enquête – que c'était la téléphoniste du syndicat qui décidait si une grève était ou non acceptée par le syndicat, c'est-à-dire si les journées non travaillées étaient compensées par la caisse de la centrale. « Quand je pense, ajoute Charlier, qu'à une époque il y avait près de 1 000 grèves par an dans le groupe Cockerill, que tous les jours trois usines étaient à l'arrêt... »

Résumons. Dans cette « équipe » qui accoucha de Cockerill-Sambre, on trouve André Cools, le tribun socialiste, au ton populiste et dictatorial, Julien Charlier, le proconsul sceptique, Robert Gillon, le syndicaliste ultra-principautaire, Willy Claes, le musicien incontournable de la politique belge, et, pour couronner le tout, Albert Frère, le fils du marchand de clous en passe de prendre le contrôle d'un monstre sidérurgique.

Quelques épisodes, parmi tant d'autres, permettent de mieux se rendre compte de l'ambiance électrique qui présida à ce mariage pas comme les autres.

Si beaucoup de dirigeants s'attribuent aujourd'hui la paternité de ce mariage princier, la responsabilité en incombe en fait au trio Charlier-Cools-Frère. « J'avais appris que Willy Claes, et son chef de cabinet Pauwels, préparaient une sorte de compartimentation pour faire éclater Cockerill, raconte

Charlier. Informé de ce qui se tramait, je vais voir Cools, il entre dans une colère énorme, homérique, et nous pensons que le seul contre-feu c'est de proposer la fusion entre Liège et Charleroi. Nous appelons Albert Frère ; deux jours plus tard, nous le rencontrons ; il comprend vite, très vite, et il donne son accord [...]. A charge pour moi, poursuit Charlier, de convaincre Gillon, ce qui n'a pas été facile, pour que lui-même en parle à "sa" base. »

C'est Willy Claes, qui, en vacances en Floride durant les vacances de Noël 1980, apprend par un des ses collaborateurs que « des choses étranges se passent en Wallonie » : Charlier et Frère auraient concocté un accord de fusion « où il était clairement stipulé que la commercialisation de l'ensemble de la société issue de la fusion resterait entre les mains de Frère ». A la fusion entre Cockerill et Hainaut-Sambre, Willy Claes aurait préféré un autre schéma : le regroupement entre Sidmar, le complexe sidérurgique flamand ultra-performant et jouissant d'une situation géographique idéale, l'Arbed, le géant luxembourgeois, et, enfin, Charleroi. Ce regroupement, surnommé « la banane » à cause de sa configuration géographique, avait même fait l'objet d'un accord (dit accord d'Hanzinelle) entre les gouvernements belges et luxembourgeois et avait reçu l'approbation de la Commission européenne.

« Au départ, j'étais partisan d'un regroupement beaucoup plus vaste allant de Sidmar à l'Arbed, explique aujourd'hui Etienne Davignon, ce qui aurait permis de choisir les meilleurs instruments, de consolider nos points forts. La difficulté était bien entendu la répartition des charges entre les différents bassins. Finalement, les points négatifs l'ont emporté sur les points positifs et il est apparu que la seule solution possible était la fusion Liège-Charleroi. » Ce que veut essentiellement le commissaire européen, c'est un plan, quel qu'il soit, susceptible de sortir la sidérurgie belge du marasme dans lequel elle s'enlise au gré des crises politiques.

C'est ce même Willy Claes qui doit apprendre aux dirigeants des groupes concernés par la fusion (la Société générale de Belgique et le groupe Bruxelles-Lambert) l'accord intervenu entre Cools, Frère et Charlier. Ce même Charlier qui avait, quelques mois auparavant, annoncé les pires horreurs en cas de fusion entre Cockerill et Hainaut-Sambre…

C'est André Cools qui fera le forcing pour obtenir cette fusion, qu'il pourra présenter comme le plan susceptible de sauver la sidérurgie wallonne, compte tenu des difficultés qu'il rencontre au sein du parti socialiste. En pure perte, puisqu'il sera remplacé, quelque temps plus tard, à la tête du parti par Guy Spitaels, un professeur élégant et froid. C'est à propos de la sidérurgie que ce même Guy Spitaels, au cours d'un débat télévisé avec Léo Tindemans (le président du parti social-chrétien flamand tout-puissant dans le nord du pays) retransmis simultanément sur les chaînes francophones et néerlandophones du royaume, lance une petite phrase qui marquera, selon de nombreux commentateurs, le début de la véritable coupure entre les deux communautés belges : « Je me demande s'il ne vaudrait pas mieux que chacun soit maître chez soi. »

Albert Frère, de son côté, la veille de la fusion, « les larmes aux yeux et la gorge nouée par l'émotion », comme l'écrit Olivier Collot du *Soir*, ne parviendra pas à lire le texte qu'il avait préparé à l'attention de l'assemblée générale extraordinaire de Hainaut-Sambre convoquée pour approuver la dissolution de la société et sa fusion-absorption par Cockerill.

Il faudrait aussi raconter, une fois le mariage officiellement contracté, le 26 juin 1981, les interminables et sanglantes discussions pour savoir qui allait commander. « Toute l'Europe sidérurgique est secouée d'un immense éclat de rire devant la comédie à laquelle se prête le gouvernement en quête d'un administrateur-délégué pour Cockerill-Sambre », écrit Luc Delval.

« C'est dans un bien curieux climat que doit naître Cockerill-Sambre, ajoute Guy Depas dans *Le Soir* du 27 juin 1981. [...] Tout est prêt sauf l'encadrement humain, qui continue à donner lieu à des luttes sournoises entre les socialistes et les sociaux-chrétiens francophones, incapables de s'entendre. » D'autant que les dirigeants syndicaux ne semblent pas plus en mesure de s'unir, jouant un bassin contre l'autre. « Il serait décidément effarant, conclut Guy Depas, que la jeune existence de Cockerill-Sambre soit saluée par la plus pernicieuse des grèves qui soient : celle de Hainaut-Sambre contre Cockerill, celle de Cockerill contre Hainaut-Sambre, celle de Liège contre Charleroi... »

Le compromis à la belge tourne à la caricature. Ainsi, le premier conseil d'administration donne davantage l'impression d'un patchwork politique que d'une équipe appelée à sauver un des principaux groupes sidérurgiques européens. Dirigé par un certain Jacques Vandebosch, échevin (adjoint au maire) chargé de l'éducation à Seraing, dont personne ne met en doute l'honnêteté, mais dont on se demande bien ce qu'il vient faire dans cette galère, il comprend en fait autant d'administrateurs qu'il y a de tendances politiques en Wallonie. Albert Frère en est le vice-président, mais il n'a aucun contrôle sur la gestion. Pour ne froisser personne, le conseil doit se réunir tantôt à Liège tantôt à Charleroi avant que le siège officiel du groupe ne soit installé à... Namur, ville charmante, qui a l'avantage d'être équidistante de Liège et de Charleroi...

Dispute avec Davignon

Plus grave : le groupe n'a toujours pas d'administrateur-délégué, autrement dit de patron. Pendant un temps, on pense que le tandem idéal est aux commandes : Albert Frère comme numéro un, Charlier comme adjoint. « J'acceptais très bien cette solution, Albert Frère était plus politique, plus riche aussi que moi », accorde Charlier qui doit s'occuper plus directement du management. Le duo fonctionne quelques mois. Le temps d'une dispute mémorable avec Etienne Davignon.

Nous sommes dans les bureaux de Willy Claes, à Bruxelles. Autour du ministre et de quelques membres de son cabinet, sont réunis Albert Frère, Julien Charlier, Etienne Davignon, lui aussi entouré de son équipe. Le ton monte, la discussion s'envenime. Le Carolo, pris d'une de ses colères mémorables, ne se retient plus. « Tu n'es qu'un vicomte de mes deux, tu me fais chier », lance-t-il à Davignon, blanc comme un linge, avant de claquer la porte. Charlier le suit.

— Et vous, où allez vous ? lance alors Willy Claes à ce dernier.
— Je vais avec mon patron !

Frère et Charlier se retrouvent sur le palier du dernier étage du ministère, bien décidés à s'en aller. Mais c'était sans compter avec la légendaire ponctualité de la fonction publique belge : le concierge a quitté son poste et l'ascenseur donnant directement à l'étage ministériel ne fonctionne plus. Frère appuiera de toutes ses forces sur le bouton d'appel. En vain.

Alertés, Willy Claes et Davignon viendront rechercher les visiteurs et tout se terminera autour d'une bonne bouteille de champagne dans les appartements privés du ministre.

Mais le tandem Frère-Charlier ne fonctionnera pas longtemps. Pris à partie dans une cabale qu'il a lui-même suscitée en tenant des propos outranciers, victime aussi, disent certains (et lui-même ne le dément pas aujourd'hui), d'une campagne orchestrée par Albert Frère qui joue la carte carolo plutôt que la solidarité entre les deux bassins, Charlier quitte définitivement la sidérurgie belge. Aujourd'hui, malgré la distance qu'il affiche quand il évoque cette période de sa vie, « ce merdier politique qu'étaient devenus deux bassins unis dans la médiocrité de leur production», une certaine amertume imprègne ses propos. A l'égard d'Albert Frère, par exemple, dont il estime qu'il n'a sans doute pas eu les mots et l'attitude qu'il fallait lors de son départ. «Pas très chic», laisse tomber Charlier.

Celui-ci une fois parti, on pense un moment que la messe est dite et qu'Albert Frère, désigné comme administrateur-délégué de Cockerill-Sambre, a atteint son objectif : régner sur l'ensemble de la sidérurgie wallonne. Ainsi, en vacances à Saint-Tropez, il met son jet privé à la disposition de Vandenbosch, le figurant nommé président du conseil de direction, et Van De Steene, le fidèle d'entre les fidèles, qui a été la cheville ouvrière de toute l'affaire, afin que l'un et l'autre le rejoignent pour qu'ils complètent ensemble le dispositif de combat.

«J'avais l'habitude de diriger en potentat»

Cela ne durera pas longtemps. Albert Frère, s'il est toujours parvenu à imposer ses vues à Charleroi, n'est pas aimé dans le bassin de Liège. Et Gillon, qui n'a pas accepté la démission forcée de Charlier, veut la peau du Carolo. Il l'aura. D'autant qu'Albert Frère se rend compte qu'il a les mains liées : l'Etat belge a mis suffisamment d'argent dans le groupe pour justifier une intervention. Et l'Etat, en Belgique, c'est le gouvernement, les partis politiques, les syndicats. Le Carolo étouffe, il ne supporte pas qu'on vienne mettre ainsi le nez dans ses affaires. «L'idéologie, le dogmatisme l'emportaient sur la raison, dit-il aujourd'hui, le capitaliste que j'étais mettait un genou à terre et les syndicalistes pensaient que c'était une victoire [...]. Vous comprenez, admet-il, lucide, j'avais toujours l'habitude de diriger en potentat, sans que personne ne critique ma gestion, et voilà que l'on me demandait des comptes sur tout, que tout le monde intervenait, sur la moindre nomination, sur le moindre achat. »

D'autant que la situation du groupe ne cesse de se détériorer. « Moins d'un mois après sa création officielle, écrit Luc Delval[9], alors que semblait se développer au sein de la hiérarchie de l'entreprise une véritable guérilla pour la répartition des postes et des influences, l'hémorragie atteignait des proportions inimaginables jusque-là. En 1980, les deux entreprises fusionnées n'avaient perdu que 6 milliards et MM. Frère et Charlier estimaient les pertes de 1982 à 1984 à 22 milliards. Or, on devait constater que le rythme des pertes dépassait allégrement le milliard par mois. »

Lorsque, le 12 mars 1982, Albert Frère confirme sa démission de son poste d'administrateur-délégué de Cockerill-Sambre, certains croient que la hache de guerre est de nouveau déterrée entre Liège et Charleroi et que le « patron » va reprendre la haute main sur Hainaut-Sambre. Après la fusion, la « défusion » se demandent les journalistes belges ? « Charleroi entend reprendre sa liberté et j'en redeviens le chef », déclare Albert Frère à Guy Depas, du *Soir*. La situation est extrêmement tendue, d'autant que les bassins de Liège et de Charleroi sont en grève depuis le 22 février.

Albert Frère a-t-il cru un moment que son retour à Charleroi permettrait de désamorcer le mouvement dans « son » bassin ? « Albert Frère pensait pouvoir compter sur Charleroi mais, à la suite d'un contact entre Robert Gillon et son homologue carolorégien, Georges Staquet, Charleroi a suivi », écrit Francis Groff[10]. Rome n'est plus dans Rome. La grève est dure – elle « coûtera » près de 2 milliards de francs – les manifestations violentes, notamment à Bruxelles où les sidérurgistes en colère dévastent une partie du centre-ville. Aux yeux de certains, la situation est quasi insurrectionnelle et ressemble aux grandes grèves de 1960. Guy Spitaels, le président des socialistes francophones, craint que le gouvernement ne fasse appel à l'armée pour maintenir l'ordre.

Le mardi 23 mars 1982, un court entrefilet dans *Le Soir* (moins de vingt lignes) confirme que la rupture est consommée entre Albert Frère et la sidérurgie : « M. Albert Frère a démissionné lundi de ses fonctions de président général de la Chambre de commerce et d'industrie de Charleroi en rappelant que, dans son esprit, il occupait cette fonction "du fait des responsabilités industrielles dans la région" mais que cela ne se justifie plus. Ayant pris connaissance de la lettre de démission de M. Albert Frère, la Chambre de commerce et d'industrie de Charleroi a publié un communiqué prenant acte avec regret de la décision de M. Frère. »

Tout est fini ? Pas tout à fait. Pour que les comptes entre Albert Frère et la sidérurgie soient définitivement soldés, il reste un détail à régler.

Un détail d'environ un milliard de francs belges.

NOTES

1. Luc Delval, *op. cit.*
2. Georges Staquet, *op. cit.*
3. In *Trends Tendances*, 10 janvier 1986.
4. « Sidérurgie : de l'acier et des hommes », *La Nouvelle Gazette-La Province*.
5. Georges Staquet, *op. cit.*
6. Yves Roland, « Frère et la raison d'Etat », *Tendances*, 6 février 1997.
7. « Sidérurgie : de l'acier et des hommes », *op. cit.*
8. Jean Gandois, *op. cit.*
9. Luc Delval, *op. cit.*
10. Francis Groff, *op. cit.*

CHAPITRE 9

Vive la Saint-Gandois!

Albert Frère a donc décidé de quitter la sidérurgie. Pour solde de tout compte, pour couper définitivement le cordon ombilical, il lui reste à en finir avec la société qu'il a portée sur les fonts baptismaux et qui lui a permis de démarrer : Frère-Bourgeois Commerciale. La séparation ne sera pas facile, et le Carolo montrera toutes ses dents, et tout son talent, comme un animal auquel on veut arracher son enfant, pour obtenir le maximum d'argent de cette rupture.

Lui, au départ, affirme qu'il ne la veut pas. Son objectif est de continuer à faire ce qui lui a si bien réussi : vendre de l'acier et toucher ses commissions. Et pour vendre les produits de quelle entreprise? Toutes celles qui le veulent, et plus particulièrement Cockerill-Sambre. Car même si le monstre qui vient de naître perd beaucoup d'argent, il continue à produire et donc à vendre.

Les événements en décideront autrement. Alors que la sidérurgie wallonne va mal, que les manifestations se multiplient, que des licenciements sont annoncés, le «système Frère» commence à faire grincer bien des dents. Dans *La Cité*, un hebdomadaire de gauche, Jos Schoonbroodt pose tout haut la question : comment gagner des millions quand la sidérurgie perd des milliards ? Et le périodique donne des chiffres : en deux ans, les bénéfices nets de Frère-Bourgeois Commerciale sont passés de 40 à 91 millions de francs belges. Le chiffre d'affaires a aussi explosé : de 13,4 milliards en 1979 à 30 milliards en 1980.

Autant de dividendes pour le pays, se dira-t-on, puisque l'Etat possède 49 % des actions de la société depuis juin 1979. Faux, répond Schoonbrodt, qui précise que sur les 85 millions de dividendes, 18 millions seulement vont à l'Etat. En négociant l'entrée de l'argent public dans Hainaut-Sambre, et par ricochet dans Frère-Bourgeois Commerciale, Albert Frère a en effet obtenu l'exclusivité totale de la commercialisation des produits du Triangle, ce qu'il n'avait pas auparavant, alors qu'il était majoritaire dans l'entreprise.

Pourquoi changer une formule qui a fait ses preuves et ne pas réitérer l'opération avec Cockerill ? se demande le Carolo. Aujourd'hui encore, il veut convaincre de sa bonne foi. Ah, la redoutable candeur de l'enfant de Fontaine-l'Evêque ! «Ce n'est pas, martèle-t-il, parce que les entreprises sidérurgiques perdaient de la galette que les sociétés commerciales, séparées, auraient dû en perdre aussi !» Et de s'emporter, dans une de ses indignations feintes dont il a le secret : «Frère-Bourgeois Commerciale n'a jamais eu de bilans criant vengeance. Et Albert Frère n'a pas bâti sa fortune sur cette activité. Il y avait tant d'autres affaires, autrement juteuses. Les bilans n'étaient pas extraordinaires, notamment eu égard aux risques que nous prenions. Les sociétés de production, elles, étaient sûres de toucher leur galette. Nous les payions toujours.»

Le message ne passe plus, les pressions sont trop fortes : l'Etat, qui met tant d'argent dans Cockerill, veut aussi nationaliser la commercialisation, et donc prendre le contrôle total de Frère-Bourgeois Commerciale.

Le 5 janvier 1982, Albert Frère écrit à Mark Eyskens, le nouveau ministre des Affaires économiques, un social-chrétien flamand. Il plante d'abord le décor : « Je pense qu'aujourd'hui on ne peut pas honnêtement mettre en cause le fait qu'il est préférable de disposer d'une société commerciale non intégrée. Contrairement à certaines assertions, une telle structure ne coûte pas plus cher, mais, par contre, se révèle généralement plus performante sur le plan des recettes. » Une fois cet axiome posé, Albert Frère, fidèle à la tactique qui lui a toujours réussi, enjôle son interlocuteur, dont il connaît les convictions libérales : « Cessons donc de nous battre pour des raisons de pure idéologie. Car, en fait, c'est bien de cela qu'il s'agit, c'est-à-dire de la présence du privé [...]. Si chaque année, le profit réalisé, dont l'essentiel revient à l'actionnaire Etat sous forme d'impôts et de dividendes, doit soulever la colère du peuple parce que le privé en profite, je préfère me retirer sur d'autres occupations. »

S'il faut vendre, alors, vendons! semble dire Albert Frère. Mais, attention, pas à n'importe quelles conditions. Et de vanter, en quelques lignes, le travail accompli : « La société en question n'est ni fictive ni une simple boîte aux lettres. Elle occupe 175 personnes dont 25 universitaires. Elle dispose d'agences bien structurées à l'étranger, dont les principales sont situées à Mannheim, Düsseldorf, Paris, Milan, Londres, New York, Houston et Tampa. » Un petit avertissement au passage : « Elle [La société] a surtout le grand avantage de disposer de 7 milliards de lignes de crédit que les divers banquiers ne seraient certes pas disposés à retransposer telles quelles chez le producteur. Je ne suis d'ailleurs pas du tout certain que lesdits banquiers maintiendraient les lignes à ce niveau dans le cas où l'actionnariat viendrait à être modifié. »

Une petite touche personnelle : « Vous savez que je ne suis pas un faux modeste, mais je peux vous dire que ces crédits octroyés l'ont été sur simple notoriété. » Avant de conclure : « Je ne vous cache pas que si la société Erbe, où mon groupe est majoritaire, devait abandonner sa participation dans Frère-Bourgeois Commerciale, qui est en fait une espèce de monument à la construction duquel j'ai consacré ma vie, il faudrait y mettre des conditions honorables. »

Il faudra plus de dix-huit mois pour s'entendre sur ces « conditions honorables ». Mark Eyskens ne répond pas directement à la lettre d'Albert Frère, ce qui ne fait rien pour détendre le climat. Le 20 juillet 1982, le ministre fait savoir à Albert Frère que le responsable de l'époque de Cockerill-Sambre, Michel Vandestrick (un Liégeois !) a confié à une société d'audit, Merryll Lynch, la tâche d'évaluer la valeur de Frère-Bourgeois Commerciale. « Il va de soi, écrit Mark Eyskens, qu'une telle étude ne se justifie que dans la mesure où l'on peut espérer qu'une négociation acheteur-vendeur pourra faire suite à l'évaluation faite par Merrill Lynch. A cet égard, j'ai retenu de nos conversations antérieures que vous acceptez le principe de vendre les 51 % de Frère-Bourgeois Commerciale. »

La réponse ne se fait pas attendre. Le 22 juillet, Albert Frère met les choses au point. « Je voudrais simplement, écrit-il à Mark Eyskens, confirmer les termes de la missive que je vous ai adressée le 5 janvier 1982 et qui n'a pas suscité de réponse de votre part. Je constate qu'il n'est pas tenu compte des arguments que j'avais développés, mais qu'au contraire, sur des fondements idéologiques, M. Vandestrick a reçu mandat de reprendre les 51 % des actions de la société commerciale encore détenues par le privé. Vous savez que j'ai toujours eu mon franc-parler avec vous. Je déduis de toute cette situation que les assertions et les désirs de M. Gillon portent à conséquence. »

« Pas à moi, Albert, pas à moi ! »

Il faut vendre. Lorsque Albert Frère annonce sa décision à l'un de ses collaborateurs, celui-ci s'exclame :

– Mais, monsieur, vous allez vendre la vache à lait !

– Tu n'as rien compris, je vais leur faire payer à prix d'or !

La redoutable responsabilité de mener les négociations finales avec un Albert Frère décidé comme jamais à se battre bec et ongles pour le moindre franc reviendra au Français Jean Gandois, appelé fin janvier 1983 par le gouvernement belge au chevet de Cockerill-Sambre. Gandois-Frère : deux poids lourds décidés à ne se faire aucun cadeau. Le combat sera sans merci.

Né le 7 mai 1930 à Nieul dans le Limousin, l'actuel patron des patrons français, polytechnicien et ingénieur des Ponts et Chaussées, a suffisamment roulé sa bosse (de la Guinée au Brésil), a été, est, ou sera membre de suffisamment de conseils d'administration, connaît suffisamment les problèmes sidérurgiques (il a été président de Sacilor) et, surtout, a les mains suffisamment libres vis-à-vis de tous les acteurs du jeu politique et économique belge pour devenir l'un des adversaires les plus coriaces qu'ait eu à affronter Albert Frère depuis longtemps.

« Par son côté madré, écrit Caroline Monnot[1], l'homme est d'une grande habileté, et par sa capacité à revenir à la charge inlassablement pour obtenir satisfaction, quitte à énerver les pouvoirs publics, et par son aptitude à claquer la porte, avec fracas si possible, lorsque la coupe est pleine. » Par certains côtés, les deux hommes se ressemblent et ont une réelle admiration l'un pour l'autre. « Cet homme, c'est la vie même », dit aujourd'hui Gandois de Frère.

Le 26 juillet 1983, Wilfried Martens, le Premier ministre belge, téléphone à Gandois, alors en vacances dans son Limousin natal : « – Voulez-vous accepter une nouvelle mission ? Je lui dis, raconte Gandois[2], qu'à mon avis ma nouvelle mission devrait porter sur des points précis : la négociation des synergies avec les entreprises sidérurgiques des autres pays, la négociation avec le groupe Frère du rachat de Frère-Bourgeois Commerciale [...] enfin, la recherche d'une nouvelle direction générale pour l'entreprise. » Gandois dit « oui » à Martens et, le lendemain même, il reçoit un coup de téléphone d'Albert Frère : « Quand commençons-nous à négocier ? »

« Je connaissais Albert Frère depuis près de quinze ans, écrit Jean Gandois. Au mois de mai, au moment où j'avais remis mon rapport, il m'avait dit : "J'espère que je n'aurai jamais à négocier avec toi la vente de Frère-Bourgeois Commerciale." Je lui avais répondu : "Mon souhait est le même." Chacun de nous savait, en effet, qu'il n'avait aucune complaisance à attendre de l'autre. Il était évident que la discussion serait âpre et que nous risquions de nous trouver placés, l'un ou l'autre, devant ce dilemme de ne pas défendre à fond les intérêts qui nous avaient été confiés ou bien de porter atteinte à une vieille amitié. »

Albert Frère s'engage dans la négociation avec des arguments en béton. D'abord, ce n'est pas lui qui est demandeur. Ensuite, il a en main ce formidable contrat qu'il a signé avec l'Etat belge, lorsque ce dernier a pris la majorité dans Hainaut-Sambre, et qui assure à Frère-Bourgeois Commerciale l'exclusivité de la commercialisation des produits de l'entreprise pendant trente ans. « Ce qui est remarquable, explique aujourd'hui Jean Gandois, c'est qu'Albert Frère avait immobilisé ce contrat, l'avait comptabilisé dans ses bilans comme une valeur, comme un patrimoine. »

Albert Frère a aussi un document d'une importance considérable : le rapport d'audit réalisé par Morgan Stanley, qui estime à 1,250 milliard de francs belges les 51 % restant de Frère-Bourgeois Commerciale. « Albert Frère avait roulé dans la farine cette équipe d'experts, purement financiers, qui n'avaient pas compris que ce n'était pas tant la maison en tant que telle qui valait cher, mais la clé qu'elle possédait : le contrat de commercialisation. Le tout ne valait pas la somme indiquée», assure aujourd'hui Jean Gandois.

Les deux hommes commencent les discussions, entourés, chacun, de leurs collaborateurs les plus directs. Pour Albert Frère, Henri Burhin, bien entendu, et Fabienne Goffin, dont nous reparlerons. Pour l'Etat, on retrouve de nouveau le tandem Claes-Pauwels, ainsi qu'un indépendant, le professeur Van der Eycken. Et Gandois, bien entendu. Lorsque les négociations achoppent sur un point fort, Gandois et Frère donnent congé à tout ce beau monde et se retrouvent seuls, face à face, l'un et l'autre en bras de chemise, s'accrochant comme deux lutteurs à la foire. Plusieurs fois, Frère, si ce n'est Gandois, se lève et claque la porte. Un jour, c'est le Français qui explose lorsque (on est tout près d'un accord) le Carolo lui fait comprendre que tout ça c'est bien beau mais qu'«il ne faut pas oublier le pour-cent du patron». Dans certaines négociations, on appelle ainsi la petite rallonge qu'il est de bon ton de consentir au grand patron lorsque la discussion est pratiquement bouclée. «Pas à moi, Albert, pas à moi!» s'exclame Gandois.

Le combat s'achève le 17 octobre 1983. On sait maintenant que Gandois, conseillé par la maison Lazard, partait d'une position minimale de 925 millions de francs belges. Frère, lui, se serait aisément contenté de la somme de 1,2 milliard suggérée par Morgan Stanley. La poire sera coupée en deux : le Carolo empoche très exactement 1,125 milliard de francs belges (environ 160 millions de francs français). Aujourd'hui encore, dans les bureaux du boulevard Tirou, on appelle cela «la dot», et on fête la «Saint-Gandois» tous les 17 octobre...

Reste une question, fondamentale : que valait réellement Frère-Bourgeois Commerciale sans Albert Frère, qui en était tout à la fois le fondateur, l'animateur et le financier ? Comme si l'on avait vendu une équipe de football sans son meilleur joueur !

Quoi qu'il en soit, la dot va permettre de faire bien des petits et d'aider Albert Frère à commencer sa deuxième vie : celle de financier.

L'assassinat d'André Cools

Il sera parti à temps.

Pendant que le Carolo joue son va-tout, la situation en Wallonie ne cesse de se dégrader. Economiquement, politiquement, moralement même. Le drame du jeudi 18 juillet 1990 sera peut-être le symbole de cette crise.

Il est 7 heures du matin. Un couple sort de la résidence de la Colline, avenue de l'Observatoire à Cointe, dans la proche banlieue de Liège. Un tireur solitaire les attend. André Cools est tué sur le coup de deux balles de 7,65 mm, sa compagne, Marie-Hélène Joiret, gravement blessée. Le maître de Flemalle, celui qui avait marqué la politique wallonne, tombe, victime de son pouvoir. Très vite, les enquêteurs sont persuadés que l'assassinat est politique, jugement confirmé par des années d'investigation, qui resserrent l'étau autour de certaines personnalités du parti socialiste wallon.

Cools en savait trop et avait confié, sans doute un peu imprudemment, qu'il comptait bien faire le ménage dans une formation gangrenée. Que le Parti ne vit pas uniquement des cotisations de ses adhérents, qu'il fait appel de façon systématique, pratiquement institutionnelle, à l'argent public par l'intermédiaire de ses centaines de courroies de transmission, cela Cools le sait et l'accepte puisqu'il a été lui-même l'un des promoteurs du système. Mais, dans son honnêteté militante, il n'accepte pas que certains se remplissent les poches. Autrement dit : détournent à leur seul profit personnel l'argent destiné au parti.

Or, c'est, semble-t-il, ce qui s'est passé autour du contrat passé par le gouvernement belge avec la firme italienne Agusta pour la livraison d'hélicoptères. Contrairement aux prévisions, et de l'avis de nombreux experts, l'appareil italien a en effet été choisi plutôt que l'Ecureuil français ou le BK 117 allemand. Cools, dit-on, se préparait à faire des révélations. On ne lui en aura pas laissé le temps...

Un autre homme politique, qui avait joué un rôle important dans les affaires sidérurgiques, sera également emporté par l'affaire. Willy Claes, ministre des Affaires économiques au moment de la conclusion du contrat d'achat des hélicoptères, et qui avait, lui aussi, donné la préférence à la firme transalpine, brillamment porté ensuite au poste de secrétaire général de l'OTAN, est obligé de donner sa démission de l'organisation de défense atlantique. Autres personnages atteints : Guy Spitaels, qui avait succédé à Cools à la tête du parti socialiste francophone, Guy Mathot, ministre du Budget. Il est curieux de noter que lors de l'émission *Parole d'homme*, réalisée par le centre de Charleroi de la RTBF et consacrée à Albert Frère, on voit celui-ci se rendre à une réunion à Zeebrugge et serrer la main successivement aux trois hommes politiques présents : André Cools, Guy Spitaels et Guy Mathot.

Robert Gillon, le Liégeois, est mort. Disparue, aussi, la grande figure d'Ernest Davister, en janvier 1994. « Sa vie durant, il fut un bras d'honneur à l'ignorance [...]. Fuyant les hommages autant que les louanges et les titres, il s'en est allé discrètement [...]. Parce qu'il avait voué sa vie entière au mouvement ouvrier, et à la FGTB en particulier, il se disait simple militant syndical. Nous tous, qui l'avons fréquenté, et à qui nous demandions régulièrement conseil, savons qu'il était beaucoup plus que l'image anonyme qu'il aimait tant donner de lui. Il s'appelait Ernest Davister. Il était notre camarade, notre ami et notre père spirituel », écrivait Mirello Bottin en préface à un livre d'hommage[3].

Comme François Cammarata, son homologue du syndicat chrétien, Bottin poursuit son ascension dans la pyramide syndicale. Le jour où nous l'avons rencontré, il présidait un congrès de son organisation à la Maison du peuple de Charleroi. L'heure, encore, était à l'angoisse : des menaces de nouveaux licenciements pesaient sur la sidérurgie wallonne. Les ACEC, les Forges de Clabecq : par pans entiers, les entreprises ont disparu ou ont été « remodelées ».

A la fin de l'année 1996, c'est la famille Boël qui est au pied du mur : elle doit ou bien s'associer avec une entreprise néerlandaise, Hoogovens, au prix d'une restructuration drastique qui l'obligerait à supprimer près de 800 emplois dans l'entreprise louviéroise, ou bien mettre tout simplement la clef sous la porte et licencier 2 000 travailleurs. On comprend le choc que cette alternative a dû produire dans une famille fière et indépendante, qui était parvenue jusqu'à présent à sauvegarder sa liberté, notamment par rapport à l'Etat.

« Le schéma rend incontournable la fermeture de la voie fonte, comme elle l'était dans le cadre d'une association avec Cockerill-Sambre. Concrètement, cela signifie l'abandon du haut-fourneau n° 6, le dernier en fonctionnement, de l'aciérie à oxygène ainsi que d'une des deux coulées à brames, et de celle à billettes... » : le compte rendu, par Françoise Zonemberg, de la conférence de presse de Pol Boël a des allures de faire-part de décès[4]. Une nouvelle fois, on annonce la fermeture de hauts-fourneaux, de coulées à brames, de coulées à billettes. Aussi poignant qu'une promenade dans les sites sidérurgiques de Charleroi, Couillet, Seraing, Liège, Marchienne-au-Pont. Sur les immenses murs rouge brique des usines, jadis bouillonnantes d'activité, même les lettres des raisons sociales, qui s'étalaient autrefois fièrement, s'estompent chaque jour davantage.

Les chiffres parlent d'eux-mêmes : 24 000 personnes travaillaient sur le bassin sidérurgique de Charleroi en 1974, elles ne sont plus que 4 500 aujourd'hui. L'ensemble de la sidérurgie belge employait 60 000 personnes en 1974, 24 500 en 1994. Privée de façade maritime, un avantage aujourd'hui incomparable en matière de sidérurgie, la sidérurgie wallonne continue à se battre. « Ce sera fini quand il n'y aura plus rien », confie Mirello Bottin.

Albert Frère porte-t-il une part de responsabilité dans ce désastre ? Aurait-il pu, au lieu de « déserter » comme le lui reprochent ses ennemis, tenter de sauver ce qui pouvait l'être, continuer à mettre son formidable dynamisme, ses réseaux tissés à travers le monde, sa force de frappe financière au service de sa région ? « Pour moi, c'est un prédateur, n'hésite pas à dire un haut fonctionnaire de la Commission européenne ; il a joué au Monopoly mais n'a jamais créé ni richesse ni emploi. Quant à Frère-Bourgeois Commerciale, elle a été une saignée constante dans les flancs de la sidérurgie wallonne. »

Je ne suis pas parti, on m'a forcé à partir en m'imposant des conditions insupportables, dit en substance Albert Frère. Et l'un de ses amis d'ajouter : « Bien sûr, il y avait quelque chose d'immoral à s'enrichir alors que la sidérurgie était à l'agonie. Si l'on met de côté cet aspect des choses, bien étranger d'ailleurs à la vie des affaires, il faut comprendre qu'Albert Frère a, certes, touché d'énormes commissions comme vendeur de plus en plus exclusif des produits de la sidérurgie wallonne, mais qu'il a permis, par contrecoup, à cette sidérurgie de trouver des débouchés qu'elle n'aurait peut-être pas trouvés sans lui. »

Quant à Albert Frère l'industriel, il a servi d'abord ses propres intérêts en produisant peut-être plus qu'il n'aurait fallu en vue d'alimenter les ressources de ses « péages ». Il a aussi considérablement modernisé ses entreprises, il a créé

Carlam, qui reste aujourd'hui encore l'une des entreprises les plus performantes du genre.

Respect atavique pour l'enfant du pays ou simple bon sens? Toujours est-il que sur 100 personnes qui ont travaillé dans la sidérurgie carolorégienne, vous en trouverez un nombre infime qui ne vous répondront pas : « Sans Frère, il n'y aurait plus de sidérurgie à Charleroi. »

« Je voulais leur montrer »

« Ils m'avaient tellement emmerdé que je voulais leur montrer que j'étais capable de faire autre chose. » Albert Frère ne prend pas de gants pour expliquer aujourd'hui son départ de la sidérurgie et son entrée dans le monde de la finance. Non sans une certaine mauvaise foi. Car, si l'on en croit certains de ses collaborateurs, et notamment Henri Burhin, voilà longtemps que l'enfant de Fontaine-l'Evêque songeait à quitter ce secteur. « Il m'en avait parlé dès 1975, il pensait déjà que c'était foutu », affirme Burhin.

En fait, Albert Frère, pas plus cette fois-ci que les autres, n'a eu de plans bien établis, de stratégies finement élaborées. Peut-être aurait-il pu rester plus longtemps dans la sidérurgie si les événements en avaient décidé autrement? Peut-être, au contraire, en serait-il parti plus vite?

Une chose est certaine : le Carolo n'a pas les mains vides quand il s'engage dans son nouveau métier de financier. En fait, c'est un métier auquel il s'est déjà frotté. Dès que ses affaires ont commencé à marcher, il s'est ainsi constitué un portefeuille d'actions. « D'abord pour s'amuser, commente Burhin, mais c'est devenu de plus en plus sérieux. » « Le portefeuille est devenu un véritable coffre-fort », ironise un autre collaborateur.

Alors qu'il était encore en plein dans les affaires sidérurgiques, Albert Frère a créé un nouveau holding, Erbé, qui deviendra le point de départ de sa future stratégie. Pourquoi Erbé ? Il s'agissait tout simplement d'une de ces nombreuses sociétés dont Albert Frère avait pris le contrôle et qui dormait dans des cartons. Erbé avait été rachetée dans les années 1960 à un fabricant de meubles, René Bailly. (Les initiales R.B. avaient donné Erbé.)

Erbé, nous le verrons, sera le premier échelon de cette fantastique cascade de holdings qu'est le groupe d'Albert Frère. «Un chapeau, sur un chapeau, et encore un chapeau : je l'appelle le chapelier», ironise un de ses concurrents. Si, tout en haut, il y a Frère-Bourgeois, le holding familial qui contrôle l'ensemble, juste en dessous, on retrouve le premier chapeau dont Albert Frère n'est que l'actionnaire majoritaire, qui, lui-même, contrôle un deuxième chapeau, Fibelpar, dont le Carolo possède un peu plus de 50 % des actions, et qui, lui-même...

Erbé montre de façon éclatante la qualité du partenariat entre Albert Frère et le groupe Paribas, puisque ce dernier en possède 47 %. En 1980, le capital d'Erbé est passé de 30 à 1 120 millions de francs belges, et ses participations de 56 à 2 240 millions. Et la vente de 51 % des parts de Frère-Bourgeois Commerciale, qui étaient détenues par Erbé, va encore apporter un beau paquet d'argent frais au holding.

Déjà, donc, Albert Frère, qui fait partie de la galaxie Paribas, ne peut plus être considéré comme un «petit». D'autant qu'il est déjà associé au capital du Suédois Volvo, du Canadien Power Corporation, de l'Américain Becker.

Il est, surtout, avec 13 % des actions, l'actionnaire privé le plus important de la Cobepa, l'antenne belge de Paribas. C'est d'ailleurs, nous l'avons vu, avec Cobepa qu'il a réalisé l'un de ses premiers coups financiers en acquérant Thy-Marcinelle.

Bref, ce n'est pas un enfant de chœur, cet homme qui a décidé, comme il dit, «de leur montrer».

NOTES

1. *Le Monde,* 15 novembre 1994.
2. Jean Gandois, *Mission acier. Mon aventure belge,* Paris, Duculot, 1986.
3. *Ernest Davister, une œuvre, un combat,* Fédération des Métallurgistes FGTB Charleroi-Hainaut, 1996.
4. *Le Soir,* 13 décembre 1996.

DEUXIÈME PARTIE

Le financier

CHAPITRE 1

L'attaque du train postal

— Mon pauvre Albert !
— On va se cotiser pour t'offrir à manger !
— Toi, avec les socialistes comme partenaires !

Faisant contre mauvaise fortune bon cœur, on tente de s'amuser ce 10 mai 1981 dans le salon de maître Emile Verbruggen, l'un des plus courus de Bruxelles. Le visage de François Mitterrand vient d'apparaître sur l'écran de télévision : il est président de la République française.

Les regards se tournent vers Albert Frère. On ne peut pas dire que le Carolo soit ravi. Ou qu'il ait envie de se précipiter à Paris pour fêter la victoire de la gauche. Ses soucis ne sont pas d'ordre idéologique. Mais financier. Il est en effet, avec 2 % des actions, l'un des actionnaires privés les plus importants de Paribas, et le principal actionnaire de la Cobepa, la filiale belge du holding de la rue d'Antin.

Or, le programme sur lequel François Mitterrand a été élu prévoit une série de nationalisations, dont Paribas. Cela n'est pas acceptable pour cet homme qui n'aime pas beaucoup qu'on touche à sa galette. Et puis comment pourrait-il s'entendre avec ces socialistes français, lui qui déteste tant les instituteurs et les énarques ? Rien à voir avec « ses » socialistes belges, les Cools, les Claes, habitués au pouvoir et à ses compromis, et qui savent le moment venu laisser aux vestiaires leur idéologie pour s'asseoir autour d'une table et discuter entre amis.

Plus tard, Albert Frère nouera des liens très étroits avec certains dirigeants socialistes, et notamment avec Pierre Bérégovoy. Le temps, là encore, aura fait son œuvre. Mais, en 1981, il sent bien que des gens comme lui ne peuvent être que montrés du doigt à Paris. Et il n'aime pas cela, Albert. Pas plus que de voir des intrus sortis des meilleures écoles s'occuper de trop près de son argent.

Voilà pourquoi, en ce 10 mai, les convives se moquent gentiment de lui. Il joue le jeu. Et puis, calmement, il s'empare du téléphone, compose un numéro et donne cet ordre surprenant :

– Demain, tu rafles toutes les actions Paribas que tu peux !

Dans l'esprit d'Albert Frère, l'opération « Arche de Noé » a commencé.

Fiches anthropométriques d'un gang peu ordinaire

« La toute grande bonne ambiance, nous nous sommes bien amusés et cela a donné le départ d'une belle aventure », dit aujourd'hui Albert Frère dans un sourire radieux quand il évoque l'affaire Paribas, qui a fait couler tant d'encre et mis le pouvoir socialiste français dans tous ses états. Le complot ayant été concocté dans le patio de sa maison de Saint-Tropez, on décide ainsi d'appeler celui-ci « Pargesa square », et de fabriquer une plaque en bonne et due forme. C'est peut-être en buvant un verre, ou après la partie de tennis, qu'a aussi été lancée l'idée d'appeler « Arche de Noé » le plan alors en train d'être échafaudé.

Darrell Delmaide, dans l'*Institutional Investor*[1], parlera « d'un des coups les plus audacieux depuis l'attaque du train postal en Grande-Bretagne ». L'objectif du casse est simple : contourner, le plus légalement et le plus officiellement du monde, la nationalisation de Paribas annoncée par le gouvernement socialiste français issu de la victoire de François Mitterrand à l'élection présidentielle.

Commençons par le casting. Il est détonant.

Gérard Eskenazi, c'est le cerveau. Né en 1931, licencié en droit, HEC, DES de sciences économiques, officier de marine, Gérard Eskenazi a une passion : sa famille. « Arlette Eskenazi, écrit Vincent Beaufils[2], est "maman catéchiste", elle envoie ses enfants à la piscine municipale et veille à ce qu'ils lui rapportent la monnaie après les courses. » Eskenazi aime aussi les belles demeures. Cossues. Comme cette maison premier Empire de Saint-Cloud qu'il a restaurée. Là même où, dit-on, Ravel composa son *Boléro*. Ou encore son « château » du XVe siècle près de Cahors. « C'est là-bas, poursuit Vincent Beaufils, qu'il se consacre à ses loisirs favoris, la culture des noyers – goût de la durée ? – et les longues balades à cheval avec ses quatre enfants. » « Si cela va mal, je me reconvertirai comme pépiniériste à Cahors », avait l'habitude de dire Eskenazi. A tel point que la « bande à Albert » l'avait surnommé : « le pépiniériste ». « Quand vous avez à vous occuper de savoir si le pied de votre cheval tiendra encore une heure dans un chemin caillouteux, cela vous sort des problèmes de New York, de Londres, de Paris », dit Eskenazi.

« Réfléchi, d'allure timide, un rien coincé, c'est un analyste introverti, un homme d'état-major, précise Bruno Abescat[3], une intelligence redoutée aussi. » S'exprimant toujours calmement, d'une voix douce, il rassure. Jusqu'au moment où le chat se réveille. L'oiseau – traduire : la bonne affaire – n'a plus qu'à espérer une mort rapide. Il laissera alors aux autres, au patron, le soin de conclure.

Pour le moment, c'est l'éminence grise parfaite, le numéro deux idéal. Ainsi à Paribas, il forme un couple parfait avec Pierre Moussa, le président de la Compagnie. Normalien, major de l'inspection des finances, doté d'une culture encyclopédique, Moussa pourrait passer pour un intellectuel égaré dans le monde de la haute finance. « Pierre Moussa, écrit Jean Baumier[4], est certainement l'un des personnages les plus puissants et les mieux rémunérés de la place de Paris. Pourtant, quand il me reçoit dans son bureau de la rue d'Antin ou dans son appartement du quai d'Orsay, je n'ai pas l'impression d'avoir en face de moi un potentat de la finance, mais plutôt un professeur de Sciences-Po, celui qui fut le condisciple de Jean-Marie Domenach, en khâgne, et de Louis Althusser et Jean d'Ormesson dans les vieilles turnes de la rue d'Ulm. »

Cet homme va avoir un bien curieux destin. Lui qui se dit toujours mendésiste, qui a été conseiller au ministère de la France d'outre-mer sous les ordres d'un catholique de gauche, Robert Buron, puis d'un socialiste, Gaston Defferre, lui qui n'a pas hésité à titrer *Les Nations prolétaires* son livre de réflexions sur le tiers-monde et qui jure d'être resté fidèle à ses convictions passées, va devenir, conséquence de cette opération Paribas, la bête noire des socialistes.

Toujours est-il qu'en 1978, lorsqu'il prend la direction de la Compagnie, Moussa sait tout le parti qu'il peut tirer de Gérard Eskenazi. « Moussa et son brio éblouissent à l'extérieur, écrit Vincent Beaufils, Eskenazi et son intelligence d'ordinateur assurent à l'intérieur le parfait fonctionnement de la machine. » Moussa sait sans doute que cet homme de 47 ans a une grande affection pour sa famille, qu'il aime les courses en mer et les promenades à cheval, qu'il ne néglige pas la bonne chère et qu'il se détend en restaurant de belles demeures.

Il a surtout compris qu'Eskenazi n'a qu'une vraie passion, une maîtresse dévorante, qui le perdra corps et âme : Paribas. Pour le moment, il en contrôle l'appareil et réalise quelques coups fumeux, comme le rachat des parts du baron Empain dans Schneider : 120 000 employés, 40 milliards de francs français de chiffre d'affaires. Mais Eskenazi voit plus loin, bien plus loin. D'abord, pour lui, le fauteuil de président. Il n'est pas le seul : à Paris, tous ceux qui se croient dans le secret des dieux de la finance parieraient sur la prochaine accession d'Eskenazi à la tête de la compagnie financière. A une réserve près : l'arrivée de la gauche aux affaires.

Pour Paribas, Eskenazi, qui a été aide de camp de l'amiral commandant l'expédition de Suez en 1956, rêve d'un destin de haute mer. Transformer ce qui est déjà une solide embarcation en un navire-amiral, susceptible de drainer dans le monde entier tout ce qui peut rapporter de l'argent et du pouvoir. Lui qui déteste les envolées lyriques n'hésitera pas, quelques années plus tard, à parler en termes napoléoniens du « casse » de 1981 : « Notre idée, dira-t-il, était de bâtir une sorte d'empire d'Orient, qui, après une période transitoire, se serait rapproché de l'empire d'Occident momentanément nationalisé. »

Au début des années 1980, Albert Frère et Gérard Eskenazi sont en pleine lune de miel. Comment en aurait-il été autrement? Ils font tous les deux partie de la galaxie Paribas, se sont rencontrés sous la houlette de Maurice Naessens, le proconsul de la compagnie en Belgique, et ils sont unis sur l'essentiel : le goût du pouvoir et de l'argent. Ce qui est bien suffisant pour sceller une alliance dont ils pensent l'un et l'autre qu'elle sera éternelle. Qu'importe si Albert est aussi expansif, convivial, extraverti que Gérard est secret, solitaire et introverti! Imaginerait-on Albert partir plusieurs jours en balade à cheval, seul, en famille ? sans pouvoir téléphoner aux quatre coins du monde, à toutes les heures du jour ou de la nuit, à ses amis et à ses collaborateurs ? sans pouvoir acheter, ni vendre ! sans pouvoir monter le coup du siècle ! sans pouvoir imaginer, dix minutes plus tard, un coup encore plus faramineux !

C'est sans doute cela qui l'a fasciné chez Eskenazi : cette intelligence froide, contenue, cette vision au scanner des affaires, mais aussi une intuition peu commune. Quant à Eskenazi, il est, de la même manière, fasciné par le « tourbillon Albert Frère », par cet homme sans diplôme, sans aucune référence, sinon sa réussite, et qui parvient même à s'amuser en travaillant. S'amuser en travaillant !

Alors, Gérard et Albert se téléphonent plusieurs fois, voire plusieurs dizaines de fois par jour. « Gérard, je n'ai pas besoin que tu m'expliques, mais simplement que tu me dises que tu es convaincu » : cette déclaration d'amour – c'en est bien une – a été faite à Eskenazi par un autre des conjurés du casse, le Canadien Paul Desmarais ; elle aurait pu aussi bien l'être par Albert Frère.

Pierre Scohier, c'est le « bulldozer ». Petit, râblé, des yeux brillants comme la braise, la mâchoire proéminente, le sourire carnassier, on voit bien Pierre Scohier dans un western. Tant pis pour le septième art, il a choisi une autre manière d'exprimer ses talents : la finance. A cette date, il est le recordman belge des conseils d'administration. *Le Soir* du 5 février 1985, qui dressait le « hit-parade du pouvoir de l'argent » en Belgique, le plaçait ainsi en première place avec 23 mandats d'administrateur, contre 17 à Albert Frère. Les deux hommes sont complices depuis longtemps : d'abord ils sont de la même région, ensuite ce sont eux, nous l'avons vu, qui ont réussi à bloquer dans un premier temps l'accord entre les groupes de Launoit et Lambert afin de prendre au premier ses participations dans la sidérurgie wallonne.

Né le 11 janvier 1936 à Gilly, près de Charleroi, d'un père

flamand et d'une mère francophone, Schier parle couramment les deux langues du pays et possède l'un des carnets d'adresses les plus fournis de la capitale belge. Bien qu'Albert Frère n'ait pas toujours été tendre avec lui, Schier sait qu'« Albert restera toujours un ami, même si nous avons eu des divergences. Je sais que si, un jour, j'ai des ennuis, et que je lui demande son aide, où qu'il soit dans le monde et à n'importe quelle heure, il répondra à mon appel ».

Schier, en 1981, est au sommet de sa puissance. On sait, et on s'en souviendra, qu'avec seulement quelques coups de téléphone, il peut « lever » beaucoup d'argent. En fait, on peut le considérer comme le fils spirituel de Maurice Naessens, dont il a encore affiné la stratégie d'implantation de Paribas en Belgique. En 1981, il est à la tête de la Cobepa, la Compagnie belge de participations. Et des participations, ce n'est pas ce qui manque dans la corbeille de la Cobepa! « Un modèle de holding industriel international sous le contrôle de Paribas, [...] la Cobepa est présente dans tous les secteurs industriels belges », écrivait ainsi un universitaire marocain, M. Hamed Sagou [5].

La toile d'araignée tissée par la Cobepa en Belgique est impressionnante. De la restauration rapide aux holdings prestigieux comme Gevaert en passant par le cinéma (elle contrôle les trois complexes cinématographiques de Bruxelles) et la presse, la compagnie dirigée par Schier est partout. « Dans ce contexte, écrit Jean Baumier [6], la nationalisation de Paribas, annoncée en juillet 1981 par le Premier ministre Pierre Mauroy, fait l'effet d'un coup de tonnerre dans les milieux financiers bruxellois. De façon caricaturale, on la présente dans certains journaux comme l'équivalent de la nationalisation du canal de Suez par Nasser en 1956. » Les attaques sont particulièrement violentes en Flandre, où il suffit d'un rien pour ranimer l'esprit de la bataille des Eperons d'Or, en 1302, qui vit les paysans flamands bouter les chevaliers français… Certains ne vont-ils pas jusqu'à écrire que *De Standaard*, l'un des plus prestigieux quotidiens flamands («Tout pour la Flandre, la Flandre pour le Christ»), qui dépend indirectement de la Cobepa, va, du jour au lendemain, être dirigé par les apparatchiks du parti socialiste français? God verdomm!

Schohier a su parfaitement poursuivre l'œuvre de Naessens et donner un caractère profondément belge à la Cobepa. «Alors que, dans les années 1970, explique-t-il, les Belges les plus cocardiers disaient de nous: "Vous êtes les harkis de la France", nous sommes parvenus à surmonter cette prévention et à nous intégrer dans le tissu économique et financier belge, grâce en grande partie à ces associations avec de grandes familles locales.»

Paul Desmarais, c'est «l'ami Paul». En 1978, Paul Desmarais entre au conseil d'administration de Paribas et y rencontre Albert Frère. Ainsi commence l'une des grandes histoires de la finance internationale. Comme si ces deux hommes avaient senti d'instinct qu'ils étaient de la même marginalité, de la même trempe. «Cela s'est très bien "calé" entre nous la première fois que nous nous sommes vus, raconte Desmarais. C'était lors d'une réunion de Paribas, nous avions plaisanté, lui, le Belge, et moi, le Canadien, sur ces Français tellement compliqués!» Peut-être se découvrent-ils un autre point commun, les deux cousins francophones: le Wallon a un léger cheveu sur la langue et le Québécois bégaye légèrement…

Si Albert Frère est fasciné par l'intelligence, la connaissance des dossiers, le sens de la finance, le carnet d'adresses d'un Gérard Eskenazi et d'un Pierre Schohier, il sait qu'il ne sera jamais du même monde qu'eux. Ce qui les sépare? L'argent, tout simplement. Eskenazi et Schohier ne sont certes pas pauvres: leurs jetons de présence, leurs salaires, leurs placements habiles les mettent à tout jamais à l'abri du besoin.

Mais, dans leur travail de tous les jours, ils ne jouent pas avec leur argent. Albert Frère et Paul Desmarais, si.

Physiquement, les deux hommes ne se ressemblent guère. Il suffira de dire que Paul bouge élégamment ses 198 centimètres, qu'il est calme, volontiers ironique, et ne se souvient de rien. « Heureusement, plaisante-t-il, qu'il y a Albert avec sa mémoire d'éléphant et sa manie de prendre des notes sur tout, il peut me rappeler, vingt ans plus tard, ce que je faisais tel ou tel jour, avec qui je déjeunais, en face de qui j'étais assis et ce que j'ai dit ! »

Pour Desmarais, l'histoire commence en... 1660. Les guerres du Roi-Soleil ont saigné les Français. La famille Desmarais choisit l'exil et débarque au Canada avec la ferme intention de faire fortune. De père en fils, on se transmet la devise familiale : « J'ai fait mieux que mon propre père, je m'attends à ce que tu fasses mieux que moi. » Comme son ami Albert, Paul n'est pas passionné par les études et laisse bien vite tomber la faculté de droit.

En 1951, à 24 ans, il rachète, pour un dollar symbolique, une petite affaire de transports endettée, dont ses parents détiennent des actions. A quelques milliers de kilomètres de là, Albert Frère, d'un an son aîné, triple le volume des transactions de sa société commerciale. Quelques années plus tard, Paul contrôle l'essentiel du trafic d'autobus de la ville de Québec et Albert est en passe de contrôler l'ensemble de la sidérurgie wallonne.

Pour Jannick Alimi[7], si les deux hommes partagent la même conception des affaires, c'est qu'ils ont quelques credo communs : d'abord, la défense d'un capitalisme patrimonial et entrepreneurial face à un management trop sûr de lui. Certains cadres, même les plus hauts placés, feront les frais de cette conception. Autre point commun, résumé par Desmarais : « Une entreprise doit toujours être assez rentable pour verser des dividendes à ses actionnaires. » On l'aura compris :

Paul et Albert n'ont qu'une religion : celle du profit. Autre principe commun : sans argent, point d'avenir. La «galette», il faut pouvoir la sortir, et vite. Faut-il ajouter que ni l'un ni l'autre ne se prend pour un idéologue, qu'ils sont, l'un comme l'autre, des pragmatiques et qu'à ce titre ils ont tissé, l'un en Belgique, l'autre au Canada, des liens étroits avec les politiciens de leur pays? De toutes tendances, bien entendu.

Avec ces quelques idées simples en tête, un formidable culot, une confiance sans faille dans leur étoile, Paul et Albert iront jusqu'au bout. Pendant que le Carolo met au point sa stratégie des péages sur les autoroutes de la sidérurgie wallonne, le Québécois achète et rentabilise des entreprises sous-évaluées et mal gérées. « Dans les années 1970, chaque fois que les actions d'une société s'emballaient en Bourse, tous les yeux se tournaient invariablement vers lui», écrit Dave Greber dans la biographie qu'il lui a consacrée. Il est aussi mal accepté par l'establishment canadien qu'Albert Frère l'est par la bourgeoisie de Charleroi. Ici comme là-bas, on n'aime pas les intrus. Peu leur chaut.

Comme si leurs itinéraires avaient été préalablement réglés par un maître d'opéra, c'est à 55 ans qu'ils paraissent atteindre le sommet de leur carrière. En 1978, Paul rachète Power Corporation, une entreprise moyenne de transport, qu'il transforme rapidement en un empire multiforme : papeterie, transport, assurance, communication (il est propriétaire de *La Presse*, le plus important quotidien de langue française du Québec), la finance, etc. En 1981, Albert souffle ses 55 bougies au moment de la fusion entre Cockerill et Hainaut-Sambre.

Comment l'«ami Paul» ne répondrait-il pas présent à l'appel des autres conjurés? «J'ai mis 20 millions de dollars, 100 millions de francs français, dans l'affaire», explique Desmarais aujourd'hui, avant de préciser : «Il ne faut pas croire que nous avons agi pour régler un quelconque compte avec le gouvernement socialiste français, ce que nous avons d'abord vu, c'est l'opportunité de monter une belle affaire. »

Anders Wall, c'est « le Suédois ». Encore un destin forgé à la force du poignet. Né en 1931 dans une famille modeste, le Suédois s'est hissé au sommet de la finance suédoise dans les années 1970 avant de connaître une déconvenue au cours de la décennie suivante. Son moteur ? L'amour de l'argent et le désir irrépressible d'entrer dans le cercle fermé des grands de l'industrie et de la finance du royaume.

Anders Wall aime à le rappeler : il s'est lancé dans les affaires à l'âge de... 11 ans. Nous sommes en 1942, il se rend sur les places de marché pour vendre les lapins de son élevage personnel, qu'il transporte, ensanglantés, dans une valise, après leur avoir brisé le cou. L'adolescent hésite toutefois encore un peu quant à son avenir, envisageant de devenir pasteur sous l'influence de ses parents. Un événement survient qui change son destin : métayer dans une ferme, son père est renvoyé alors qu'il souffre d'un cancer et meurt peu après devant son fils, âgé de 16 ans. « Lorsque c'est arrivé, je me suis dit que j'allais "leur" montrer ce dont j'étais capable. Pour moi, ce fut ma force motrice, c'était important de réaliser ce que Papa n'avait jamais eu l'occasion de faire », confiera Anders Wall[8].

Après des études de commerce à Stockholm, le jeune Wall passe aux choses sérieuses. Ses liens avec la riche famille Beijer lui ouvrent les portes, et c'est sous cette bannière qu'il part à la conquête du Gotha financier suédois. Mettant un culot monstre au profit de son ambition, ce play-boy à la lippe arrogante et à l'allure apprêtée réussit sans tarder à s'imposer au petit monde capitaliste suédois et à se faire accepter par la social-démocratie dominante. Mais il dérange, ses coups en Bourse détonnent et ses manières tapageuses de nouveau riche offusquent les vieilles familles de la haute bourgeoisie habituées à plus de retenue. C'est lui qui a introduit une nouvelle façon de faire des affaires en Suède, en menant, à l'américaine, des « raids » sur des entreprises pour les revendre en morceaux. A cet égard, il reconnaît lui-même avoir fait des affaires « d'une façon, qui, peut-être, sortait de la norme ».

En 1981, son groupe, Beijer, fusionne avec le groupe Volvo. C'est la véritable reconnaissance internationale. Il répond présent à l'appel des mousquetaires. Son étoile pâlira en 1983 lorsque la fusion avec Volvo éclatera. Volvo a perdu confiance en son associé, à la suite des pertes d'une filiale de celui-ci. De plus, Anders a voulu devenir calife à la place du calife et prendre la place du grand patron de l'époque. Aujourd'hui, sa fortune personnelle assurée, cet amateur d'opéra affirme « ne pas être très doué pour compter l'argent : il y a, dit-il, tant de choses plus essentielles à faire dans la vie ».

André Leysen, c'est « le Flamand ». André Leysen a peu d'atomes crochus avec Albert Frère, et la réciproque est vraie. Antagonisme entre Leysen l'Anversois, le Flamand, profondément ancré dans la culture germanique, et Frère le Carolo, le Wallon, tourné vers la France ? Peut-être. Les divergences sont pourtant plus profondes. Elles tiennent à l'histoire personnelle des deux hommes mais aussi à la conception que chacun d'eux a de son « métier ».

Quelques points communs toutefois. Au début de la guerre, alors qu'Albert Frère sillonne à vélo les routes de Wallonie pour livrer de la matière première aux cloutiers, André Leysen fait la même chose en Flandre et cherche dans toutes les drogueries de la région d'Anvers la ficelle qui fait tant défaut à l'entreprise paternelle de matériel de nettoyage pour l'industrie. André va même plus loin : il engage deux auxiliaires, des garçons de Turnhout et d'Herentals, chargés d'écumer leur région à la recherche de la précieuse ficelle.

Autre point commun : Albert et André n'ont pas usé très longtemps leurs fonds de culotte sur les bancs des lycées ou des universités. Il est à cet égard intéressant de noter que deux des hommes d'affaires les plus importants (de Belgique sûrement, d'Europe sans doute) sont des autodidactes. Pour des raisons bien différentes : Albert, parce qu'il estimait avoir bien mieux à faire, André, parce qu'il a été obligé de quitter l'école pour des raisons politiques en 1944.

Là est la grande différence entre les deux hommes : Albert Frère n'a jamais vraiment été concerné par l'histoire de son temps et a ainsi vécu, comme tant d'autres, la Seconde Guerre mondiale un peu comme un jeu où il fallait avant tout se débrouiller au mieux. Fils d'un homme d'affaires anversois, André Leysen a été, lui, plongé dès sa naissance dans la fureur de cette histoire. Il grandit ainsi dans un milieu profondément marqué par le mouvement flamand, qui lutte contre la domination francophone sur la Belgique. Au risque de sceller les alliances les plus graves.

Durant la Seconde Guerre mondiale, Leysen fréquente l'école allemande d'Anvers et devient membre de la Hitlerjugend. En 1944, il songe même à rejoindre le front de l'Est pour lutter contre le bolchevisme. Sur cette période de sa vie qu'il n'a jamais cherché à dissimuler, il écrira[9] : « J'étais arrivé à la conclusion qu'un régime qui s'appuie sur l'intolérance est condamné à disparaître dans l'intolérance. En 1945, j'ai pris la décision de ne jamais m'en rendre coupable. »

Dès la fin de la guerre, il se lance dans les affaires, redonne du tonus à l'entreprise familiale puis, ayant épousé la fille d'un agent maritime allemand établi à Anvers, développe aussi rapidement l'affaire de son beau-père. En 1978, il devient le numéro un de Gevaert, l'entreprise belge de matériel photographique, dont il organise, début 1980, la fusion avec Agfa, le géant allemand du secteur. On lui reproche d'avoir vendu une entreprise belge aux Allemands : « Le nationalisme m'est définitivement étranger », rétorque-t-il.

Devenus riches, puissants, les deux hommes auront une conception totalement antinomique de leur rôle. Albert

Frère, et il ne s'en cache pas, se contente de faire progresser sa fortune, ce qui constitue pour lui une activité suffisamment absorbante et amusante pour y consacrer l'essentiel de sa vie. André Leysen, lui, ne cessera de s'occuper de la chose publique. Patron des patrons belges, il lance ainsi, avec le soutien du roi Baudouin, une série d'initiatives pour tenter de rapprocher flamands et francophones. Président du théâtre royal de la Monnaie de Bruxelles, il doit s'occuper de la « fuite » de Maurice Béjart en Suisse. Il est aussi président de la Maison Rubens et du Centre culturel « de Singel » à Anvers.

Docteur *honoris causa* de l'Université catholique de Louvain, l'autodidacte parle couramment néerlandais, français, anglais, allemand. Pour lui, la construction européenne est l'ambition numéro un. Il a ses entrées chez le chancelier allemand, et pourrait parler des heures sur les relations entre Bonn et Paris. « Pour faire court, écrit-il dans son dernier livre [10], mon engagement européen se base sur une ferme conviction : tout ce qui peut contribuer à la coopération entre la France et l'Allemagne est bon ; tout ce qui peut la mettre en péril est mauvais. C'est simpliste, mais, au moins, c'est clair. » En vacances, alors qu'Albert joue au tennis et continue à faire des affaires à Saint-Tropez, André, dans sa propriété d'Angoulême, réfléchit, écrit des livres...

L'objectif du casse

« Le groupe Paribas sera-t-il démantelé, ses participations industrielles revendues, ses activités étrangères détachées, ses équipes, fort brillantes, dispersées ? C'est le secret de demain. » *Le Monde* du 24 septembre 1981 pose la question. « La Banque de Paris et des Pays-Bas, se demande encore le quotidien, est-ce une "pieuvre" dévorant les entreprises, un Etat dans l'Etat, ou, plus prosaïquement, une banque d'affaires s'efforçant de s'adapter à un environnement changeant ? » Bref, Paribas sent le soufre. Pour tout le monde. Pour la gauche, la compagnie est le symbole d'un capitalisme de hussards, de raiders sans foi ni loi, de « voyous ». Pour la droite... aussi.

Il est vrai que ce n'est pas une société tout à fait comme les autres. « L'histoire de Paribas, depuis plus de cent ans, écrit Jean Baumier[11], c'est celle du pouvoir de l'argent et de ses liens avec le pouvoir de l'Etat. C'est aussi l'histoire des hommes d'influence qui tirent les ficelles dans les coulisses, téléguident les entreprises, procèdent aux grands montages financiers et aux batailles boursières. »

Depuis sa création, en 1872, par un groupe de banquiers catholiques, protestants et israélites, la banque d'affaires, qui avait aussi des intérêts aux Pays-Bas, a vécu une histoire tourmentée. Spécialisée au départ dans les montages financiers et les prises de participations minoritaires, elle s'occupe surtout du placement des emprunts étrangers, russes et sud-américains, source de substantielles commissions.

Son premier président, Ernest Dutilleul, ancien haut fonctionnaire, sera, quelques années plus tard, ministre des Finances, ce qui marquera le premier épisode de l'interpénétration des dirigeants de l'Etat et de la Banque. En 1875, celle-ci participe ainsi, au premier rang, à l'emprunt visant à payer le solde des dettes de guerre dues aux Allemands pour qu'ils évacuent totalement le territoire français. Elle agit aussi en étroite coopération avec le Quai d'Orsay lorsque la France décide de renforcer sa présence au Maroc.

La période la plus brillante de Paribas se situe entre les deux guerres mondiales. On peut « difficilement mesurer le rôle prééminent de la Banque à l'échelle mondiale dans cette période, estime Jean Reyre, qui deviendra président de la banque, la France était auréolée de gloire. A ce moment, nous avions une situation dominante. Par rapport à aujourd'hui, les rapports de force étaient inversés. Ce n'est pas nous qui allions faire acte d'allégeance auprès des grands banquiers anglo-saxons. C'étaient eux qui venaient demander aide et conseils auprès d'Horace Finaly... »

Horace Finaly, élu directeur général de Paribas en 1919, l'un des financiers les plus influents de l'Hexagone, si ce n'est du monde, est un personnage hors du commun. Ami de Marcel Proust, qui le décrira sous les traits d'Albert Bloch dans *A la recherche du temps perdu*, il servit aussi de modèle à Giraudoux pour son personnage d'Emmanuel Moïse, « le banquier le plus arrogant de la terre ». Horace, qui s'est fait construire chez Delaunay-Belleville une voiture spéciale dans laquelle on peut monter debout, développe considérablement les activités du groupe. A l'étranger, du Maroc à la Chine en passant par la Roumanie et les Etats-Unis, mais aussi en France. Il contribue notamment à la création d'entreprises comme la CSF ou la Française des pétroles.

Horace Finaly commettra pourtant un crime impardonnable : lorsque le Front populaire arrive au pouvoir, en 1936, alors que l'ensemble de l'establishment financier voue aux gémonies une politique qui nationalise des entreprises, veut contrôler la Banque de France, accorde des hausses de salaires jugées déraisonnables, sans parler des congés payés, eh bien, lui, Horace Finaly, parce qu'il est fidèle en amitié et qu'il connaît Léon Blum depuis le lycée, parce qu'il est sincèrement progressiste, « a l'audace, écrit Jean Baumier [12], de se solidariser presque ouvertement avec l'ennemi ». Le couperet tombera vite : le 7 juin 1937, le conseil d'administration exige (et obtient) sa démission. Les conjurés de 1981 connaissaient-ils cet épisode ?

Le groupe sortira exsangue de la guerre. Une grande partie de ses dirigeants ont choisi de collaborer avec les nazis. S'il échappe de peu à la nationalisation, il perd nombre de ses intérêts, dans l'électricité notamment. Il faudra une personnalité hors du commun, comme celle de Jean Reyre (qui prend les rênes du groupe en 1948) pour qu'il reprenne son essor. Jean Reyre n'est pas un tendre et il n'est pas du genre à se soumettre à l'ordre établi. « Où Paribas passe, l'actionnaire trépasse », dit-on à l'époque. « Quand on a fait une maison, explique cet homme taillé à la serpe, [...] on doit gagner de l'argent, beaucoup d'argent. C'est la seule règle. On ne doit pas se laisser paralyser par de petits bonshommes. » Sous son impulsion, la Banque entreprend de mieux s'insérer dans un tissu économique français en pleine reconstitution. Et si, en 1947, Paribas n'est représentée que dans une trentaine de sociétés, en 1968, au moment où il quitte les commandes, la Banque siège au conseil d'administration de 170 sociétés...

De même qu'Horace Finaly, Jean Reyre tombera sous les coups de boutoir d'un milieu qui, décidément, n'aime pas les corsaires. Et qui ne lui pardonne pas d'avoir déterré la hache de guerre avec l'ennemi de toujours, la Compagnie financière de Suez, pour le contrôle du Crédit industriel et commercial. Comme Horace Finaly en 1937, comme Pierre Moussa en 1981, Jean Reyre est acculé à la démission en 1968. Son successeur, Jacques de Fouchier, a rejoint la Ire armée et a fait une brillante campagne d'Italie. Il fait la paix avec Suez, développe encore les activités du groupe – c'est sous son règne que sera montée l'opération Hainaut-Sambre avec Albert Frère – mais doit encaisser les premiers coups de la crise qui frappe l'économie internationale. Sa succession, pour une fois, ne posera pas de problème. En 1978, c'est son dauphin présumé, qu'il avait lui-même fait entrer, Pierre Moussa, qui s'installe aux commandes. Tout le monde est satisfait.

Le casse

Trois ans plus tard, la gauche arrive au pouvoir en France. Or, dans son programme, figure en bonne place une série de nationalisations.

Pierre Moussa, comme beaucoup d'hommes d'affaires français, ne croyait pas à la victoire de François Mitterrand et, surtout, ne pensait pas qu'il appliquerait son programme. Pourtant, lorsqu'il rencontre Robert Lion et Jean Peyrelevade, qui dirigent à l'époque le cabinet de Pierre Mauroy, le Premier ministre, ces derniers sont parfaitement clairs : pas question, comme le demande Moussa, de couper Paribas en deux, d'un côté les avoirs français, nationalisables, de l'autre les filiales étrangères, qui resteraient «libres». Jean Peyrelevade, notamment, est catégorique. «D'abord, explique-t-il aujourd'hui, j'ai répondu à Pierre Moussa que sa demande venait trop tard, et que, compte tenu de l'ambiance régnant à cette époque, il était impossible d'y répondre positivement [...]. Et puis, dix années d'expérience internationale au Crédit lyonnais m'avaient convaincu que les clients étrangers pouvaient très bien travailler avec une banque nationalisée, malgré les réticences de certains d'entre eux.»

Moussa n'y croit toujours pas. Il essaiera une dernière fois de convaincre Peyrelevade. C'est toujours non! Quand le gouvernement Mauroy annonce son plan de nationalisations, en octobre 1981, c'est la consternation dans certains milieux d'affaires. Neuf groupes industriels (de la CGE à Thomson-Brandt en passant par Rhône-Poulenc ou Saint-Gobain) sont ainsi nationalisés, ce qui va permettre à l'Etat de contrôler la quasi-totalité de la sidérurgie, toute la production d'aluminium, la moitié de celle du verre. Au total, environ 20 % du chiffre d'affaires de l'industrie française. Dans le secteur bancaire, la nationalisation de 36 banques et des Compagnies financières de Suez et de Paribas (on y est!) va donner à l'Etat le contrôle de 90 % des dépôts et de 85 % des crédits distribués.

Si Pierre Moussa, et tant d'autres, ne croyaient ni à la victoire de la gauche ni à l'application de son programme, à l'étranger, en revanche, beaucoup s'inquiétaient. Et particulièrement en Suisse et en Belgique. C'est de là que viendra l'attaque. Elle sera rapide, menée de main de maître et, surtout, parfaitement légale. A Paris, les nouveaux dirigeants, tout à leur joie d'avoir enfin gagné, ne voient absolument rien venir.

Le 13 octobre 1981, alors que l'Assemblée nationale commence l'examen du projet de loi de nationalisations, le gouvernement s'inquiète d'une étrange nouvelle venue de Genève : un holding, totalement inconnu jusque-là, Pargesa, annonce qu'il a lancé une offre publique d'échange (OPE) sur la filiale suisse de Paribas, l'un des plus beaux fleurons du groupe. Le 23 octobre, le ministère des Finances publie un communiqué acerbe : « Le gouvernement français ne saurait admettre un quelconque coup de force contraire aux intérêts de la France et aux intérêts bien compris des groupes concernés. » Tandis qu'au Palais-Bourbon les députés de gauche et de droite s'insultent dans la plus belle tradition de la quatrième République, le secrétaire confédéral de la CGT, Henri Krasucki, retrouve les accents d'octobre... 1917 : « Les hommes des banques et de plusieurs groupes industriels nationalisables, déclare-t-il à Lyon, sont en train de démontrer jusqu'où les conduit leur esprit de caste, leur acharnement à maintenir leurs privilèges et, surtout, leurs profits. »

Pierre Moussa peut bien écrire, le 20 octobre, une lettre au ministre des Finances, Jacques Delors, pour le rassurer sur ses intentions et lui jurer que Paribas ne donnera pas suite à l'OPE sur sa filiale suisse, le gouvernement peut bien tenter toutes les manœuvres possibles pour faire échouer l'opération, jusqu'aux plus petites tracasseries (« Chaque fois que je passais une frontière, j'étais systématiquement inspecté, fouillé. Je n'apportais plus mes carnets avec moi, après les réunions, on détruisait toutes nos notes », se souvient Henri Burhin, qui ironise aussi sur les émissaires envoyés par Paris,

(« des doctrinaires socialistes plus que des spécialistes de la finance, certains ne savaient même pas ce qu'était une OPE! »), rien n'y fait. Tout simplement parce que la partie est déjà jouée et que le plan « Arche de Noé » a été mis en branle. Une affaire menée dans les règles de l'art.

Nul, même financier, n'étant prophète en son pays, et le jacobinisme restant la chose la mieux partagée en France, les milieux d'affaires de l'Hexagone craignaient moins que leurs homologues étrangers l'entrée en force de l'Etat dans l'économie. Une fois celle-ci annoncée, les réactions des partenaires étrangers des compagnies nationalisables sont sans nuance. A l'instar de celle d'Ira T. Wender, le président de la banque Becker, qui brasse à l'époque près de 750 milliards de dollars par an et dont Paribas contrôle plus de 20 % du capital. « Nous ne pouvons pas conserver comme partenaire une société devenue la propriété d'un gouvernement quel qu'il soit [...] vous ne prenez pas un pays étranger comme associé dans vos affaires, vous faites des affaires avec lui », répondait-il – « sans aucune agressivité », notait la journaliste – à Josée Doyère du *Monde*.

En Belgique, en Suisse, au Canada, en Suède, la réaction est la même. Un Syndicat de défense des actionnaires du Benelux est créé à Bruxelles sous la présidence de Jean Rey, l'ancien président de la Commission européenne. Certains s'étonnent de voir un homme ayant occupé cette responsabilité s'engager si avant dans une telle opération. Clin d'œil de l'histoire : Jean Rey combat en fait celui qui occupera quelques années plus tard son siège à la présidence de la Commission de Bruxelles, Jacques Delors...

Dans un premier temps, les comploteurs et leurs alliés avaient imaginé de racheter purement et simplement les filiales étrangères de Paribas. Mais pourquoi dépenser tant d'argent quand un habile montage financier permettait d'arriver au même résultat ?

L'argent, il en faut quand même un peu pour mettre sur les flots cette arche de Noé. Pierre Scohier raconte ainsi qu'il a reçu dans le courant de l'été 1981 un coup de téléphone urgent de Paribas International. Pourrait-il réunir rapidement une coquette somme d'argent ? En deux jours, il monte, rien qu'en Belgique, un copieux tour de table. A Genève, on s'agite beaucoup aussi. Paribas-Suisse est l'une des plus belles machines à faire de l'argent de la planète, notamment par le financement du négoce international des matières premières. (On cite souvent le cas d'un tanker qui changea 27 fois de propriétaire entre ses ports de départ et de destination, ce qui fit toucher 27 commissions à la compagnie.)

Et ses responsables sont tous au «top». Celui-ci, par exemple : «44 ans, cheveux blancs entourant un visage d'ange, l'air d'un grand garçon tout simple. En fait, c'est un fonceur que rien ne peut écarter de son but : "Il a tellement de charme que vous ne vous apercevez pas que vous parlez à un mur!" dit l'un de ses familiers» : Chantal Bialobos[13] décrit ainsi Jean-Jacques Michel, le vice président-directeur général de Paribas Suisse.

Rapide comme l'éclair, discret comme un Suisse

Le 9 octobre, les lecteurs du très sérieux *Journal de Genève* découvrent un encadré publicitaire résumant l'Offre publique d'échange proposant des actions de Paribas-Suisse contre des actions de Pargesa dans des conditions bien plus favorables que la valeur d'indemnisation proposée par l'Etat français. Pourtant bien informés de la chose financière, les citoyens de la Confédération, et plus particulièrement les lecteurs du *Journal de Genève*, froncent les sourcils : Pargesa ? Connais pas !

Et pour cause. Il fallait être un sacré limier pour savoir que quelques semaines auparavant, Albert Frère et ses complices avaient sorti de leurs placards une société suisse, Pargesa (Paribas-Genève SA), une coquille vide qui dormait depuis vingt-trois ans.

En quelques jours, le capital de Pargesa passe de 50 000 à 280 millions de francs suisses, puis à 440 millions de francs suisses, pour monter finalement à plus d'un milliard de francs suisses (près de 3 milliards de francs français et de 500 millions de francs belges). Chacun y est allé de son écot. On dit qu'Albert Frère aurait mis au pot, personnellement, près d'un milliard de francs belges. Voilà Pargesa transformée en une belle et bonne machine de guerre. La deuxième séquence du plan commence.

L'OPE entre Paribas-Suisse et Pargesa est donc lancée. Le gouvernement français somme Pierre Moussa de s'y opposer. Il croit que c'est possible puisque Paribas (à Paris) est encore propriétaire de 60 % des actions de Paribas-Suisse. Eh bien, non, elle ne l'est plus ! Le 5 octobre, la Compagnie a cédé 20 % de Paribas-Suisse à la Cobepa et, le 7 octobre, une partie des actions qu'elle possédait dans la Cobepa à Paribas-Suisse. Résultat : le siège de la rue d'Antin n'a plus la majorité ni dans Paribas-Suisse, ni dans la Cobepa et ne peut, en conséquence, s'opposer à l'OPE de Pargesa. La société dormante deviendra alors un holding puissant qui sera le fer de lance de l'entrée d'Albert Frère dans le monde de la finance internationale.

Dans le patio de la villa de Saint-Tropez, les « mousquetaires » débouchent quelques bouteilles de champagne.

Moussa paye pour les autres

Les responsables français ne peuvent rester inertes. François Mitterrand inscrit lui-même un certain nombre de noms sur sa liste noire. Notamment celui d'Albert Frère. Le Président, qui a la rancune tenace, ressortira sa liste le moment venu, par exemple lorsqu'il s'agira de choisir entre plusieurs candidats possibles pour la reprise de TF1. Albert Frère, devenu patron de la CLT, subira le veto de l'Elysée. Quant à Jacques Delors, ministre des Finances, il entre dans une de ses colères terribles, qui surprennent tant chez cet homme apparemment calme et mesuré. Il estime, à juste titre, avoir été berné par Pierre Moussa, qui ne lui a révélé la cession des actifs de Paribas-Suisse et de la Cobepa qu'une fois le plan «Arche de Noé» réalisé.

La guerre est ouverte et le ministre, qui ne peut plus rien contre la perte du pouvoir de la rue d'Antin sur ses filiales, ressort, fort opportunément, une affaire explosive : le «dossier des douanes». En novembre 1980, vraisemblablement sur dénonciation, les inspecteurs du Trésor avaient perquisitionné dans les bureaux de Paribas, où ils avaient découvert un certain nombre d'agendas comportant les noms de clients de Paribas en faveur desquels la banque opérait des transferts illicites de capitaux vers sa filiale suisse.

La banque aurait ainsi facilité le transit vers le Canada de 35 000 pièces d'or (d'une valeur de 29 millions de francs) appartenant à Pierre Latécoère, le fils du célèbre constructeur d'avions. Circonstance aggravante : en cours de transfert, une partie des pièces de collection ont été remplacées par de vulgaires napoléons ! D'habitude, ce genre d'affaires se règle «à l'amiable» : l'Etat fait silence, sauvant l'honneur des protagonistes, moyennant le versement d'une amende souvent considérable. Cette fois le pouvoir a décidé de se venger.

Le Premier ministre, Pierre Mauroy, parle d'une «mentalité d'émigré». «Cette fois, l'establishment bancaire se pince le nez : passe encore pour des transferts de fonds, qui sont monnaie courante, mais l'or, et surtout le remplacement de superbes pièces à tête d'Indien par d'autres moins précieuses, déclenche un tollé de protestations», écrit Chantal Bialobos. Le ministère du Budget déposera plainte, et la onzième chambre correctionnelle du tribunal de Paris rendra son jugement le 26 avril 1984. Entre-temps, le directeur du service de gestion personnelle de la Banque, Léonce Boissonnat, se suicidera, ne pouvant supporter l'opprobre qui pèse sur lui. Ce suicide arrangera beaucoup d'inculpés, qui se contenteront de déclarer que le défunt avait manipulé leurs fonds à des fins personnelles. D'autres seront condamnés. L'Etat récupérera 56 millions de francs. Pierre Moussa, lui, sera relaxé.

Le mercredi 21 octobre, il avait démissionné de son fauteuil de la rue d'Antin. Les discussions avec son successeur, Jacques de Fouchier, l'ancien patron rappelé pour effectuer une mission de sauvetage, seront orageuses. Les deux hommes s'en sont expliqués en écrivant chacun leur version de l'histoire.

Jacques de Fouchier : « Pierre Moussa me déclare : "En somme, vous m'exposez qu'on ne peut pas faire de ces coups-là au maréchal Pétain." J'ignore quels titres de résistance sous l'Occupation et quelle surprenante comparaison avec la situation d'aujourd'hui ont convaincu mon interlocuteur du bien-fondé de son propos délibérément injurieux [14]. »

Pierre Moussa : « Dans l'éclat de notre discussion [...] j'avais eu la maladresse de dire : "Vous êtes en train de me dire qu'on doit obéissance au maréchal Pétain", ce qui l'a deux fois mortifié [...]. Je voulais dire : "L'extrême loyauté que vous prônez, tout gouvernement ne la mérite pas [15]". »

Le compromis

La guerre entre les mousquetaires et le gouvernement français s'achèvera sur un compromis, élaboré notamment par

Jean-Yves Haberer, à l'époque directeur du Trésor et candidat à la direction de Paribas. Le mardi 9 février 1982, Paribas et Pargesa concluent un accord destiné « à rétablir les excellentes relations traditionnelles entre Paribas et Paribas-Suisse ». Une augmentation de capital permettra à Paribas d'augmenter sa part dans le capital de sa filiale suisse. Pour éviter des manipulations éventuelles de titres, les deux parties décident aussi de former un syndicat d'actionnaires recueillant environ 80 % de la participation de chacun. Hasard du calendrier : le jour où, à Paris, le tribunal rend son verdict sur l'affaire des transferts de fonds illicites, Albert Frère et ses principaux collaborateurs rencontrent à Genève les représentants de Paribas pour tenter de définir une formule moins contraignante que celle du syndicat d'actionnaires.

Aujourd'hui, Paribas a repris l'essentiel des actifs de Paribas-Suisse. « Haberer voulait afficher ce haut fait d'armes, montrer à la France qu'il avait fait réintégrer le fils prodigue dans le giron de la mère patrie, que l'empire était reconstitué », ironise Albert Frère. Ce qu'il ne dit pas, c'est que Paribas-Suisse n'était plus une si bonne affaire que cela. Depuis notamment le jour où Jean-Jacques Michel, l'un des artisans du plan « Arche de Noé », avait démissionné de son poste de directeur général, emmenant avec lui une grande partie de l'état-major et… de la clientèle.

Le jeu en valait-il la chandelle ? Fallait-il mettre en branle une telle équipe, mobiliser aussi rapidement tant d'argent, imaginer des formules aussi tarabiscotées, se fâcher avec autant d'hommes puissants pour parvenir à un tel compromis ? Pour Albert Frère, cette affaire aura eu deux mérites essentiels : la mise en orbite de Pargesa et son intégration personnelle dans une équipe. Lui qui ne faisait partie d'aucun groupe, le voilà entouré désormais d'un certain nombre d'amis, qui sauront lui renvoyer l'ascenseur le moment venu. Il est clair que l'amitié entre Frère et Desmarais a été renforcée par le plan «Arche de Noé». Bref, le Carolo a payé son ticket d'entrée dans le club des grands.

Reste une question : mais pourquoi donc Albert Frère a-t-il donné, le 10 mai au soir, cet ordre étrange de ramasser les actions Paribas? Réponse : 300 millions de francs belges de bénéfice. Dans un premier temps, la victoire de François Mitterrand avait fait baisser le titre. La pression des syndicats de défense et l'action de Moussa avaient ensuite contraint le gouvernement à proposer une offre d'achat supérieure au cours...

NOTES

1. «Wheeling and dealing with Albert Frère», *Institutional Investor*, juillet 1982.
2. *L'Expansion*, 5/18 février 1988.
3. *L'Express*, 28 septembre 1995.
4. Jean Baumier, *La Galaxie Paribas*, Paris, Plon, 1988.
5. M. Hamed Sagou, *Paribas : autonomie d'une puissance*, Paris, Presses de la Fondation nationale des sciences politiques, 1981.
6. Jean Baumier, *op. cit.*
7. *L'Expansion*, 4/17 octobre 1990.
8. *Svenska Dagbladet*, 2 octobre 1985.
9. André Leysen, *S'engager et puis voir*, Bruxelles, Duculot, 1984.
10. André Leysen, *Derrière le miroir, une jeunesse dans la guerre*, Bruxelles, Editions Racine, 1996.
11. Jean Baumier, *op. cit.*
12. *Ibid.*
13. *L'Expansion*, 20 novembre 1981.
14. Jacques de Fouchier, *La Banque et la Vie*, Paris, Odile Jacob, 1989.
15. Pierre Moussa, *La Roue de la fortune*, Paris, Fayard, 1989.

CHAPITRE 2

Le baron et le Carolo

– Choutez bien, baron, il faudra voufé à mes manières !
(Ecoutez bien, baron, il faudra vous faire à mes manières)

Albert Frère n'en peut plus, le baron Lambert non plus. Associé depuis quelques mois à la direction du groupe Bruxelles-Lambert (GBL), le deuxième holding belge, il n'a pas fallu longtemps pour que l'explosion se produise.

Léon Lambert, « vice-roi de Belgique » comme on le dit à Bruxelles, est un personnage flamboyant, un esthète raffiné, un amateur éclairé. On dit qu'il fait et défait les gouvernements. Sa collection de tableaux est impressionnante, sa table reconnue comme l'une des meilleures et des plus prestigieuses d'Europe. Son carnet d'adresses aussi. Quand il va à Washington, c'est pour rencontrer Henry Kissinger. Et le faire savoir.

Lui qui aurait aimé être réalisateur de cinéma est longtemps passé pour l'enfant terrible de la finance belge et a eu, comme Albert Frère mais pour des raisons bien différentes, du mal à s'imposer dans un milieu décidément bien conformiste.

Né en 1928, soit deux ans après Albert Frère, il a 5 ans en 1933 lorsque son père meurt. Il passe toute la période de la guerre à l'étranger et, en 1949, prend la tête du groupe familial, l'un des plus importants de Belgique. Il a alors 21 ans, et ses méthodes audacieuses, son goût de la provocation irritent. Ah, que n'a-t-on dit sur les somptueuses fêtes données par le baron et sur son habitude de prendre tous les vendredis un avion pour Gstaad et passer ses week-ends sur les pistes de ski !

En 1982 il a 54 ans, et lui, l'héritier d'une des plus grosses fortunes du royaume, prend très mal le fait d'avoir dû accepter Albert Frère officiellement comme partenaire, en fait comme patron. « C'est dommage qu'ils ne se soient pas entendus, ces deux-là, car ils étaient, tous les deux à leur manière, des marginaux », explique un homme qui les a bien connus.

« Jacques, je prépare un coup ! »

Dans la finance plus qu'ailleurs, la roue tourne, elle s'arrête pour les uns au moment même où elle s'emballe pour les autres. C'est ce qui se produit à l'été 1981 : le groupe Bruxelles-Lambert, considérablement affaibli, a besoin d'un apport important d'argent frais pour sortir la tête de l'eau.

Or, précisément à ce moment-là, Albert Frère a de l'argent. Le sien, d'abord. Celui qu'ont rapporté les péages installés depuis près de trente ans sur toutes les autoroutes de la sidérurgie wallonne, mais aussi par les contrats de vente passés aux quatre coins du monde. Celui, aussi, de placements toujours fructueux. L'argent, enfin (près de 800 millions de francs belges) qu'il a reçu de l'Etat pour la vente de la première moitié de Frère-Bourgeois Commerciale. En attendant le complément qui ne saurait tarder, même si les négociations avec Gandois traînent trop à son goût. Et puis, Albert Frère a maintenant des amis solides, liés entre eux par l'affaire Paribas et qui sont tout disposés à faire un bon bout de chemin avec lui pourvu que celui-ci soit semé de pépites d'or. Pargesa servira à cela.

En fait, le véritable objectif d'Albert Frère, son obsession même, ce n'est pas tant le groupe Bruxelles-Lambert, mais Petrofina, la société pétrolière, la première entreprise belge cotée en Bourse, le fleuron de l'économie du royaume, dont Bruxelles-Lambert possède un paquet déjà confortable d'actions. En Belgique, chaque épargnant digne de ce nom se doit d'avoir du « Petro » dans son patrimoine.

Un témoin privilégié raconte que c'est lors d'un voyage aux Etats-Unis qu'Albert Frère se jura qu'un jour il serait à la tête de Petrofina : « A l'époque, il n'avait pas la même surface qu'aujourd'hui et était peu connu outre-Atlantique. Lui qui aime bien être "le king", il en ressentait quelque amertume. D'autant que, là-bas, il entendait souvent parler de Petrofina, ce qui attisa sans doute sa convoitise. Quelques années plus tard, raconte la même personne, nous passions en voiture, avenue Marnix, devant le siège du groupe Bruxelles-Lambert, et Albert m'a dit, sur le ton de la conversation, en montrant le bâtiment : "C'est peut-être par là que nous pourrions entrer dans Petrofina." »

L'occasion d'entrer par la grande porte dans le groupe Bruxelles-Lambert se présenta en cet été 1981. « Il fallait éviter la catastrophe, raconte Jacques Moulaert, à l'époque l'un des responsables du groupe, le baron Lambert courait tous les financiers du monde pour tenter de trouver les fonds nécessaires au sauvetage du groupe. » Les contacts s'étaient multipliés entre Paribas et Bruxelles-Lambert en vue d'un éventuel rapprochement, mais les responsables du groupe belge avaient cessé les négociations lorsque la menace de nationalisation s'était précisée sur le holding de la rue d'Antin. Or, il fallait absolument trouver un partenaire.

Jacques Moulaert sera le premier à approcher Albert Frère. Les deux hommes se connaissent bien et siègent ensemble dans les organes dirigeants de Cockerill-Sambre. C'est à l'occasion d'une de ces réunions que Frère lâche :

— Jacques, on va se tirer de la sidérurgie, c'est trop compliqué. D'ailleurs, tu vas entendre parler de moi. Je prépare un coup, je vais disposer de 6 milliards de francs.

— Tu peux toujours mettre 3 milliards chez nous et tu seras le patron.

— On en reparle !

Jean-Pierre de Launoit, qui avait uni les destinées du groupe familial avec celles de Bruxelles-Lambert et était, à l'époque, président du comité exécutif de celui-ci, raconte, pour sa part, qu'avec l'accord du baron Lambert, il était allé une première fois voir Albert Frère à Charleroi pour lui proposer une association, mais qu'à l'époque « il ne semblait pas intéressé ».

En octobre 1981, Moulaert, qui a fait son rapport aux dirigeants du groupe, déjeune avec Albert Frère à Charleroi. Il lui montre l'avant-projet de bilan, bien noir, et lui répète qu'avec 3 milliards il peut emporter le morceau. Il n'obtient pas de réponse et rentre perplexe à Bruxelles. Il ne sait pas qu'aussitôt revenu dans son bureau, Albert Frère a décrété la mobilisation générale. C'est le branle-bas de combat, boulevard Tirou. Henri Burhin épluche les comptes de GBL, Gérard Eskenazi accourt de Paris.

« C'est vrai qu'il s'est décidé en une semaine, confirme Henri Burhin, mais tout Albert Frère est là : il peut réfléchir longtemps car ce n'est pas, contrairement à ce que l'on croit, un impulsif, en affaires s'entend. Mais, une fois qu'il a pris sa décision, il fonce et plus rien ne peut l'arrêter. »

Trois semaines plus tard, une réunion plus formelle se

tient entre, d'une part, Jean-Pierre de Launoit et Jacques Moulaert, et, de l'autre, Albert Frère et Henri Burhin. L'affaire est sur la bonne voie. Pour preuve : le Carolo commence à marchander le prix d'achat! De Launoit et Moulaert mettent une condition à l'accord : que la hache de guerre soit enterrée avec le gouvernement français à propos de Paribas.

Le baron Lambert, lui, est inquiet. Il dit qu'il préférerait une offre concurrente : celle du groupe canadien Belzberg. « Les discussions étaient pratiquement bouclées, raconte un ami du baron Lambert, et il ne manquait plus que le feu vert du gouvernement. Ce n'était pas une obligation, mais Léon Lambert, par courtoisie, en référa au Premier ministre de l'époque, Wilfried Martens. Celui-ci lui dit qu'il n'y avait aucune raison de s'opposer à cet accord [...]. Or, Albert Frère, qu'un dirigeant haut placé du groupe avait tenu au courant, minute par minute, des négociations avec Belzberg, alla à son tour voir le Premier ministre et lui dit qu'il était aussi candidat mais qu'en tant que groupe belge il méritait qu'on lui donne la priorité. Le gouvernement ne put, pour des raisons politiques, que suivre son raisonnement. »

Albert Frère, il est vrai, joue sur du velours. D'abord il a ses entrées partout : dans tous les ministères, à la Commission bancaire, à la Banque nationale. Et puis il sait trouver les mots pour convaincre, jouer sur la fibre nationale. En janvier 1982, un communiqué officiel du ministre des Finances, Willy De Clercq, un libéral flamand qui, après un mandat à la Commission européenne, « pantouflera » à GBL, annonça ce que l'on peut aujourd'hui considérer comme l'un des changements fondamentaux du paysage économique et financier de la Belgique : l'entrée, à hauteur de 35 %, dans le capital de GBL, d'un consortium dirigé par Albert Frère. Ce dernier, avec 2,6 milliards de francs belges (un peu moins de 400 millions de francs français), soit 600 millions de francs belges de plus que le chèque total qu'il recevra de l'Etat pour la vente de Frère-Bourgeois Commerciale, vient tout simplement de mettre la main sur le deuxième holding belge. Deux mois plus tard, il quittera, symboliquement, la présidence de la Chambre de commerce de Charleroi.

Une fois encore, il le fait avec une franchise déroutante. « Nous entrons dans le groupe Bruxelles-Lambert pour gagner de l'argent, répond-il à Guy Legrand [1]. Il n'y a pas à rougir de gagner de l'argent. »

Il ne rougira pas, en effet.

Un groupe vieux comme la Belgique

C'est en 1860, soit tout juste trente ans après la fondation de la Belgique, que Samuel Lambert, juif d'origine alsacienne, quitte Paris pour venir prêter main forte à l'un des ses parents, Lazare Richtenberger, correspondant des Rothschild à Anvers et à Bruxelles. Trente-cinq ans plus tard, ses affaires ont considérablement progressé.

Décédé en 1875, il laisse un héritage substantiel à son fils, Léon, qui saura le faire fructifier. Léon Lambert se lance notamment dans l'aventure congolaise aux côtés de Léopold II, dont il devient le banquier. D'une pierre deux coups : le Congo, à l'époque, n'est-il pas la propriété personnelle du roi des Belges ? Comme récompense, ce dernier le fera baron. En 1882, Lambert épouse une Rothschild, Lucie, la petite-fille du baron James, resserrant ainsi les liens entre les deux familles. Succédant à son père en 1919, Henri Lambert s'attache dans un premier temps à asseoir l'autonomie de la maison, qui renonce à son statut d'« agent » des Rothschild pour devenir leur « correspondant ». En 1926, la Banque Henri Lambert achève sa mutation en devenant une société anonyme.

Henri meurt prématurément à 45 ans, en 1933. Sa femme

décide vaille que vaille de faire tourner le groupe. La guerre arrive, et elle émigre aux Etats-Unis avec son fils Léon. Lorsque, la paix revenue, ils regagnent Bruxelles, les avoirs de la banque sont saufs ; mais il n'y a plus de clientèle. Léon va relancer la machine. Avec fougue. Il faudra toutefois attendre 1953 pour que les affaires reprennent véritablement. La Banque Lambert absorbe alors l'ancienne Banque de reports et de dépôts, qui avait eu son heure de gloire. La Banque proprement dite reprend les dépôts tandis que les immeubles et les autres actifs sont regroupés dans une société financière, la Compagnie européenne pour l'industrie et la finance, au capital de 100 millions de francs belges. Le groupe de Launoit, considéré à l'époque comme le deuxième holding belge, était aussi sur les rangs pour reprendre la Banque de reports mais elle se heurta au refus de la Commission bancaire. Léon Lambert a les mains libres pour développer les activités de ce que l'on peut déjà appeler son groupe.

En 1964, toutefois, il échoue dans sa tentative de prendre le contrôle de la Sofina, une puissance en Belgique. Cet assaut est considéré comme la première OPA d'envergure sur le marché boursier belge. « Il n'a pas 30 ans et ses interlocuteurs, actionnaires ou dirigeants de la société, voient d'un fort mauvais œil ce jeune homme qui bouleverserait tout si on le laissait faire », écrit Francis Drong [2].

D'autant que le jeune baron a fait ce que personne n'a osé auparavant : s'attaquer à la vénérable Société générale de Belgique. La « vieille dame » montre ses griffes et se débarrasse du prétendant. Rancunière comme une douairière, elle n'oubliera pas et, rue Royale, on considérera toujours un peu comme des voyous « ceux de l'avenue Marnix ». Cet échec n'empêche pas Léon Lambert de présenter un bilan plus qu'honorable. La Compagnie européenne pour l'industrie et la finance a en effet porté son capital de 100 millions de francs belges en 1953 à 2,4 milliards en 1966. Les chiffres des bilans de la banque sont encore plus éloquents : de 2 milliards de francs belges en 1959 à 34,7 milliards en 1971 !

En novembre 1972, le regroupement (qu'Albert Frère et Pierre Scohier ont failli faire échouer) entre le groupe de Launoit et le groupe Lambert va accélérer le développement. Deuxième puissance financière de Belgique, le groupe de Launoit a alors des intérêts multiples, on l'a dit : de la banque (la Banque de Bruxelles) à la sidérurgie en passant par la chimie, le tourisme, la presse, la distribution. Sans oublier – mais nous en reparlerons – la Compagnie luxembourgeoise de télédiffusion, l'ancêtre de la CLT, qui est aujourd'hui l'une des puissances du paysage audiovisuel européen.

Voici donc Léon Lambert à la tête de la Compagnie Bruxelles-Lambert pour la finance et l'industrie. Deux ans plus tard, la fusion est effective entre la Banque de Bruxelles et la Banque Lambert. Ce ne sera pas une bonne affaire. Peu avant la fusion, la Banque de Bruxelles avoue une perte de change de 3 milliards de francs belges. Le 14 octobre 1974, l'inspection générale de la Banque de Bruxelles diffuse un rapport faisant état « de positions de change irrégulières, non comptabilisées et contraires aux règles formelles de gestion en vigueur ». En clair, quatre employés cambistes de la banque se sont livrés, pour leur compte, mais avec l'argent de la maison, à des spéculations d'abord heureuses, puis malheureuses… Scandale en Belgique.

En 1980, le trou n'est toujours pas totalement comblé et le nouveau groupe dirigé par Léon Lambert doit financer son expansion par l'auto-financement. Le holding s'endette en voulant couvrir la perte par un emprunt. Celui-ci est contracté en francs suisses. L'appréciation permanente de la monnaie helvétique par rapport au franc belge rendra le remboursement encore plus ardu.

Bref, aux débuts des années 1980, ce qui s'appelle désormais le Groupe Bruxelles-Lambert traverse une bien mauvaise passe. Il faut un sauveur et c'est dans la nuit du 24 décembre 1981 qu'Albert Frère signe un accord avec le baron Lambert. Le Père Noël préside parfois à d'étranges rencontres.

La dot

Comme un enfant qui découvre ses cadeaux, Albert Frère ouvre avec délectation son dossier GBL. « Il a été lui-même surpris par l'ampleur des actifs du groupe », confie l'un des acteurs de l'époque. Le Carolo, qui a vite repéré les truffes et les canards boiteux, n'est pas homme à se contenter de gérer ces acquis. Comme à son habitude, il fonce. Lorsque début avril 1982, soit moins de quatre mois après son entrée avenue Marnix, il annonce que le Groupe va diminuer sa participation dans la Banque Bruxelles-Lambert (BBL), la portant de 46,7 % à un maximum de 20 %, décision qui va faire grincer bien des dents, on comprend qu'il est le maître à bord.

Albert Frère aurait diminué la participation de GBL dans la Banque pour plusieurs raisons : obtenir des liquidités, mais aussi laisser les mains libres à Jacques Thierry, un remarquable technicien au caractère « aussi despotique que celui d'Albert », selon l'un de leurs amis communs. Pourtant apparenté lui aussi aux Rothschild, Jacques Thierry ne s'entendait plus du tout avec son cousin Léon Lambert. Reste une question : pourquoi les Rothschild ne sont-ils pas venus au secours de Léon Lambert lorsque celui-ci cherchait désespérément un sauveur ? « Ils n'y croyaient plus », estime un expert.

« Sauveur, Albert Frère l'a été, ironise un industriel belge, mais, à sa manière : en appuyant encore un peu plus sous l'eau la tête de celui qu'il était censé repêcher ! » Au départ, on sauve les apparences : le baron Lambert est président du Groupe et Albert Frère n'est que « président du collège des administrateurs délégués ». En fait, Léon Lambert a pensé un moment qu'il parviendrait à séduire Albert Frère, à s'en faire un allié, et que le Carolo allait en quelque sorte accepter sa tutelle. L'espoir ne durera pas longtemps. « Le fait que Frère, écrit Darrell Delamaide[3], fut le seul à annoncer l'intention du groupe Bruxelles-Lambert de réduire sa participation dans la Banque fut perçu comme une très claire indication que les nouveaux actionnaires étaient devenus les gérants de fait. »

Cette prise de pouvoir illustre aussi parfaitement l'un des principes de base du Carolo. Si l'on jette un rapide coup d'œil sur l'actionnariat de GBL à cette époque, on constate que le groupe Frère en tant que tel représente moins de 5 % du capital. Ainsi, il n'a souscrit que pour 10 % à l'augmentation de capital contre 48 % pour Pargesa, 30 % pour la Cobepa (Schohier) et 12 % pour Gevaert Photo Producter (André Leysen). Mais, comme il est au centre de la constellation de ces différents groupes, il parvient à placer ses hommes (Gérard Eskenazi et Henri Burhin notamment) au conseil d'administration de GBL et à diluer la position des anciens actionnaires, la famille Lambert notamment.

Cette entrée en force sera démonstrative. Les témoins de l'époque se souviennent encore de l'irruption du Carolo et de sa bande avenue Marnix. Eléphant dans un magasin de porcelaine, Albert Frère impose ses méthodes et convoque par exemple le conseil d'administration à 8 heures du matin...

On se met en bras de chemise – alors qu'il était très mal vu de se promener dans les couloirs sans veste –, on s'amuse sans cesse tout en travaillant comme des fous jusqu'à des heures indues. Rome n'est plus dans Rome et l'on imagine sans peine le regard d'Albert Frère croisant dans le bureau de Léon Lambert quelques-uns de ses amis.

Les oppositions entre les deux hommes s'exacerbent. Léon Lambert est un homme de haute conjoncture : quand ses affaires tournent bien, il peut être souvent brillant, parfois même visionnaire; en revanche, il perd tous ses moyens dans l'adversité. Albert Frère, en revanche, se nourrit des situations de crise.

Nicolas Bàrdos-Féltoronyi, aujourd'hui professeur à l'université catholique de Louvain-la-Neuve, était, à l'époque, cadre à la banque Bruxelles-Lambert et membre de la commission syndicale. Il raconte : « La commission avait un déjeuner de travail avec Albert Frère, dans un restaurant à une vingtaine de kilomètres de Bruxelles. Deux détails m'ont frappé, dont je me souviens encore aujourd'hui. D'abord, Albert Frère avait oublié sa serviette dans la voiture. Sans même lui dire s'il vous plaît, il a demandé à un de ses adjoints les plus proches d'aller la lui chercher. Puis, au cours du repas, comme nous faisions allusion à un événement financier intervenu la veille, il se fâcha très fort contre un autre de ses collaborateurs pour ne pas l'avoir averti. Deux personnes de son staff, deux de ses proches, humiliés, et devant des syndicalistes, nous pensions tous que c'était un peu beaucoup ! »

Entre Albert Frère et Léon Lambert, les relations vont vite se détériorer. Chacun prétend pourtant mettre de l'eau dans son vin. « Vous voyez que j'ai tout fait pour arrondir les angles : j'ai même invité sa femme chez moi ! » dit, méchamment, le baron, qui, tous ses amis le reconnaissent, devint de plus en plus mélancolique.

La crise atteint son paroxysme lorsque Léon Lambert suspecte Albert Frère de l'écouter et d'avoir fait placer des micros dans son bureau pour entendre toutes ses conversations. Léon Lambert accuse directement Albert Frère :

— Je sais que tu me fais écouter !

Le Carolo est estomaqué, touché au plus profond.

— Je suis capable de beaucoup de choses, mais pas de cela !

D'autant que, détenant le pouvoir et ayant tous ses amis dans la place, il sait bien qu'il peut disposer de toutes les informations dont il a besoin. « Je suis arrivé dans le bureau d'Albert Frère... eh bien vous ne me croirez peut-être pas, mais il pleurait », raconte aujourd'hui l'un des dirigeants du groupe. Pour Albert Frère, la coupe est pleine. Il convoque une réunion des principaux dirigeants et demande que le baron soit destitué. On le convainc de n'en rien faire.

Tous les témoins de l'époque – et certains ne sont pas des tendres – avouent leur gêne quand ils évoquent la manière dont la brouille entre Albert Frère et le baron Lambert s'est exacerbée. Le baron Lambert aura une fin tragique. Tout se passe très vite. Le 12 mai 1987, il vend, chez Christie, à New York, une partie de sa collection d'art. Une sculpture de Giacometti est emportée pour 137 millions de francs belges, un Miro pour 50 millions. Le 19 mai 1987, il annonce qu'il quitte toutes ses responsabilités au sein du groupe qui porte son nom « pour convenances personnelles ». Il meurt le 28 mai 1987.

« Un titre de baron n'est jamais une fin en soi »

Albert Frère est bien assis aux commandes de GBL. Avec Gérard Eskenazi, la lune de miel continue. Il s'en expliquera devant Daniel Van Wylick[4] : « Le pouvoir est facile à partager lorsqu'on se connaît et s'apprécie mutuellement. Je fréquente Gérard Eskenazi depuis une vingtaine d'années [...]. Chacun a ses terrains de prédilection. Gérard est davantage banquier que moi. Ma formation de commerçant fait que je suis peut-être plus financier. Nous sommes complémentaires. [...] Frère tout seul, ce n'est rien, poursuit-il. Nous sommes une famille. Dans une famille, on rigole, on partage les joies et les peines. »

Au cours du même entretien, le patron de GBL se laissera aller à quelques considérations plus personnelles.

– Comment un commerçant est-il accueilli par l'establishment après un parcours non orthodoxe ?

— Dans l'ensemble, la réussite fait que l'on est bien reçu. Bien sûr, il y a des exceptions. Cela m'amuse et me réjouit. Il y a des vieilles badernes, des brontosaures qui n'ont pas encore compris. Tant pis pour eux, je crois que je tiens le bon bout.

— Quand ces brontosaures vous appellent « marchand de clous », cela vous irrite ou vous fait plaisir ?

— Très objectivement, cela me fait plaisir. Je puis identifier ceux qui me désignent ainsi. Cela m'amuse et me rappelle un tas de souvenirs ! [...] Je ne vois pas pourquoi je modifierais mon parcours : je m'amuse tellement ! Avec un pourcentage de réussite qui n'est pas décevant. On ne change pas en cours de route lorsqu'on est gagnant. Un titre de baron n'est pas pour moi une fin en soi. D'ailleurs je ne l'ai jamais envisagé.

De fait, alors que les services du protocole de la Cour ne sont pas avares, on ne trouve toujours pas le nom d'Albert Frère sur la liste des distingués. Certains disent que le roi Baudouin, extrêmement bigot, ne veut pas anoblir un homme divorcé. D'autres qu'il reproche à Albert Frère la manière dont il a géré la sidérurgie wallonne et les substantiels bénéfices qu'il a faits au détriment de l'Etat. Albert Frère, de son côté, admire le roi, bien qu'il puisse difficilement comprendre un homme qui n'aime ni l'argent, ni le pouvoir, ni le tennis, ni les sorties entre copains.

Quelque temps auparavant, Albert Frère (qui n'a jamais été aussi bavard qu'à cette époque) répondait aux questions des journalistes de *La Nouvelle Gazette*.

— Où s'arrêtera Albert Frère ?

— Je ne sais ni où ni quand. Tant que cela m'amusera de poursuivre. Tant que la réussite m'accompagnera. Tant que je pourrai compter sur la fidélité d'une équipe avec laquelle on peut rêver de tout entreprendre [...]. Je dois reconnaître qu'une grande partie du plaisir que j'éprouve vient des hommes qui m'entourent, des collaborateurs, des amis qui sont tout prêts à se "défoncer" pour qu'ensemble on réussisse telle ou telle opération.

Lorsqu'il accorde cet entretien, le 30 novembre 1984, Albert Frère, à 58 ans, donne l'image d'un homme accompli. Il a déjà réorganisé de fond en comble les activités de GBL. Selon *La Nouvelle Gazette*, GBL dispose de 67 milliards de francs belges de ressources financières, dont un portefeuille estimé à 43 milliards. *L'Echo de la Bourse* avance des chiffres plus modestes mais néanmoins substantiels : le quotidien économique bruxellois estime ainsi ses ressources à 48 milliards de francs belges et son bénéfice à 3,8 milliards. En un peu plus d'un an, la répartition des principales activités du groupe a totalement changé. En septembre 1981, elle s'établissait ainsi : activités bancaires (38,6%), wagons et conteneurs (20,9%), audiovisuel (12,7%), immobilier (10,6%), énergie (6,5%). Fin 1982 : Entreprises financières, banques et assurances (45,5%), audiovisuel (9,2%), immobilier (8,7%), pétrole (7,7%), wagons (5,9%), électricité et bureaux d'études (5,6%), agro-industrie (4,2%).

A cette époque, l'étude de la répartition des intérêts de GBL dans le monde montre l'importance grandissante prise par les Etats-Unis : 41,4% contre 18,6% pour la Belgique, 11,5% pour le Luxembourg et 20,9% pour les autres pays européens. Les commentateurs, notamment en Belgique, s'émerveillent des ambitions américaines du Carolo. «Albert Frère, super-star de l'argent : son drapeau bientôt aux Etats-Unis», titre ainsi *Le Soir*. En association avec Pargesa, un groupe koweitien et d'autres actionnaires, GBL a constitué The Lambert Brussels Corporation (LBC), dont l'objet est d'investir dans les secteurs financiers, immobiliers et énergétiques. Pour faire encore rêver les lecteurs du Pays noir, on apprend aussi que LBC a accru son investissement dans le complexe hôtelier Bahia Mar en Floride.

En fait, la principale vache à lait de GBL aux Etats-Unis s'appelle Drexel Burnham Lambert Group, qui défraiera la chronique et dont nous reparlerons. Dans la City de Londres, GBL et Pargesa ont racheté une banque d'affaires moyenne en difficulté, Henry Ansbacher Holding. «GBL prend des allures de géant, écrit Daniel Van Wylick, avec sa constellation de banques : Banque internationale à Luxembourg, première banque de la place, Banque Bruxelles-Lambert, et sa filiale parisienne, la Banque Dreyfus, la Société internationale de Banque, la société d'agents de change Dewaay, Prominvest... et ce n'est pas fini. » Conclusion de *La Nouvelle Gazette* en forme de titre sur huit colonnes : « L'EMPIRE DE FRÈRE », puis, sur la page suivante : « MAIS IL MET DU SENTIMENT DANS LE PORTEFEUILLE. »

S'il n'est toujours pas baron, il reçoit à cette époque plusieurs marques de reconnaissance qu'il ne dédaigne pas : prix Stanford du meilleur homme d'affaires belge, croix de l'officier de l'Ordre du mérite d'Allemagne. Il entre aussi au conseil d'administration de la CLT aux côtés d'André Rousselet, alors PDG d'Havas, et de Daniel Filipacchi.

En cette année 1984, Gérald, son premier fils, a 33 ans. Il a épousé Béatrice de Rudder, dont le frère, Thierry, sera bientôt administrateur-délégué du groupe Bruxelles-Lambert. Ils auront deux fils : Cédric, né en 1984, et William, né en 1985. Gérald, qui donnait tant de soucis à son père à une certaine époque, apprend, à son rythme, son métier. Mais à cette époque, quand on l'interroge sur son avenir, il a l'habitude de répondre : « Je pense que je prendrai ma retraite avant mon père. »

NOTES

1. Albert Frère, in *Trends Tendances*, 22 février 1982.
2. Francis Drong, in *Vision*, juin 1971.
3. Darrell Delamaide, in *Institutional Investor*, juillet 1982.
4. Albert Frère, in *Trends Tendances*, 10 janvier 1986.

CHAPITRE 3

Roulé par Fabienne, amusé par Tapie, snobé par Linton

– J'ai été roulé comme un gamin !
Tout arrive. Le 21 novembre 1984, furieux, vexé, comme il ne l'a peut-être jamais été, Albert Frère exprime sa colère devant un journaliste du *Soir*. Un an plus tard, il expliquera ses sentiments d'alors au cours d'un entretien avec François De Brigode[1]. « Un homme d'affaires de 59 ans qui en a déjà vu beaucoup peut encore se comporter comme un boy-scout. J'ai fait confiance à cette ancienne collaboratrice qui ne cessait de me répéter que j'étais l'homme de la situation. M. Charles Dupuis me faisait constamment des déclarations du même genre. Alors, j'y ai cru et je me suis fait rouler, c'est tout. »

Que s'est-il donc passé pour qu'un homme qui a vendu de l'acier au monde entier dans les conditions les plus rocambolesques et les plus difficiles, qui a su mettre dans sa poche les politiciens les plus retors, qui a monté, et contre l'Etat français, le plan «Arche de Noé», qui est maintenant au sommet de son art et de son pouvoir, qui dispose de quelques dizaines de milliards de francs belges, que s'est-il passé pour que cet homme se soit laissé manœuvrer comme un enfant?

La femme, celle qu'il faut toujours chercher selon les bons auteurs, s'appelle Fabienne Goffin. A sa sortie de Solvay, la plus prestigieuse sans doute des grandes écoles belges où elle a eu, elle aussi, Pierre Scohier comme professeur, elle pose sa candidature auprès de Frère-Bourgeois Commerciale. La réponse est positive. «M. Frère vous attend à 18 heures», lui annonce la secrétaire de celui qui règne à l'époque sur la sidérurgie. «Elle avait une peur bleue, raconte une de ses amies de l'époque, car travailler chez Frère, ce n'était pas rien! Elle était allée chez le coiffeur le matin et n'arrêtait pas de me demander si elle allait "lui" faire bonne impression.» Albert Frère l'embauche et, le 2 janvier 1976, elle entre dans la maison.

Le Carolo a eu du flair. Fabienne Goffin se révèle être une remarquable femme d'affaires. «Elle n'avait peut-être pas un sens éthique très développé, mais, en revanche, elle était d'une immense ambition et d'une grande compétence», commente un ancien cadre de Frère-Bourgeois. Très vite, elle seconde Henri Burhin. Elle fait ainsi partie de la garde rapprochée du patron lors des négociations avec Gandois sur la vente de Frère-Bourgeois Commerciale. Lorsque Albert Frère abandonne la sidérurgie, elle le quitte aussi. A l'amiable. «Elle ne supportait plus le rythme infernal imposé par Albert Frère et aspirait à vivre un peu plus tranquillement», raconte un autre de ses amis. Fabienne Goffin fonde alors sa propre société, Janus. Deux visages, Fabienne?

Le 11 avril 1984, elle est contactée par l'un des propriétaires des Editions Dupuis, dont le siège est située à Marcinelle, qui cherche un repreneur et lui assure, en cas de succès, une commission de 1,5 % sur le prix de vente. Offre alléchante quand on sait que l'entreprise en question vaut plus d'un milliard de francs belges. L'« affaire Dupuis » commence.

Elle aura d'autant plus de retentissement que Dupuis est l'éditeur des *Schtroumpfs*, de *Buck Danny*, de *Spirou*, de *Boule et Bill*, de *Gaston Lagaffe*, de *Lucky Lucke* : bref, une réputation internationale et un chiffre d'affaires de 2,1 milliards de francs belges en 1984. Et pourtant, comme l'écrit François De Brigode[2] : « Dupuis n'a pas très bonne presse dans le monde de la finance, personne ne veut risquer des capitaux pour la reconversion de cette entreprise qui ne sent pas très bon. »

Pour le meilleur et pour le pire, c'est une véritable entreprise familiale. Elle a été fondée en 1898 par Jean Dupuis, un ouvrier typographe qui, grâce à une machine d'imprimerie à pédale installée dans sa maison de Marcinelle, imprime les feuilles d'ordonnance pour les médecins, des étiquettes pour les pharmaciens. C'est grâce à l'Eglise catholique, si puissante en Belgique, qu'il va développer son entreprise. Dans un livre[3], Danny De Laet raconte comment l'évêché de Tournai, cherchant à lutter contre les publications « sans Dieu », incite cet homme, profondément pieux, à éditer des journaux « familiaux ». Après quelques échecs, le succès vient en 1922 avec *Les Bonnes Soirées*. Il ne s'arrêtera pas, dopé par les bonnes ventes de *Spirou*, lancé en 1938.

Lorsque Jean Dupuis meurt, en 1952, il laisse l'entreprise à des héritiers qui ne cesseront de s'entre-déchirer. « Les querelles byzantines se multiplièrent, écrit Danny De Laet, débouchant sur une ridicule avalanche de procès et de mesquineries finissant par exaspérer les plus sages. Dans ce climat pourri, empuanti par la rapacité de la troisième génération, il était inévitable qu'une crise sérieuse se développe. »

Elle éclatera le 28 décembre 1981, lorsque les Editions Jean Dupuis et sa société sœur, SEPP, sont placées sous administration judiciaire provisoire. Début 1984, la famille se rend compte que ses fonds propres ne suffisent plus aux investissements indispensables. L'un des quatre enfants de Jean Dupuis s'adresse alors à Fabienne Goffin et la charge de chercher à vendre les 25 % d'actions qu'il détient de la société. Fabienne Goffin propose en priorité (du moins le croit-on) l'affaire à Albert Frère. Le Carolo hésite, rencontre Charles Dupuis et lui fait comprendre («Petit actionnaire minoritaire…») que prendre seulement 25 % d'une affaire, ce n'est pas tout à fait son genre. «Si au moins, vous me proposiez 25,1 %», ironise-t-il avant de lâcher : «C'est 50,1 % ou rien.»

Convaincu par son interlocuteur, qui lui affirme que les autres membres de la famille sont également disposés à vendre leurs parts, Albert Frère prend son téléphone : «Fabienne, c'est d'accord!» Le 26 juillet, un premier protocole de vente est établi. Plus tard le tribunal de commerce de Bruxelles établira que «l'article 13 du projet d'engagement d'acheter prévoit que les groupes vendeurs et Mme Goffin s'engagent à ne pas contacter directement ou indirectement d'autres acquéreurs potentiels des participations que l'on projette de vendre».

Lorsque, le 9 octobre 1984, les agences de presse annoncent que l'entreprise est vendue, pour une estimation de 1,3 milliard de francs belges, à un tandem GBL-Hachette, la surprise est grande dans le Pays noir. On attendait Albert Frère, certes, mais on est inquiet de voir le géant français posséder 48 % des actions (contre 32 % à Albert Frère, 20 % restant à la famille); les syndicats expriment leur inquiétude. Qu'à cela ne tienne, Albert Frère va se charger de les dissiper : il explique les liens financiers qui existent entre Bruxelles-Lambert et le groupe français.

Le président redevient «Bézo», redécouvre, avec plaisir, les discussions en wallon avec des syndicalistes venus de la même terre que lui et avec lesquels il se sent tellement plus à l'aise qu'avec ses partenaires de la haute finance. Il lui suffit de quelques réunions pour convaincre : il garantit des investissements nouveaux, le respect des conventions sociales et explique le développement qu'Hachette peut apporter à l'entreprise. « A ce moment, son aura dans la région de Charleroi atteint le zénith de la popularité », écrit François De Brigode[4]. C'est le retour de l'enfant prodigue.

Albert va tomber de haut lorsque, le 9 novembre 1984, il apprend qu'il a été « doublé ». « *Spirou* échappe à Frère », titre *Le Soir* alors que *La Nouvelle Gazette* parle d'« un acheteur surprise pour Dupuis » et ironise sur « Lucky Luke contre les Dalton ». Le soir même, il reçoit une lettre des Dupuis – du moins d'une partie de la famille – annonçant la rupture de l'engagement avec GBL et Hachette. Il est fou de rage.

Que s'est-il passé ? Fabienne Goffin, trois jours après avoir « topé là » avec son ancien patron, avait été contactée par un autre acheteur, les Editions mondiales, qui lui avaient proposé 100 millions de francs belges de plus que le tandem Albert Frère-Hachette. On n'a pas passé sept ans aux côtés d'Albert Frère sans savoir compter : 100 millions de plus, cela fait exactement, sur le total de la vente, une commission de 27,750 millions au lieu de 26,250 millions !

Succédant aux Editions Cino Del Duca (*Paris Soir*, la presse du cœur, mais aussi Steinbeck et Kessel), les Editions mondiales sont alors dirigées par un ancien membre du cabinet de Raymond Barre, Antoine de Clermont-Tonnerre. Ce dernier arrive à Gosselies, l'aéroport de Charleroi, le soir même du 9 novembre. Apparemment, il a gagné. Il ne sait pas qu'à quelques kilomètres de là, à Gerpinnes, un homme prépare sa riposte. Après avoir fait exploser sa colère et abreuvé d'insultes le monde entier en général et Fabienne Goffin en particulier, Albert Frère – encore plus amer d'avoir été trahi par « quelqu'un de la famille » – décide de contre-attaquer.

La riposte sera double. D'abord il porte, dès le

9 novembre, l'affaire devant le tribunal de commerce de Bruxelles qui, le lendemain, décide de geler momentanément les actions des Editions Dupuis et somme ses propriétaires de reprendre les discussions avec Frère et Hachette. Une première victoire. Le Carolo joue ensuite à fond sur la fibre régionale et, pour ce deuxième round, il va trouver des alliés de poids dans les syndicats. Des alliés qui veulent aussi tirer leur épingle du jeu.

Certes, ils soutiennent avant tout le « pays », mais ils n'en oublient pas pour autant leur fonction : par une lettre datée du 13 novembre, ils obtiennent ainsi un certain nombre de garanties supplémentaires, portant notamment sur le volume des investissements à réaliser, la garantie de l'emploi et l'ancrage belge de la société. Pour tenter de contrecarrer cette offensive nationale, Philippe Bourriez, l'un des patrons des Editions mondiales, de nationalité française, retrouve fort à propos ses ascendances belges : « Belge, déclare-t-il au *Soir* de Bruxelles, je le suis, au-delà des apparences. Je suis même Carolo par mon père, consul de Belgique à Nancy, et par ma mère Micheline Francoisse, elle-même fille de Vital Francoisse, fondateur des ACEC et ancien ministre belge des Transports, par mes grands-parents, par mes cousins, bref, par une généalogie complète et même par l'argent. »

Un deuxième jugement est de nouveau favorable à Albert Frère. Certains hommes politiques s'en irritent. Notamment Philippe Moureaux, à l'époque ministre-président de l'exécutif de la Communauté française de Belgique (qui regroupe Bruxellois francophones et Wallons et non pas, comme le crut un jour François Mitterrand... les Français expatriés en Belgique). « On peut même dire, déclare le ministre [5], que les choses vont tellement bien que M. Frère a maintenant une influence prépondérante, non seulement sur le pouvoir politique mais aussi sur le pouvoir judiciaire. Il devient une sorte de roi d'Ancien Régime... »

Jugement, appel, contre-appel. Sur fond de querelles familiales, de luttes syndicales, de combinaisons financières, l'affaire se traîne jusqu'au 25 août 1985, jour où un contrat formalise la réconciliation générale : Albert Frère obtient 51 % des actions, Hachette et les Editions mondiales 22,3 % chacun, les 4,4 % restants demeurant dans les mains d'Anne-Marie Dupuis, l'un des quarante-deux membres de la famille. A Charleroi, on exulte : «Albert» a gagné. Et de la plus belle manière. Il va chercher Jacques Van De Steene, qui l'a tant aidé dans la sidérurgie :

— Vous savez ce que c'est qu'un laminoir ?

— ...

— Alors, vous saurez faire tourner une imprimerie !

Les commentateurs s'enflamment. Compte tenu des intérêts que l'enfant du pays détient déjà dans l'audiovisuel européen via la CLT, on se prend à rêver. «C'est une vraie révolution qui s'annonce dans le monde de la bande dessinée, dont Charleroi en Hainaut pourrait devenir rapidement la Silicon Valley», écrit ainsi Guy Depas[6] avant de conclure : «Au-delà, c'est à la formation d'un gigantesque groupe européen, essaimant largement hors continent, de l'industrie de la culture, des loisirs, que l'on pense.»

Marcinelle n'est pas devenue le centre d'une nouvelle Silicon Valley. Certes, Albert Frère possède aujourd'hui 100 % des Editions Dupuis et celles-ci (1,6 milliard de chiffre d'affaires en 1994) sont le numéro un européen de la bande dessinée francophone, vendant environ 10 millions d'albums par an sur un total de 30 millions. Mais les autres projets prêtés à Albert Frère n'ont pas vu le jour.

Fabienne Goffin épousera, quelques années plus tard, Alfred Grosjean, l'un des premiers acolytes d'Albert Frère, qui a amassé une petite fortune dans la vente de ferraille et a, lui aussi, gagné quelques centaines de millions à l'occasion de la vente de Frère-Bourgeois Commerciale. Dans sa superbe maison d'Ham-sur-Hevre, Fabienne Goffin ne tolère que des fleurs blanches. Sans pistils... Quant à Albert Frère, homme trop occupé et trop actif pour s'embarrasser de rancunes inutiles, il a certainement toujours une dent contre son ancienne collaboratrice. Est-ce en pensant à elle qu'il a eu un jour cette formule : « Je suis distrait, mais pas amnésique » ?

Les leçons du professeur Tapie

De l'index, Albert Frère a adressé un discret signe négatif à Henri Burhin. Ce dernier a compris : ils ne feront pas affaire avec Bernard Tapie. Mme Frère semble, elle aussi, avoir saisi le geste de son mari : le dîner sera servi plus vite que d'habitude.

La scène se passe à Gerpinnes. Albert Frère et Bernard Tapie se trouvent associés dans la reprise de la société Donnay, et le Français souhaiterait convaincre le Carolo de développer avec lui l'entreprise de fabrication de raquettes de tennis. « Les plans de développement qu'il me proposait étaient démentiels, raconte Albert Frère, au début, je m'amusais, après je me suis inquiété. »

Donnay, l'un des leaders mondiaux de la production de raquettes de tennis (12 % du marché mondial en 1988) a été déclaré en faillite le 19 août 1988 par le tribunal de commerce de Dinan. La société, située à Couvin à 50 kilomètres de Charleroi, avait connu son apogée dans les années 1970, époque où elle avait pris Björn Borg sous contrat. En 1979, elle avait vendu 56 % des raquettes achetées en France. Mais le succès des raquettes en matériaux composites allait porter un coup terrible à Donnay, spécialisée dans les raquettes en bois. La société s'était reconvertie en catastrophe au prix d'un endettement énorme, 200 millions de francs français, (environ 3 milliards de francs belges), supérieur à son chiffre d'affaires de 185 millions de francs français. La faillite était inéluctable.

Trois groupes sont en compétition pour la reprise : un consortium belgo-suisse, Jean-Jacques Frey, le patron des champagnes Germain et, enfin, une alliance entre Bernard Tapie, Albert Frère et la Région wallonne (déjà propriétaire de 27 % du capital). Le patron de l'Olympique de Marseille ne lésine pas sur les moyens pour convaincre. Ainsi, il invite à Nevers, siège de l'usine Look, qui appartient à son groupe, une délégation de la Fédération générale des travailleurs de Belgique (FGTB), le syndicat socialiste.

Celle-ci revient conquise et se fend d'un communiqué : « A tout candidat acquéreur de Donnay qui dirait que Bernard Tapie est un fossoyeur, nous répondrions que c'est faux. » Les travailleurs de Donnay apprécient son bagout. « Quand Jean-Jacques Frey, très aristocrate, baisait la main des femmes, Tapie, lui, leur mettait la main aux fesses », raconte un dirigeant syndical. D'autant que Tapie a un joker dans sa poche : André Agassi. Si Björn Borg a fait son temps (et les beaux jours de Donnay), le joueur américain, en négociation avec Tapie, peut redonner tout son prestige à la marque belge.

« J'en ai vu des phénomènes, mais jamais comme celui-là. Quand il disait, devant l'assemblée générale des travailleurs, qu'il était venu pour faire l'amour avec Donnay, je vous assure qu'il avait un succès fou, principalement devant les femmes de l'entreprise », raconte Albert Frère, qui ajoute : « Je ne regrette pas de l'avoir rencontré, il m'a fait tout un cirque, arpentant mon bureau pour tenter de me convaincre de ses projets. C'était totalement mégalomaniaque, mais j'avais l'impression qu'il y croyait. Quel animal ! » Certains témoins de l'époque ajoutent que si « l'animal » amusait Albert Frère, il l'indisposait aussi considérablement. « Il fallait voir la tête qu'il faisait quand Tapie lui tapait sur l'épaule et lui disait : "Mais, Albert, tu n'as rien compris aux affaires, tu es d'une autre école, ce n'est plus comme cela que ça se passe !" »

Leur collaboration ne durera pas longtemps. Le 20 septembre 1988, les curateurs (équivalents belges des syndics français) donnent pourtant la préférence à l'alliance Tapie-Frère-Région wallonne, qui offre 200 millions de francs belges et s'engage à réembaucher 200 des 350 personnes licenciées au moment de la faillite. Mais un Albert Frère ne saurait se contenter de 20 % des parts d'une société ; en outre, il ne croit pas aux plans mirobolants dessinés par Tapie. « J'ai voulu uniquement remplir mes devoirs de citoyen vis-à-vis de la Wallonie », dit-il aujourd'hui. Un an et demi plus tard, le 23 mai 1990, Albert Frère, par l'intermédiaire de la banque Worms, revend à Bernard Tapie les 20 % qu'il détient dans Donnay. On apprend à l'occasion que cette cession était prévue dans le contrat signé en septembre 1988. « J'ai été payé rubis sur l'ongle par Tapie. Correct », commente Albert Frère.

Le 19 mai 1991, Bernard Tapie, qui a besoin de liquidités pour redresser Adidas, revend Donnay pour 600 millions de francs belges (100 millions de francs français) à la Région wallonne, qui, elle-même, rétrocède l'entreprise à la société italienne Carbon Valley. Le 16 mai 1993, la société est placée en liquidation judiciaire...

Albert Frère et Bernard Tapie auraient-ils pu s'entendre ? Certains pensent que oui et que leur alliance aurait pu être détonante. Après tout, l'un et l'autre viennent d'un milieu modeste, ont une force vitale peu commune et un culot encore moins commun. Tous les deux aiment l'argent et ont été longtemps victimes de l'ostracisme de leurs pairs. Mais tout le reste les oppose. Tapie est un extraverti, qui vit de l'image qu'il donne de lui-même et qu'il vend. Il exhibe l'argent qu'il n'a pas quand Frère cache l'argent qu'il a.

Albert est roublard comme un paysan qui sait se faire modeste pour gagner un sou de plus, Bernard hâbleur comme un voyou qui est prêt à perdre 1 000 francs pourvu qu'on lui laisse croire qu'il les a gagnés. La vie d'Albert est rectiligne : homme d'affaires il a été, homme d'affaires il est, homme d'affaires il sera. Bernard a tout fait : chanteur, représentant de commerce, coureur automobile, patron d'une équipe de football, ministre, animateur de télévision, acteur de cinéma... Entre-temps, il a fait des affaires. Ils sont aussi de deux générations différentes : celle de l'argent facile pour Bernard, celle de l'après-guerre pour Albert, quand la production et la commercialisation des produits étaient la base de l'économie. Bref, Bernard Tapie est peut-être le premier avatar de la fortune virtuelle, et Albert Frère le dernier représentant de l'argent concret.

« Je ne suis pas votre paillasson »

« J'en suis malade » : Albert Frère reconnaît avec franchise qu'il déteste perdre de l'argent. On comprend, alors, que les 3,2 milliards de francs belges (plus de 500 millions de francs français) perdus au cours de la seule année 1986 à l'occasion de la faillite de Drexel-Burnham-Lambert lui soient restés longtemps en travers de la gorge.

C'était l'époque où le Carolo se voulait un destin américain. Déjà, tous les matins, en faisant sa gymnastique, entre cinq heures trente et six heures trente, il avait l'habitude d'écouter les informations à la BBC et de noter sur un petit carnet tous les mots d'anglais qu'il ne connaissait pas. A charge pour sa secrétaire, dès son arrivée au bureau, de dactylographier les nouveaux mots du patron. (Il arrive aussi à Albert Frère de noter un mot français sur les petites notes qu'il rédige chaque matin à l'intention de sa secrétaire. A elle de chercher la signification exacte du mot dans le dictionnaire.)

Pour partir à la conquête des Etats-Unis, Albert Frère dispose, certes, de son carnet-dictionnaire, mais surtout de Drexel-Burnham-Lambert, une mine d'or découverte par le baron Lambert, qui considéra longtemps cette firme comme son enfant préféré.

Tout commence en 1973 par un mariage. Un vrai. Un mariage d'argent entre une banque honorable, Drexel, et un courtier new-yorkais, I.W. Burnham, à la recherche de respectabilité. Créée en 1838, Drexel, maison protestante, végète depuis 1934, date à laquelle le législateur américain l'obligea à se séparer de son associée, la banque J.P. Morgan. Drexel accepte les offres de Burnham, à la seule condition que le nom de Drexel précède celui de Burnham dans la raison sociale de la firme. Qu'à cela ne tienne : Burnham accepte. C'est bien un nom qu'il achète. Mais ce qu'il ne sait pas, c'est qu'il achète par la même occasion un génie de la finance.

Dans l'immeuble gris et austère du 60 Broad Street, une rue grouillante au cœur de Wall Street qui abrite les locaux de Drexel, un jeune homme de 27 ans s'ennuie à mourir et songe même à quitter la banque. Relégué dans un coin, méprisé par certains collègues antisémites (une caractéristique à peine voilée des institutions financières traditionnelles, selon Connie Bruck, qui a pourtant écrit un livre peu complaisant pour lui), Michael Milken a une passion, une idée fixe, selon son entourage : les *junk bonds*.

Ces « obligations de pacotille » (traduction littérale, mais on dit plus familièrement : « obligations pourries ») sont décrites ainsi par Philippe Romon[7] : « L'obligation, qui est un paiement sur une dette souscrite par une compagnie, est en principe un placement plus sûr mais moins rentable qu'une action : une charentaise de l'investissement en quelque sorte. Mais Milken s'est aperçu d'une anomalie : en examinant les obligations dégradées d'entreprises en difficulté et passées au stade de "risquées", il a constaté que le taux de défaillance de ces titres restait très raisonnable, de l'ordre de 1 %. Or, parce qu'elles sont supposées à risque, ces obligations-là bénéficient d'un taux d'intérêt de 2 à 4 %, plus avantageux que les autres, celles qui sont dites "parfaitement garanties". L'idée de Milken, récupérée par Drexel, sera de commercialiser ces obligations, puis de s'en servir pour permettre aux raiders de racheter des entreprises qu'ils ont en ligne de mire. »

L'heure de Milken va sonner en 1975, lorsque Burnham engage Fred Joseph pour relancer son affaire. Ancien directeur général de Shearson (l'un des six grands de la finance à Wall Street), Fred Joseph, 37 ans, fait d'abord le ménage : il licencie les deux tiers des salariés de Drexel et les remplace par des hommes à lui. Mais il se garde bien de se séparer de Michael Milken, avec lequel il se lie d'amitié.

Le mariage entre le bulldozer et le prodige va provoquer une explosion, comme rarement la finance internationale en aura connu. Deux séries de chiffres permettent de prendre la mesure de l'onde de choc. De 1980 à 1989, le marché des *junk bonds* passe de 30 à 200 milliards de dollars. Or, à elle seule, Drexel-Burnham-Lambert en traitait près de 40 %. Le capital de Drexel passe de 500 millions de dollars en 1982 à 2 milliards de dollars en 1986, les effectifs doublant pendant cette période pour atteindre 10 000 salariés. Ces derniers n'ont pas à se plaindre : toujours en 1986, la firme leur attribue pour 600 millions de primes. Le chiffre d'affaires croît de 50 % par an, et le bénéfice après impôts atteint 536 millions de dollars en 1986. Milken aurait touché un salaire compris entre 25 et 50 millions de dollars par an (20 millions de francs français par mois).

Si Fred Joseph met un point d'honneur à se rendre en métro à son bureau, les fêtes données par la firme sont légendaires. Comme ce « bal des prédateurs » donné en novembre

1986 à Stanford, où les dirigeants de la banque, venus pour recruter les meilleurs cerveaux de la meilleure *business school* des Etats-Unis, feront ramener les heureux élus à leur école dans d'immenses limousines blanches aux vitres teintées. Médusés, les habitants de la ville ne sont pas prêts d'oublier cette noria fantasmagorique.

Le vocabulaire de ces années donne, lui aussi, la mesure de la folie qui a envahi le monde de la finance. Fred Joseph et sa bande sont traités de «terroristes», de «Khadafi de la finance», de «tueurs assoiffés de sang frais» par leurs concurrents. «Le "requin" a sauté à la gorge de la "jeune vierge". Sauvée, voici le "chevalier blanc" venu à son secours, mais comme elle n'était pas démunie, la "belle" avait déjà préparé, à l'intention de son assaillant, quelques "comprimés de poison", et, le cas échéant, elle se jettera dans le vide avec un "parachute d'or"» : Dominik Barouch [8] donnera un florilège des expressions employées couramment à cette époque par les journaux financiers les plus sérieux.

Comme dans les meilleurs westerns, Fred Joseph et Michael Milken, à la tête de leurs équipes de *raiders*, font main-basse sur la ville. «Drexel, poursuit Philippe Romon, ne se contente d'ailleurs pas, et c'est là une autre de ses particularités, de représenter une seule des parties engagées dans une OPA, mais les deux, le raider et sa victime. Ce n'est peut-être pas très moral, mais c'est légal. Et ça rapporte. En outre, la firme a pour habitude de prendre une participation en intérêt chez ses différents clients...» Michael Milken en Californie, Fred Joseph à New York : Drexel attire les financiers les plus réputés de la place et ne se contente plus de petites proies. Voilà que Kodak ou General Electric font appel à leurs services...

Le rêve traverse bien vite l'Atlantique et berce maintenant l'avenue Marnix à Bruxelles, le siège du groupe Bruxelles-Lambert. Si les cadres de Drexel, et dans une moindre mesure ses employés, détiennent 59 % de la banque, l'autre actionnaire important (27 %) est une société domiciliée aux Bermudes, LBA (Lambert Brussels Associated Limited Partnership), détenue par Pargesa (25,4 %), Bruxelles-Lambert (57 %) et des institutions koweitiennes.

Le baron Lambert avait investi 40 millions de dollars chez un courtier américain devenu partie prenante de Drexel en 1976. Les dividendes versés à LBA ont largement couvert cette somme. Ainsi, pour la seule année 1987, Drexel avait fourni à elle seule le quart du bénéfice consolidé du groupe Bruxelles-Lambert, soit 232 millions de francs français. De quoi alimenter le rêve américain de Frère et d'Eskenazi.

De quoi faire pas mal de jaloux et d'envieux. « Décidément, tout ce qu'il touche se change en or », veulent bien admettre les adversaires du Carolo. C'est vrai que celui-ci, une fois encore, semble avoir décroché le jack-pot. A peine arrivé aux commandes de GBL, voilà que le petit cousin du groupe aux Etats-Unis se transforme en oncle d'Amérique !

Pourtant, Albert Frère se méfie. « Ça sent l'oignon ! » répète-t-il à ses amis. Certes, il aime l'argent et sait prendre des risques pour en gagner ; mais le fils du marchand de clous commence à se demander si la mariée n'est pas trop belle.

D'autant que les relations avec les responsables de Drexel se tendent. Si les bénéfices sont considérables, Albert Frère ne voit jamais la couleur de l'argent. Ce ne sont pas des espèces sonnantes et trébuchantes qui tombent dans l'escarcelle de GBL, mais du « papier ». La majorité des parts de Drexel appartenant au personnel, ce dernier n'a aucune envie de distribuer des dividendes aux autres actionnaires. Il préfère se verser des salaires mirobolants, des participations juteuses aux bénéfices. Certes, ces jeux d'écritures gonflent la valeur de GBL et lui permettent de lever d'autres fonds (ainsi va la finance), mais cela commence à sérieusement échauffer les oreilles du Carolo. Une fois encore, son fameux axiome est confirmé.

GBL ne possède que 27 % de Drexel, et les Américains le font bien sentir à Frère, Desmarais et Eskenazi lors des conseils d'administration à New York. « Chaque fois que nous voulions parler d'une question non inscrite à l'ordre du jour, on nous faisait comprendre que nous n'avions pas droit à la parole », raconte Gérard Eskenazi. « Les Américains ne nous aimaient pas, renchérit Albert Frère, ils nous faisaient comprendre que nous devions nous contenter de ce que nous avions. » « Vous n'êtes pas majoritaires et vous n'êtes pas américains » : voilà ce qu'ils nous disaient et, pour eux, cela veut tout dire », confirme Desmarais le Canadien. Au cours d'un déjeuner, Albert Frère et Bobby Lincon, l'un des responsables de Drexel, s'apostropheront même violemment :

— Nous sommes des actionnaires importants, et nous avons notre mot à dire ! s'emporte le Carolo.

— Que ça ne vous plaise pas, on s'en fout ! rétorque l'Américain.

— Mais je ne suis pas votre paillasson !

Dix ans plus tard, racontant la scène, Albert Frère prend bien soin de préciser à l'intention de son interlocuteur qu'en anglais, paillasson se dit *door-mat*. Comme quoi, le petit carnet peut toujours servir. Les Américains de Drexel étaient d'ailleurs fascinés par l'attention que montrait le patron de GBL lors des réunions du conseil d'administration : il passait son temps, croyaient-ils, à prendre des notes. (En fait, la plupart du temps il faisait son courrier.)

A-t-il senti, à ce moment-là, que l'odeur d'oignon devenait de plus en plus forte et qu'il fallait se débarrasser des participations dans Drexel ? C'est en tout cas ce qu'il dit, affirmant qu'il aurait pu en obtenir un prix « très agréable » : un milliard de dollars selon les uns, 600 millions selon d'autres. Mais personne ne sait vraiment aujourd'hui s'il s'agissait d'une offre véritable ou d'un projet.

Beaucoup, en revanche (malheur aux vaincus) font porter tout le poids de la faute à Gérard Eskenazi. « Eskenazi n'était pas d'accord, explique Albert Frère, il m'a fait comprendre que la banque c'était lui, et que l'industrie c'était moi. » En fait, Eskenazi était tenté par la possibilité de monter une fédération de banques : BBL, Drexel, SIB-BGP, Ansbacher à Londres. « Le problème, estime un expert, c'est que toutes ces banques étaient des animaux différents et qu'on allait former une fédération bien hétéroclite. »

Interrogé, Gérard Eskenazi n'a pas la même version des faits. Il précise toutefois qu'en 1984, GBL avait vendu « à un très bon prix » — 12,5 millions de dollars par an pendant six ans — un tiers de sa participation initiale dans Drexel.

Mai 1986 : un cadre supérieur de Drexel, Dennis Levine, 33 ans, surveillé depuis longtemps par les incorruptibles de Wall Street, est inculpé sur plainte de la Commission des opérations de Bourse (SEC). On lui reproche d'avoir empoché illégalement plus de 12 millions de dollars en bénéficiant d'informations confidentielles utilisées dans le cadre de ses activités professionnelles.

C'est le délit d'initié caractérisé. « Avec l'accroissement spectaculaire du nombre des fusions et acquisitions, écrit Jacqueline Grapin [9], les rapprochements d'entreprises "initient" un nombre croissant de personnes, des administrateurs, présidents et vice-présidents aux secrétaires, avocats, comptables et imprimeurs, en passant parfois par les barmen, les garçons d'ascenseur et le réseau de leurs amis. »

La machine est lancée, elle ne s'arrêtera pas, faisant tomber les cartes les unes après les autres. Après Dennis Levine, vient le tour d'Ivan Boeski, dit « money maker » ou « Ivan-le-terrible », autre figure légendaire de ces années folles, qui chute et doit payer la plus grosse amende jamais infligée à un financier accusé d'avoir détourné la loi : 100 millions de dollars. Il parle et avoue avoir reçu 3 millions de dollars de Michael

Milken pour manipuler le cours de certaines actions. L'affaire prend un tour politique.

D'autant que le procureur général de New York, Rudolph Giuliani, candidat à la mairie de la ville, n'hésite pas à recourir contre les *golden boys* à une loi conçue pour lutter contre le racket et le crime organisé. Une menace qui fait craquer Jim Dahl, l'un des lieutenants de Milken. Il parle. En décembre 1988, le conseil d'administration de Drexel-Burnham-Lambert donne le feu vert pour une négociation à l'amiable. La firme plaide coupable, accepte de payer 650 millions de dollars de pénalités, de licencier Milken et de collaborer avec les autorités judiciaires. Le 21 novembre 1990, Milken sera condamné à dix ans de prison et à 1,1 milliard de dollars (5,4 milliards de francs français), le jugement le plus sévère jamais prononcé à l'occasion d'un scandale financier. Le génie des *junk bonds* verra ensuite sa peine ramenée à deux années d'emprisonnement et, aux dernières nouvelles, il a repris quelques activités. Ne vient-il pas de toucher 50 millions de dollars pour ses conseils prodigués à Ted Turner, le patron de CNN?

Drexel sera mise en faillite. La déroute est à la mesure du rêve évanoui : d'abord pour les 5 300 employés du 60 Broad Street, les 400 de Berverly Hills, les 210 des bureaux de Londres, ceux de Paris. Pour les créanciers, ensuite. Les premiers touchés par la liquidation sont des organismes financiers japonais, qui ont 144 millions de dollars de créance chez Drexel, puis les banques américaines (97 millions de dollars). Mystère de l'« économie communiste de marché » : parmi les créanciers de Drexel on trouve... la Banque centrale de Chine populaire qui se retrouve « plantée » de 20 millions de dollars. Mao, réveille-toi...

« Les Belges nous ont trahis », disent les anciens responsables de Drexel, qui reprochent aux patrons de GBL d'avoir accepté trop vite, et sans se battre, la proposition de négociation à l'amiable puis de n'avoir pas mis un sou pour tenter de redresser Drexel. «Notre attitude n'a pas différé de celle du reste du conseil», rétorque Jean Lanier, président de Bruxelles-Lambert à Paris. «Nous étions tous d'accord, ajoute Jacques Moulaert, et puis, pourquoi venir en aide à des gens qui ne nous avaient jamais consultés et qui, en fait, se foutaient pas mal de nous?»

Le 13 février 1990, Michel Delloye ferme le bureau de New York. Albert Frère avait envoyé outre-Atlantique ce jeune surdoué du groupe Bruxelles-Lambert. Avant de partir pour la CLT, qu'il dirigera, Delloye doit encore gérer la fin de la crise. Seul actionnaire institutionnel de Drexel-Burnham-Lambert, le groupe Bruxelles-Lambert se retrouve avec plus d'une dizaine de procès sur le dos, certains petits créanciers espérant par ce biais retrouver une partie de leurs fonds perdus. En vain. GBL ne doit rien payer.

La facture est déjà suffisamment salée. Dans un communiqué publié le mercredi 14 février 1990, GBL annonce que le groupe considère comme une perte exceptionnelle de 3,2 milliards de francs belges (plus de 500 millions de francs français) sa participation de 20 % dans Drexel. GBL indique qu'il estime nécessaire de provisionner intégralement cette perte, ce qui ramènera le résultat consolidé du groupe à 4,2 milliards de francs belges pour l'exercice 1989, alors qu'il aurait pu dépasser 7,5 milliards (contre 5,8 milliards pour l'exercice précédent).

Oui, ça sentait bien l'oignon.

NOTES

1. François De Brigode, *La personnalité d'Albert Frère et son rôle dans la stratégie des groupes financiers concernés par les média*, Université libre de Bruxelles, 1984-1985.

2. *Ibid.*
3. Danny De Laet, *L'affaire Dupuis-Dallas sur Marcinelle*, NCM Editions, 1984.
4. François De Brigode, *op. cit.*
5. *Le Vif-L'Express*, 13 décembre 1984.
6. *Le Soir*, 24 juillet 1985.
7. *Le Nouvel Observateur*, 26 février 1987.
8. *Le Monde*, 10 septembre 1985.
9. *Le Monde*, 22 mai 1988.

CHAPITRE 4

On sauve la vieille dame et on s'empare de Petrofina

« C'était en 1930. Ce jour-là, un dimanche de l'été, mon père nous avait pris, mon frère et moi, pour l'accompagner en promenade. Nous avions monté la côte de la Sarthe. Un moment, nous nous étions arrêtés pour contempler la vallée de la Meuse. Devant nous, il y avait les usines de Corphalie avec leur crassier rougeâtre caractéristique.
— Dis, Papa, qu'est-ce qu'on fabrique dans cette usine?
— Du zinc.
— A qui appartiennent toutes ces usines?
— A la Société générale, qui est très riche et possède d'autres usines de charbonnage. Tu vois ce train, si on transformait en or toutes les richesses de la Générale, il serait trop petit pour les contenir.
— Et si la Générale faisait faillite?
— Ah, dit mon père, dubitatif, eh bien, je crois que si la Générale n'existait plus, il n'y aurait plus de Belgique... »

Cette petite histoire, lue dans le courrier des lecteurs du *Soir* de Bruxelles, illustre, mieux que tous les chiffres, ce que pouvait représenter la Société générale de Belgique. Créée par Guillaume Ier, le souverain néerlandais, en décembre 1822 – avant même la naissance de la Belgique! – la «Société générale des Pays-Bas pour favoriser l'industrie nationale» fut, en fait, la première société de développement connue, avant même le Crédit mobilier des frères Pereire, fondée à Paris en 1852. Devenue la banque du nouvel Etat belge, elle sera le fer de lance de l'aventure économique d'un pays qui surprendra le monde par sa richesse, sa créativité, son goût de la conquête. Si elle contrôle le tiers de l'économie belge, la Générale est présente aussi aux quatre coins du monde. De la compagnie des tramways de T'ien-Tsin aux mines d'or de Kilo-moto en passant par la Banque d'Etat du Maroc et, bien évidemment, l'union minière du Haut-Katanga, au Congo belge.

Avec le temps, le holding a pris quelques rides. Ne l'appelle-t-on pas «la vieille dame»? Celle-ci a eu bien des concurrents, dont le groupe Bruxelles-Lambert, et elle n'a pas toujours su s'adapter à temps aux nouvelles conditions d'une économie mondiale qui ne tolère plus les dilettantes, aussi prestigieux soient-ils. Le déclin de la Wallonie – la base historique de son empire – l'a profondément affectée, comme l'indépendance (puis l'anarchie) du Zaïre, dont on peut dire qu'il fut «sa» colonie autant que celle de l'Etat belge.

En ce mois de janvier 1988, les restes sont encore impressionnants et le prestige est intact. Le siège du 30, rue Royale, situé à égale distance du Palais Royal, de la résidence du Premier ministre et de l'hémicycle du Parlement, demeure le symbole feutré de la puissance. Pour preuve: le «gouverneur» (pas question de parler d'un quelconque président de conseil d'administration) de la SGB [Société générale de banque] a longtemps figuré sur les listes protocolaires, au même titre qu'un ministre ou qu'un archevêque.

Le dimanche 17 janvier 1988, à 20 heures, le destin de la vieille dame va basculer en même temps que commence l'une des plus incroyables histoires financières d'un siècle qui n'en fut pourtant pas avare. Et Albert Frère fut l'un des acteurs importants quoique indirects de cette étrange partie, où, selon les mots d'André Leysen, qui fut, lui, au centre du tourbillon, « tout le monde a trahi tout le monde avec tout le monde et à tous les moments ».

L'avertissement de la Royale

Quelques mois auparavant, au début de l'été 1987, le raid de Claude Bébéar, le patron d'AXA, sur la Royale belge, la deuxième compagnie d'assurances du royaume, aurait pourtant dû servir d'avertissement. Inauguré en 1970, le nouveau siège de la Royale belge, gigantesque bâtiment de verre et d'acier dominant la somptueuse forêt de Soignes, donnait la mesure de la société et de sa prospérité. Même si elle s'était légèrement endormie sur ses succès, la Royale avait réalisé en 1986 un chiffre d'affaires de 50 milliards de francs belges (environ 7,5 milliards de francs français) et un bénéfice de 3,5 milliards de francs belges, soit 50 % de plus qu'en 1985.

De quoi attirer les convoitises de *raiders*, fascinés tant par la belle santé de leur proie que par la faiblesse de ses défenses. Le capital de la Royale est alors, en effet, morcelé entre la Société générale (11 %), le groupe Bruxelles-Lambert (5,6 %), quelques « familles » et une multitude de petits actionnaires. Depuis le mois de mars, ceux-ci ne cessent de se frotter les mains : le cours de l'action n'est-il pas passé de 2 150 francs belges en janvier à 8 000 en mai ?

Au centre de cette tourmente boursière : Claude Bébéar, « le cow-boy de l'assurance », premier assureur français, qui, en mars, avait annoncé qu'il avait acquis 13 % du capital de la

Royale. Une participation, qui, ajoutée aux achats effectués directement en Bourse, faisait d'AXA le premier actionnaire de la compagnie. L'opinion publique belge commence à se passionner pour cette affaire et à invoquer l'indépendance nationale. Quelques mois plus tôt, un autre symbole de l'économie belge, les chocolats Côte-d'Or, n'ont-ils pas été rachetés par une société suisse ? La résistance va s'organiser, et Albert Frère sera son généralissime. Une fois encore, la question se pose : le patron de GBL prend-il les armes pour venir au secours de sa patrie agressée ou pour défendre ses propres affaires ? Une fois encore, sans doute pour les deux raisons à la fois. « Je suis toujours là pour essayer de conserver, là où c'est possible, un ancrage belge. Je crois l'avoir prouvé en sauvant la Royale belge du raid d'AXA », répondra-t-il aux journalistes du *Soir*[1]. « S'il use de l'argument de la belgitude comme de l'amitié pour convaincre de faire une affaire avec lui, répondait un autre homme d'affaires belge au journal bruxellois, c'est surtout comme mode de négociation. »

Il faut ajouter une troisième raison, plus humaine : le courant ne passe pas, c'est le moins que l'on puisse dire, entre Frère et Bébéar, car il y a un vignoble entre eux : Bébéar a soufflé Pichon-Longueville Baron à Albert Frère, qui ne le lui a jamais pardonné.

« Je vous dis que Bébéar est en train d'acheter des actions de la Royale à tout-va, alors, moi, j'achète aussi », dit Albert Frère à ses alliés de la Générale. « Bébéar avait beau lui jurer qu'il n'achetait pas, Albert Frère ne le croyait pas », raconte un collaborateur du Carolo. A juste titre : en mars, la participation d'AXA dans la Royale belge est montée à 20 %. Il faut négocier. Les discussions dérapent rapidement. Albert Frère tape du poing sur la table. En vain. Les achats reprennent.

Pour contrer Bébéar, Albert Frère va faire appel à son vieil ami Didier Pfeiffer, directeur général de l'UAP, le numéro un français de l'assurance. Avec Jean Dromer, le président de la compagnie, ils ont suffisamment de munitions pour entrer dans le capital de la Royale et, surtout, convaincre Bébéar de leur céder – pour la bagatelle de 20 milliards de francs belges (plus de 3,5 milliards de francs français) – toutes les actions de la Royale qu'il a achetées. Pour acheter le bloc d'actions susceptible de faire pencher la balance, les deux groupes font une offre devant une banque, comme il est de coutume. Un jeu très risqué : si vous inscrivez un chiffre trop élevé, certes vous emportez l'affaire, mais à quel prix! Un chiffre trop bas : c'est votre adversaire qui gagne.

Albert Frère doit prendre l'avion. Il a déjà mis son offre dans une enveloppe qu'un de ses collaborateurs doit aller porter à la banque : 6 000 francs l'action. Au moment de monter, il se ravise, fait venir son collaborateur, ouvre l'enveloppe et change son offre : 6 030 francs !

Le lendemain, le banquier ouvre les deux enveloppes, Bébéar : 6 000 francs, Frère : 6 030 francs.

Jeu, set et match.

Le mercredi 27 mai, l'assemblée générale de la compagnie s'ouvre dans un climat détendu : la Royale restera (en partie) belge. (Moins de dix ans plus tard, la fusion entre AXA et UAP remettra tout en question.) Pourtant, quelques mois seulement après le règlement de cette dispute, se produira un véritable tremblement de terre. Le 17 janvier 1988 exactement.

Les chocolats de Carlo

« Je suis vraiment un amateur d'art. Voilà pourtant vingt ans que j'ai renoncé à participer moi-même à des ventes aux enchères. J'avais en effet remarqué, un jour, un objet qui me plaisait énormément et je suis allé à Galliera. La vente a commencé. Il y avait là deux dames qui étaient aussi intéressées par cet objet. Nous nous sommes bagarrés, bagarrés jusqu'à surenchérir au double de la valeur estimée par le commissaire-priseur. Moi-même, j'ai dépassé – et de beaucoup – les limites que je m'étais imposées. Depuis, je ne participe plus à des ventes. Car la passion, le désir de vaincre, de faire mordre la poussière à son adversaire, l'emporte sur les autres considérations... Eh bien, cela se passe très souvent comme cela aujourd'hui dans les batailles financières » : voilà ce que nous disait Albert Frère, loquace comme il l'est rarement [3], à l'issue de ce combat pour la Générale de Belgique, si caractéristique des années folles de la finance internationale mais aussi, comme le déclarait Jacques Delors, « une illustration supplémentaire de la mondialisation de l'économie et de l'interdépendance croissante de nos marchés et de nos économies ».

Une chose est certaine : avant même que les cartes ne soient distribuées, le Carolo est informé. Dimanche 17 janvier, juste avant de monter dans son avion, Carlo de Benedetti lui a téléphoné du Bourget :

— Albert, j'aimerais te voir pour te parler de la Générale.

Carlo de Benedetti est l'une des étoiles confirmées de l'économie européenne. En dix ans, cet ancien ingénieur sorti de l'Ecole polytechnique italienne a construit le troisième groupe industriel de la péninsule. Son titre de gloire : avoir sorti du rouge Olivetti et en avoir fait le leader européen et le numéro 2 mondial de la micro-informatique. La diversification de son groupe est exemplaire : Olivetti en représente 20 %, le reste allant de Buitoni, dans l'alimentaire, à Valéo, dans l'équipement automobile.

L'enfant juif qui a dû quitter l'Italie pour la Suisse en 1943 est devenu un « patron de gauche ». Mais il est aussi bien de son époque, celle du boom financier des années 1980. C'est sur le marché qu'il va chercher les capitaux nécessaires au développement de son groupe. Ses coups sont si rapides qu'un de ses collaborateurs ayant un jour raté la voiture qui emmenait son patron de Turin à Ivrea eut peur de n'arriver que pour l'opération financière suivante! Quoi qu'il en soit, lorsque, par l'intermédiaire d'un autre holding, Cerus, de Benedetti devient l'actionnaire de référence de Duménil-Leblé, il y trouve une perle : 10 % du capital de la Société générale de Belgique. De quoi donner des idées...

A peine arrivé à Bruxelles, le patron d'Olivetti se rend chez René Lamy, le gouverneur de la « vieille dame ». Les chocolats apportés par le condottiere ne suffiront pas à faire avaler la pilule à son hôte : l'Italien lui annonce en effet qu'il vient prendre le pouvoir rue Royale. Le coup a été magnifiquement préparé : ayant, depuis quelques mois, ramassé sur le marché près de 20 % des actions de la Générale, de Benedetti a l'intention de lancer contre elle une OPA en bonne et due forme. Une OPA, et italienne de surcroît, contre la Générale! Le lundi matin, les Belges sont médusés quand ils apprennent la nouvelle.

Médusés, mais pas franchement mobilisés contre l'envahisseur venu du Sud. Dans ce pays qui est sans doute, pour le meilleur ou pour le pire, l'un des moins respectueux d'Europe pour les pouvoirs constitués, on aime bien voir Guignol l'emporter sur le Gendarme. Et ces messieurs de la Générale se faire remettre à leur place. D'autant que le beau Carlo, bronzé été comme hiver et parlant un français très châtié, est entouré (pour le meilleur ou pour le pire ?) de deux représentants de l'« intelligence à la française » : Alain Minc et François Sureau, l'administrateur général et le directeur général adjoint de Cerus, le holding financier grâce auquel doit réussir l'OPA. Moins de soixante-dix ans à tous les deux, des mines de collégiens en goguette, une belle liste de diplômes en poche : les jeunes filles belges se disent qu'ils sont bien jolis garçons, les assassins de la vieille tante.

Si de Benedetti a pu déjà acheter tant d'actions de la SGB, c'est d'ailleurs bien parce que des Belges en ont vendu, montrant que le temps était fini où les actions de la Générale faisaient partie du patrimoine, et où il était impensable de s'en séparer, sauf en cas de malheur, au même titre que les bijoux de famille. Si donc les jeunes filles belges ont les yeux de Chimène pour les envahisseurs franco-italiens, leurs parents se disent qu'après tout une OPA, si les mots ont un sens, cela revient à vendre des actions au-dessus du prix du marché. Bref, il y a des affaires à faire. « Lorsqu'on fait les comptes, on peut dire que ce sont de 50 à 60 milliards de francs belges qui sont partis de France et d'Italie vers la Belgique », estime aujourd'hui André Leysen. Devant la surenchère des uns et des autres, le cours de l'action de la Générale va s'envoler. Le 16 janvier, il se situait à 2 200 francs belges, le 23 il était déjà à 4 200…

Les responsables de la Générale, aussi choqués soient-ils, ne tardent pas à riposter. Le dimanche soir, aussitôt de Benedetti parti, René Lamy convoque une réunion extraordinaire des responsables du holding. Une parade est trouvée, pas forcément légale bien sûr, mais à la guerre comme à la guerre : par un tour de passe-passe juridico-financier, on parvient à augmenter le capital de la SGB, donc à diluer les parts détenues par de Benedetti. Jugée inacceptable le lundi par le tribunal de commerce de Bruxelles, cette « augmentation de capital en bonnet de nuit », comme le dit joliment François Sureau, est acceptée le mercredi par la Commission bancaire pour être, un quart d'heure plus tard, de nouveau jugée irrégulière par le tribunal de commerce.

Albert Frère semble assister à tout ce remue-ménage du haut de son balcon. Alors que tous les protagonistes, ministres compris, multiplient les conférences de presse et les confidences *off* à quelques journalistes triés sur le volet, alors que le ton monte et que tous ces gens de bonne compagnie en viennent presque aux insultes, le Carolo reste officiellement muet. Durant les quatre mois que durera le feuilleton, on ne le verra pas une seule fois répondre à une interview – ni à la presse écrite, ni à la radio, ni à la télévision.

Ce mutisme ne veut pas dire qu'il est inactif. Non, il joue dans l'ombre le jeu qu'il préfère : celui de conseiller. Il révèle alors, sans doute pour la première fois aussi franchement, un trait de caractère qu'on ne lui connaissait pas : le goût de la conciliation. Certes, Albert Frère a montré qu'il ne détestait pas la bagarre, mais ce qu'il aime par-dessus tout, c'est de se trouver au cœur de l'événement, là où se nouent et se dénouent les alliances ; là où, les spots de télévision éteints, on peut, entre hommes qui ont cessé de bluffer et savent exactement ce qu'ils pèsent, échafauder les vraies alliances, monter enfin de vrais coups et laisser aux saltimbanques la joie futile et puérile d'être applaudis du grand public. L'opinion publique : combien de millions ?

Et Albert Frère joue d'autant mieux son nouveau rôle que tout le monde lui fait la cour. L'enfant de Fontaine-l'Evêque doit mesurer, une fois encore, le chemin accompli : lui qui était à peine reçu dans les salons de la Générale, le voilà devenu indispensable pour défendre (ou attaquer) la vieille dame. Il est, d'abord, l'un des rares en Belgique à avoir la surface suffisante pour damer le pion à n'importe lequel des protagonistes. Et puis, surtout, des actions de la Société générale, ces « parts de réserve » que les adversaires se disputent à coup de millions, il en a. Et un bon paquet ! Notamment celles qui sont nichées dans le portefeuille de la Royale belge, et qu'il a conquise quelques mois plus tôt. « Il était au balcon, mais avec une carabine bien chargée », ironise un journaliste.

« Albert Frère n'a jamais menti dans cette affaire, reconnaît aujourd'hui Alain Minc, il a toujours été cohérent avec lui-même. Ce qu'il voulait, c'est faire monter les enchères entre les deux groupes pour maximiser ses positions. Il a donc négocié sur les deux fronts, sans d'ailleurs s'en cacher. Et puis, il est tombé du côté qui lui était le plus naturel. » Après avoir promis à son ami Jacques Van der Schueren, vice-gouverneur de la Générale, qu'il vendrait son paquet d'actions « à qui la Générale lui dira de vendre », Albert Frère répond positivement à l'appel d'André Leysen qui, le 25 janvier, annonce qu'il peut mettre 20 milliards de francs belges sur la table pour acquérir 30 % du capital de la Générale. « Mais déjà, confirme le patron de Gevaert, Albert Frère avait annoncé la couleur : ce qui l'intéressait c'était Petrofina ! » Leysen annonce alors qu'il a un tour de table prestigieux, comprenant notamment alors la Cobepa de Pierre Schohier et la Royale belge.

« Très vite, j'ai pourtant senti que le front s'effritait », raconte Leysen. Vieille rivalité personnelle, antagonisme flamand-wallon, intérêts économiques divergents : toujours est-il qu'Albert Frère est un des premiers à exprimer ses réticences. Pierre Schohier, lui aussi, lâche celui qui reste l'un de ses partenaires principaux au sein de Paribas. Le groupe Suez entre alors dans la bataille, et la machine s'emballe totalement. Alors qu'à Bruxelles certains vont jusqu'à vendre plus de 8 000 francs belges leurs actions de la Générale, à Paris, l'imbroglio devient de plus en plus opaque, tant les intérêts des uns et des autres se chevauchent, se complètent, s'opposent, se neutralisent.

Un accord paraît pourtant se dégager au cours du week-end des 13 et 14 février. Le 13, chez Paribas, Albert Frère, flanqué de Gérard Eskenazi et de Pierre Schohier, rencontre Carlo de Benedetti et Alain Minc. Les discussions semblent progresser. Mais elles sont bloquées par le veto de Jean Dromer, le patron de l'UAP, partenaire de GBL dans la Royale belge. Edouard Balladur lui aurait téléphoné : pas question de « ridiculiser » Suez. Albert Frère emmène toute sa famille à Courchevel et revient à Paris.

Au domicile de Jean Dromer, boulevard de Montmorency, dans le XVIe arrondissement, le dîner va durer jusqu'aux petites heures du matin. Ce que déteste Albert, qui n'aime pas les parlotes inutiles. Il n'apprécie pas beaucoup non plus ses nouveaux interlocuteurs, notamment la morgue de Patrick Ponsolle, l'un des dirigeants de Suez. Car il s'agit, cette fois, de négocier la constitution d'une structure commune entre le groupe Bruxelles-Lambert et le holding de la rue d'Astorg.

Comme avec de Benedetti, Albert sort alors de sa belle réserve, de sa position d'arbitre et lance son joker : d'accord pour que j'aide la Générale et Suez mais, en contrepartie, je veux obtenir le contrôle de Petrofina, où la Générale est majoritaire. Suez refuse tout en promettant de « s'engager à soumettre cette proposition à la Générale ». Gérard Eskenazi, dont le rêve secret est de voir Bruxelles-Lambert s'associer non pas avec Suez mais avec Paribas, ne pousse pas à la roue. Albert Frère retourne à Courchevel. Il n'est pas content.

Comme toujours dans ces cas-là, le Carolo se prépare à rebondir. Il n'a pas obtenu ce qu'il voulait, tant pis, il cherchera au moins à engranger un peu de galette. La part de réserve dépasse les 4 500 francs belges, il est donc temps de vendre. Mais, dernière coquetterie : Albert ne vendra ses parts de réserve ni à de Benedetti ni à Suez, mais directement à la Générale par l'intermédiaire de la Banque générale de Luxembourg. Il réalisera une bien belle plus-value, moins juteuse toutefois que celle d'André Leysen. Certes, ce dernier a perdu son combat pour l'ancrage belge, un peu de son prestige et beaucoup de ses illusions sur la fidélité des hommes d'affaires, mais il a fait gagner à son holding près de 100 millions de dollars. Le patron flamand a en effet vendu à de Benedetti (avec lequel il avait fini par s'allier) ses actions de la Générale au prix de 8 000 francs belges, soit près de quatre fois leur valeur initiale.

Pour Albert Frère, l'affaire de la Générale est finie, et bien finie. Une fois encore, il a obtenu l'essentiel de ce qu'il recherchait : sa « pelote » s'est encore enrichie de quelques bonnes dizaines de millions et il a bien assuré sa position pour repartir à la chasse au gros. Pour d'autres, sans doute trop ambitieux au départ, elle aura été une véritable catastrophe. Pour Carlo de Benedetti notamment, qui ne parviendra jamais à combler le trou que son OPA manquée aura creusé dans les finances de son groupe. La saga s'achèvera sur la victoire de Suez et d'Etienne Davignon, qui deviendra président du conseil d'administration de la Société générale de Belgique. Mais celle-ci est-elle encore vraiment belge ?

Etienne Davignon rue Royale, Albert Frère avenue Marnix : le combat entre les frères ennemis s'annonçait sanglant. Mais tant pis pour les amateurs d'hémoglobine, il n'aura pas lieu. On attendait Stalingrad, ce fut Yalta.

« Il ne fallait pas exciter le taureau ! »

Albert Frère n'est pas homme à aimer les anniversaires. Pourquoi arrêter le temps lorsqu'on vit dans le mouvement perpétuel ? Pourtant, s'il y a une date dont il doit se souvenir, c'est bien celle du 11 mai 1990. Ce jour-là, l'enfant de Fontaine-l'Evêque réalise sans doute l'un de ses rêves les plus fous : il arrive à la tête du conseil d'administration de Petrofina. Et qui trouve-t-il à ses côtés comme vice-président ? Etienne Davignon, bien sûr.

Quelques mois auparavant, la Société générale et Bruxelles-Lambert avaient conclu un accord prévoyant la répartition de leurs zones d'influence dans le secteur de l'énergie. A l'issue de négociations intenses (chacun dans son genre, « Bézo » et « Stevy » sont des durs à cuire), les deux groupes ont décidé ceci : Tractebel (c'est-à-dire pratiquement tout le secteur de l'électricité belge) à la Générale, et Petrofina (l'astre de la Bourse de Bruxelles) à Bruxelles-Lambert. Chacun des deux groupes garde toutefois de solides ancrages dans les deux entités : 13 % de Petrofina pour la Générale, 26 % de Tractebel pour Bruxelles-Lambert.

Pourquoi cet attachement à Petrofina ? Pourquoi, alors qu'il a déjà pignon sur rue tant à Bruxelles qu'à Paris, sans parler de Charleroi, Albert Frère est-il si satisfait de prendre la direction de la firme pétrolière belge ? « J'ai toujours eu envie de Petrofina, avoue-t-il aujourd'hui, mais j'en ai eu encore plus envie lorsqu'on m'a fait comprendre que l'on ne voulait pas de moi... Non, il ne fallait pas exciter le taureau ! »

Celui qui a agité le chiffon rouge se nomme Adolphe Demeure de Lespaul. Après des études à l'université catholique de Louvain, ce personnage d'une autre époque entre à Petrofina à 25 ans. Il en gravira tous les échelons. En 1979, il succède à Jacques Meeus comme président du conseil d'administration. Ce catholique pratiquant déteste Albert Frère. Ayant reçu, un jour, un émissaire de la Commission bancaire venu solliciter un siège d'administrateur de Petrofina pour Albert Frère, il refusa sèchement et entra, fou de rage, dans le bureau de ses collaborateurs les plus directs en leur disant : « Promettez-moi que ce monsieur n'entrera jamais au conseil d'administration de Petrofina. » L'anathème avait fait le tour de Bruxelles et était vite parvenu aux oreilles du monsieur en question, qui n'est pas homme à accepter ce genre de diktat...

Une remarque personnelle. En entreprenant cette biographie d'Albert Frère, l'auteur de ces lignes pensait, et il n'était pas seul, disposer d'une grille de lecture opératoire du personnage. Lecture fondée essentiellement sur l'esprit de revanche d'un homme humilié d'avoir été rejeté pendant longtemps par certaines élites de son pays. Mais cette hypothèse n'est qu'en partie vraie, je l'ai découvert au fil de l'enquête : Albert Frère va trop vite pour avoir le temps de ressasser le passé. Il ne sera jamais Edmond Dantes.

Pourtant, son désir de contrôler Petrofina s'explique bien

par le désir de revanche. «Albert, estime un de ses amis, a vraiment très mal accepté l'ostracisme qu'Adolphe Demeure avait fait peser sur lui, et, dans ce cas, vraiment, il a savouré sa revanche!» «Ce sentiment est d'autant plus compréhensible, ajoute maintenant un homme qui n'a pourtant jamais porté le Carolo dans son cœur, que les hauts dirigeants de Petrofina vivaient vraiment en vase clos et estimaient que leurs actionnaires n'avaient qu'un seul droit : celui de se taire.» Bref, il ne fallait pas exciter le taureau.

Il serait toutefois bien réducteur de penser qu'Albert Frère avait uniquement fait de Petrofina une affaire d'orgueil bafoué. Car «Petro», c'était aussi une bonne affaire. Comme quoi, l'honneur et l'argent peuvent parfois faire bon ménage.

La Compagnie financière belge des pétroles (Petrofina en abréviation télégraphique) a été portée sur les fonts baptismaux le 25 février 1920 à Anvers. Son objet : participer au rachat, en Roumanie, de biens allemands confisqués à la fin de la Première Guerre mondiale. Outre la production de pétrole en Roumanie, le groupe multiplie ses activités et se lie avec de nombreuses sociétés internationales. Sortie exsangue de la Seconde Guerre mondiale, privée de ses puits en Roumanie, de sa raffinerie de Dunkerque et de pratiquement l'ensemble de sa flotte, Petrofina va rapidement se refaire.

Dès 1950, la société réoriente ses investissements et les années 1960 voient le groupe développer ses activités dans le raffinage et la pétrochimie, et réduire ses investissements en Afrique. A la fin de la décennie, Petrofina contrôle, en association notamment avec British Petroleum, la deuxième raffinerie européenne à Anvers et exploite douze raffineries dans six pays différents.

Sous le titre : «Pétrole : la santé belge», l'hebdomadaire *Valeurs actuelles* livrait en 1983 un panégyrique en règle de Petrofina[4] «Un modèle d'adaptation lente, tenace et réaliste». «Les compagnies pétrolières françaises, écrivait Yves Cintas, sont confrontées à des problèmes insolubles de trésorerie dans le raffinage et la distribution. Leur équivalent belge, Petrofina, jouit en revanche d'une belle santé financière. » Les chiffres, il est vrai, sont éloquents. La capitalisation de Petrofina à Paris pèse alors 11 milliards de francs français, soit 2 milliards de plus qu'Elf Aquitaine, dont la valeur boursière est pourtant la plus forte de celles des entreprises françaises inscrites à la cote. En 1982, son bénéfice net consolidé s'élève à 12,1 milliards de francs belges.

Sept ans plus tard, au cours du premier semestre 1989, la société avait réalisé un bénéfice net de 11,4 milliards de francs belges (1,8 milliard de francs français), en hausse de 6,5 % par rapport à 1988. Pour l'ensemble de l'année, le bénéfice net s'élèvera à 22,4 milliards de francs belges pour un chiffre d'affaires de 577 milliards. La société emploie 23 600 personnes dans le monde.

De quoi attiser bien des convoitises. D'autant qu'à Bruxelles, l'action « Petro » est considérée, avant même les parts de réserve de la Société générale, comme le placement de père de famille par excellence. « Une vache à lait », commente un financier. Et qui rassure. Pas une de ces étoiles filantes de la finance qui font la fortune des « flambeurs » et la ruine les petits épargnants. Non, du solide, du sûr. Tenue d'une main de fer par des personnages comme Adolphe Demeure de Lespaul.

Chez Petrofina, on n'aime pas les intrus. Ni les actionnaires (qu'ils se contentent de toucher leurs dividendes) ni tous ceux qui ne viennent pas du monde fermé de la grande bourgeoisie catholique de Belgique. « A l'époque, raconte un familier de l'entreprise, on pouvait dire, en exagérant un tout petit peu, que chez Petrofina on ne recrutait pas, on se cooptait. » Albert Frère fut ainsi le premier président de la firme représentant le principal groupe actionnaire, et aussi le premier « financier » succédant à des ingénieurs.

Tout paraissait devoir durer éternellement. Jusqu'à ce que

Carlo de Benedetti prenne, un soir, l'avion pour Bruxelles. Très vite, le cataclysme provoqué par le raid de l'Italien sur la Société générale a des répercussions sur Petrofina. Le 4 février 1988, son titre fait l'objet de transactions inhabituelles, progressant de plus de 10 %. Et les semaines suivantes seront elles aussi chahutées. A eux deux, Bruxelles-Lambert et la Société générale détiennent alors plus de 30 % des actions de Petrofina. Le reste est, comme on dit, dans « des mains fermes », et notamment entre celles du personnel, qui possède un peu moins de 7 % des actions.

On connaît la suite. Albert Frère traverse toute l'affaire de la Générale avec une idée fixe : laisser les autres s'emballer et en profiter pour mieux marquer ses positions dans Petrofina. Une fois le groupe Suez installé aux commandes, l'une des premières tâches des nouveaux patrons de la Générale sera de tenter de délimiter les terrains de chasse avec le groupe Bruxelles-Lambert.

Dix ans après la sidérurgie, Etienne Davignon et Albert Frère sont de nouveau face à face. « Au début je me suis méfié de lui, raconte Albert Frère, c'est un garçon intelligent, attachant. Nous nous sommes rendu compte très vite que nous étions obligés de nous entendre. Je m'empresse de dire que depuis qu'il a pris les rênes de la Générale, je n'ai qu'à me louer de nos relations. Je ne le suspecte pas, ajoute-t-il, d'avoir l'intention de me jouer un tour ; il est trop intelligent et il sait que la riposte ne tarderait pas. Nous avons fait pas mal d'affaires ensemble et elles se sont déroulées dans un vrai climat de confiance. » Albert et Stevy complices : c'est beau comme l'antique ! Il est vrai que tous les deux ont bien compris que, pour l'instant, ils ont tout intérêt à ne pas se faire la guerre. « Tous ceux qui avaient prévu : "Vous allez voir, ils vont se taper sur la gueule" en sont pour leurs frais, conclut Albert Frère, et Stevy, lui aussi, en rit, il me dit souvent : ils vont être déçus, on ne se trucide pas. »

Albert Frère a donc gagné son pari : il dirige Petrofina. Il promet qu'il viendra au moins une fois par semaine dans son nouveau bureau de la rue de l'Industrie à Bruxelles, tout en prenant bien soin de s'entourer d'un état-major de talent. Le président de la direction n'est autre que François Cornélis, un jeune ingénieur, le dauphin désigné d'Adolphe Demeure de Lespaul. La cooptation a parfois du bon.

Mais, dès 1991, il faut se rendre à l'évidence : Petrofina va mal. Voilà que l'on s'aperçoit que la croissance n'est pas éternelle, que le pétrole cesse progressivement d'être un secteur protégé, que Petrofina n'a peut-être pas la dimension suffisante pour se battre contre des géants. Une première alerte avait eu lieu fin 1990 : le bénéfice consolidé du groupe avait alors marqué une légère baisse : de 21 822 à 21 715 millions de francs belges. En 1991, c'est l'effondrement : 16 293 millions. En 1992, la catastrophe. Le dividende est divisé par deux. En 1993, pour la première fois dans l'histoire de la firme, les ouvriers de la raffinerie d'Anvers se mettent en grève. Doux Jésus !

Hier si flatteurs, les journaux français s'interrogent. « Le cours de l'action Petrofina a continué de reculer fortement, hier, à la Bourse de Bruxelles, peut-on lire dans *Les Echos*[5]. Après être tombé lundi sous le seuil psychologique des 10 000 francs belges, le titre cotait 9 320 francs, en baisse de 5,8 % sur la veille. » Explication du quotidien économique : « L'atonie des cours du brut, la faiblesse actuelle des marges de raffinage, l'augmentation des frais financiers et la persistance de surcapacités mondiales dans la pétrochimie se sont alliées pour déprimer les résultats du cinquième pétrolier européen. »

« La compagnie belge s'englue dans le marasme pétrolier », titre *La Vie française*[6]. « La chute du titre du pétrolier belge s'arrêtera-t-elle ? » se demande Nathalie Silber, qui ajoute : « Les perspectives de Petrofina sur 1993 sont moroses [...] les objets de préoccupation demeurent. Notamment sur la branche pétrochimique [...]. Dans ce contexte, Petrofina est sans doute une des valeurs pétrolières les plus exposées. »

Mystère de la finance : début 1993, alors que se multiplient les mauvaises nouvelles, le titre Petrofina monte curieusement et les transactions se multiplient. Qui achète ? Un nom est sur toutes les lèvres : Elf-Aquitaine. Le 17 avril 1993, Patrick Bonazza raconte dans *Le Point* « l'histoire d'un coup qui a mal tourné ». « Le Français, écrit-il, a ramassé jusqu'à 12 % du capital convoité. Soit près de 5 % en direct, auxquels s'ajoutent quelque 7 % à travers des banques amies. » Albert Frère est doublement furieux. D'abord, il n'a pas été prévenu par Loïc Le Floch-Prigent, le patron d'Elf. Ce dernier n'a pas non plus averti Suez, la maison-mère de la Société générale, elle-même deuxième actionnaire de référence de Petrofina, après Bruxelles-Lambert. Circonstances aggravantes : Le Floch siège au conseil d'administration de Suez.

Le patron d'Elf dément et jure que ses achats d'actions de Petrofina « ne sont qu'un simple placement ». « A Bruxelles, écrit Patrick Bonazza, le démenti fait sourire. Albert Frère, qui connaît bien Le Floch-Prigent comme tout l'establishment français, n'avait-il pas lui-même songé à ce rapprochement ? » En fait, le patron de GBL voulait procéder par petites touches pour ne pas heurter une Belgique traumatisée par le passage de la Société générale sous pavillon français. « Après avoir repoussé, en 1991, les avances, jugées un peu trop directes, de Serge Tchuruk, patron de Total, il a lui-même tendu une perche à Elf en lui proposant de s'associer à la raffinerie d'Anvers », poursuit le journaliste du *Point*. On comprend la colère du Carolo, qui prévoyait une alliance en douceur et qui est confronté aux manœuvres d'éléphant du Français.

Le 23 avril, Gérard Worms, le président de Suez, qui contrôle la Société générale de Belgique, relance les spéculations et les rumeurs sur les intentions d'Elf-Aquitaine à l'égard de Petrofina. « S'il devait y avoir des discussions sur la vente de la participation de la Société générale de Belgique dans Petrofina, déclare-t-il à l'agence Reuter, Elf nous a informés qu'il souhaiterait au moins y participer. » Une déclaration suffisamment ambiguë pour alimenter le trouble.

Le 27 avril, lors d'une assemblée générale extraordinaire, Albert Frère, après avoir expliqué à ses actionnaires les difficultés du groupe, décide que Petrofina protégera désormais davantage son capital pour parer à d'éventuelles OPA. Pour cela, tout actionnaire détenant 3 % du capital sera tenu de se déclarer alors que la loi belge fixe la barre à 5 %. Albert Frère et Etienne Davignon profitent, une nouvelle fois, de l'occasion pour montrer qu'ils sont d'accord sur tout...

Une année plus tard, le 27 mai 1994, Didier Pineau-Valenciennes, le PDG de Schneider, est incarcéré à Bruxelles. Il est suspecté de ne pas avoir révélé l'existence d'une série de sociétés-écrans installées dans des paradis fiscaux lors de l'OPA de son groupe sur deux petits holdings belges, Cofibel-Cofimines. Dans le quotidien économique belge *L'Echo*, Alfred Sluse pose la question : le rachat de Cofibel par Elf-Aquitaine n'aurait-il pas été un moyen pour les Français de se préparer à la conquête de Petrofina ?

La question est également posée par Caroline Monnot dans *Le Monde*[7] : « Le groupe Schneider a-t-il utilisé des sociétés parking pour aider Elf à mettre la main sur Petrofina ? C'est la dernière hypothèse en cours. Elle repose sur la cession de Cofibel à Elf, associé au fonds d'investissement Comipar, après l'OPA. Les milieux financiers belges s'interrogent sur le pourquoi de cette opération. Au moment de l'OPA, Cofibel détenait des participations dans Electrabel et Electrafina, actionnaires de Petrofina. Dans ce contexte, les sociétés "off shore" auraient pu abriter un trésor de guerre pouvant être utilisé par la suite, si Elf et Comipar, appuyés par Schneider, avaient voulu tenter un raid sur Petrofina. »

Albert Frère a-t-il songé à se débarrasser de Petrofina ?

«Jamais, assure-t-il aujourd'hui, il n'a été dans mes intentions de vendre Petrofina à Elf. Mais, comme ils avaient acheté des titres, je les ai acceptés comme actionnaires. Je crois d'ailleurs que Le Floch-Prigent n'avait pas d'illusion. Ce qui l'intéressait, c'était d'avoir une participation, d'être présent. Au cas où...»

Certains de ses proches sont moins affirmatifs et estiment que le patron de Petrofina avait, pour le moins, « caressé l'idée » de céder sa participation. « S'il ne l'a pas fait, explique un de ses familiers, c'est parce qu'il n'était pas certain de réaliser une bonne affaire, qu'il restait, malgré les difficultés actuelles, très attaché à Petrofina, mais surtout parce qu'il sentait que l'achat par les Français de la première entreprise belge, venant après celui du premier holding, la Société générale, serait extrêmement mal perçu en Belgique. Lui-même se sentait, malgré tout, investi d'une certaine mission et ne voulait pas passer pour l'homme qui avait laissé partir Petrofina. »

Un événement a pu jouer un rôle dans cette décision. Le 4 février 1993, le jour même de son soixante-septième anniversaire, Albert Frère reçoit le roi Baudouin au Centre de recherche de Petrofina, dans le château de Seneffe. Le Carolo n'est pas vraiment dans les petits papiers du souverain, de plus en plus prisonnier d'un entourage ultra-catholique. Les encouragements que Baudouin prodigue à Albert Frère à propos de Petrofina ont-ils convaincu ce dernier ? Nul ne le saura jamais puisqu'une règle au moins semble avoir été respectée, et de tout temps, en Belgique : on ne révèle pas les propos royaux. On entend toutefois ce dialogue :

— C'est un grand jour, aujourd'hui, dit le souverain.

— Bien évidemment, puisque vous nous faites l'honneur de votre visite, répond Albert Frère.

— Vous vous trompez, c'est le jour de votre anniversaire.

Albert Frère est très ému. « Lorsque les enfants de la petite ville sont venus entourer le roi, Albert Frère, qui attendait, avait les larmes aux yeux», raconte une personne présente ce 4 février.

Albert Frère a eu raison de tenir. Petrofina engage une vaste opération de restructuration et se recentre sur ses métiers de base. Elle investit dans les produits d'avenir, comme les plastiques, dont elle est l'un des leaders mondiaux. Elle réalise aussi un énorme investissement (23 milliards de francs belges) dans la modernisation de la raffinerie d'Anvers. Le plan porte ses fruits. En 1995, le bénéfice net s'élève à 11,6 milliards de francs belges (1,9 milliard de francs français), soit une hausse de 12 % par rapport à l'exercice précédent. 1996 allait s'achever sur une hausse plus forte avec un bénéfice net consolidé de 16 milliards de francs belges (2,6 milliards de francs français), soit 38 % de plus qu'en 1995. Le 27 février, Petrofina annonce sa décision de prendre le contrôle à 100 % de sa filiale américaine Fina Inc, dont elle détenait déjà 85,4 %. Une opération de 9 milliards de francs belges. Dans le même temps, Petrofina introduit une demande auprès des autorités compétentes pour obtenir son admission à la cote du prestigieux New York Stock Exchange.

Cette entrée à Wall Street offrirait à la société belge un meilleur accès au marché des capitaux américains et renforcerait ainsi son image internationale. Pourtant, le bruit court toujours d'une éventuelle vente de l'entreprise. «Si nous devenons plus gros, expliquait la porte-parole de Petrofina à un journaliste du *Soir*, il sera plus difficile de nous manger, puisque nous serons plus chers. Nous sommes aussi de plus en plus intégrés en tant que groupe international : il est plus difficile de vendre le groupe par morceaux.» «Petro est bien comme elle est, estime maintenant Albert Frère, ni trop grande, ni trop petite. Certes, elle ne joue pas dans la cour des grands mais elle a une dimension suffisante.» Et d'ajouter, philosophe : «Je me trompe peut-être quand je dis qu'elle a une taille suffisante. Le rôle d'un patron, ce n'est jamais de dire : j'ai toujours raison et de n'écouter personne. Pour le moment, cela va, mais peut-être qu'un jour nous envisagerons de grandir avec un partenaire. Non, il ne faut jamais croire que l'on est seul à avoir raison. »

Pris par d'autres batailles, notamment celle de la télévision numérique, Albert Frère ne semble plus être animé de la même passion pour celle qui fut son grand amour. Si le feu qui le dévorait pour Petrofina s'est apaisé, il ne la dédaigne pas pour autant et suit son évolution avec intérêt. De temps en temps, il va même jusqu'à porter la cravate de l'entreprise.

Décorée de gentils dinosaures.

NOTES

1. «Albert Frère joue et gagne», *Le Soir*, supplément économique du vendredi 10 janvier 1992.
2. *Ibid.*
3. Bruno Dethomas et José-Alain Fralon, *Les Milliards de l'orgueil*, Paris, Gallimard, 1989.
4. *Valeurs actuelles*, 7 février 1983.
5. *Les Echos*, 13 août 1992.
6. *La Vie française*, du 28 novembre au 4 décembre 1992.
7. *Le Monde*, 9 juin 1994.

CHAPITRE 5

La trahison de Gérard

– Albert, es-tu vraiment sûr de Gérard Eskenazi ?
– Oui, mais... pourquoi me demandez-vous cela ?
– J'ai appris qu'il chercherait à te trahir.

Le 11 janvier 1990, Jean Peyrelevade a cette étrange conversation téléphonique avec Albert Frère. Une conversation qui marquera la fin d'une amitié (entre Frère et Eskenazi), la consolidation d'un pacte (entre Frère et Desmarais), et l'exécution du « traître », Eskenazi, par les deux amis...

« Albert Frère n'est pas un tueur, et s'il a sorti, une seule fois, son couteau c'était par légitime défense, pour tuer quelqu'un qui voulait l'assassiner. Alors, il l'a fait dans les règles de l'art sans donner la moindre chance au supplicié », commente aujourd'hui l'un des observateurs les plus au fait du microcosme européen des affaires, et peu suspect de sympathie à l'égard du Carolo. Si ce dernier, en dépit des apparences et d'une fausse réputation, préfère la conciliation à l'affrontement, il déteste avant tout que ses amis lui « manquent ». Or, voilà qu'après Fabienne Goffin dans l'affaire Dupuis, Eskenazi, à son tour, le trahit. « L'amitié et la loyauté vont de pair, dit-il aujourd'hui, mais, si un ami me trompe, alors je peux être très dur. » L'ampleur de l'amertume, de la tristesse, de la colère, et la violence de la riposte, varient évidemment avec la stature du traître et la nature de l'offense.

Albert Frère s'était senti roulé comme un boy-scout par Fabienne Goffin. Le temps d'une colère mémorable, de trois coups de téléphone, et l'ancienne collaboratrice avait été renvoyée dans les cordes. Avec Eskenazi, les choses seront plus compliquées.

Tout allait pourtant si bien, et depuis si longtemps, entre les deux hommes, qu'on avait fini par parler d'eux comme les Dupont-Dupond de la finance européenne. La réussite en plus. « Ils semblaient si proches l'un de l'autre, commente un responsable de leur groupe, qu'on ne se demandait même plus lequel était le patron, il suffisait que Gérard soit d'accord pour que la décision soit prise, et vice-versa. » Sans doute, tous ces observateurs avertis avaient-ils négligé de méditer cette terrible phrase de Hegel : « L'histoire de l'humanité est une histoire de prestige, et c'est une lutte à mort ! » Ou, plus simplement, de sentir que certaines fissures étaient apparues dans le couple.

Lors de l'affaire Drexel, par exemple. Albert Frère affirme qu'il voulait se débarrasser rapidement des actions que GBL possédait dans la banque américaine, mais que Gérard Eskenazi lui avait fait comprendre qu'il n'y était pas favorable. Albert s'était incliné et Gérard n'avait pas manqué de faire remarquer qu'en matière de banque il était meilleur que lui.

L'ancien numéro deux de Paribas avait aussi joué « perso » dans deux autres affaires. « Dans le cas de LVMH [Moët-Hennessy-Louis Vuitton], écrivent Bruno Abescat et Thierry Bogaty[1], il a soutenu ouvertement Henry Récamier, feignant d'ignorer l'amitié liant son actionnaire belge à Bernard

Arnault. » Qui ne sait qu'Albert Frère et Bernard Arnault sont voisins à Saint-Tropez et jouent au tennis ensemble ? De même, dans le secteur des assurances, Eskenazi aurait parié sur les AGF de Michel Albert contre l'UAP de... Jean Peyrelevade. Un autre ami de Frère, mais surtout l'un de ses alliés dans la Royale belge.

Outre ces fautes techniques, Eskenazi commet une erreur psychologique plus grave encore. « Comme beaucoup de ses collègues sortis des grandes écoles françaises, estime un homme d'affaires, il garde un rien de condescendance pour les Belges, ou plus généralement pour les habitant des "petits" pays en général. » « Non seulement Gérard mésestimait Albert, mais il se surestimait lui-même », explique un financier.

Les apprentis sorciers

Comme récompense pour sa diabolique mise au point du plan « Arche de Noé », Albert Frère et Paul Desmarais ont confié à Gérard Eskenazi la présidence de Pargesa, le holding créé à partir de rien pour récupérer les avoirs suisses et belges de Paribas. Un beau cadeau, d'autant qu'ils y ont ajouté, en prime, quelques actions : plus de 10 % du capital de Pargesa. « Ils lui ont fabriqué une fortune de près de 200 millions de francs français », assure un expert. Apprentis sorciers ?

Eskenazi, qui a quitté Paribas en 1982, devient rapidement l'un des phares des places financières européennes. « Pour créer Parfinance, écrit Vincent Beaufils[2], il n'essuie, assure-t-il, aucun refus de la part des investisseurs contactés : UAP, AGF, GAN, Elf, Total. Ils sont tous là. Ce qui les décide ? La réputation d'honnêteté de Gérard Eskenazi. « Il compte parmi les quatre ou cinq financiers les plus droits de la place », souligne le directeur général d'une des sociétés séduites. C'est une autre caractéristique du style Eskenazi : « J'attache énormément d'importance à la parole donnée et, pour moi, un accord verbal a la même valeur qu'un engagement écrit », professe le patron de Pargesa.

Depuis sa création, ou plutôt sa « réactivation », Pargesa n'a cessé de croître : prise de contrôle du groupe Bruxelles-Lambert, « explosion » de Drexel, création, à Paris, de Parfinance. Au total, le holding pèse près de 10 milliards de francs français, et contrôle 30 milliards d'actifs. Même si Eskenazi affirme qu'il n'est « pas sur le carreau » et qu'« il ne cherche pas de place », sa passion pour Paribas n'est toujours pas éteinte. Et beaucoup à Paris parient sur son prochain retour à la tête du holding de la rue d'Antin. Tandis que d'autres affirment que l'Elysée a ajouté un troisième « ni » à sa fameuse formule : ni nationalisation, ni privatisation... ni Eskenazi !

En fait, ce dernier caresse un projet autrement plus ambitieux : regrouper purement et simplement Pargesa et Paribas dans un groupe d'une belle dimension, incluant notamment tous les actifs de Bruxelles-Lambert, groupe qui serait dirigé par lui-même et Michel François-Poncet, le président de Paribas. S'il met la main sur Paribas, Eskenazi prend en même temps le contrôle de Pargesa puisque le holding français contrôle environ 20 % des droits de vote de Pargesa. Si l'on y ajoute ses propres 14 %, Eskenazi dispose d'une confortable position...

« Tout cela est d'une réalité enfantine, dit aujourd'hui Gérard Eskenazi, l'opération Pargesa de 1981 avait été faite par Paribas et pour Paribas. Partant de l'idée que Paribas était une banque d'affaires qui ne pouvait pas vivre nationalisée, nous avons monté une Paribas "off shore" : Pargesa. L'idée était de faire progresser les deux compagnies en attendant de pouvoir les rapprocher le moment venu. En 1986, quand la roue a tourné, nous avons essayé de commencer à rapprocher les deux bouts. Chacun ayant pris des alliés, il fallait respecter les intérêts mutuels. En fait, il fallait faire quelque chose comme Royal Dutch Shell : Pargesa aurait été plus industriel, et Paribas plus financier. Une personne a pris peur de cela, et ce fut Albert Frère. »

Si le Carolo voit d'un mauvais œil cette fusion entre Paribas et Pargesa, c'est qu'il craint qu'elle ne limite son pouvoir. Notamment sur le groupe Bruxelles-Lambert, dont il a tendance à faire « sa » chose en oubliant un peu trop ses partenaires de Pargesa – c'est du moins ce que dit Eskenazi. Albert Frère, et dans une moindre mesure Paul Desmarais au Canada, commencent aussi à penser qu'Eskenazi en fait un peu trop. Les journaux français ne parlent que de lui et les relèguent systématiquement au deuxième plan. D'autant que le Français n'est pas précisément modeste. Le correspondant à Bruxelles d'un quotidien de l'après-midi se souviendra longtemps de ce coup de téléphone rageur de Gérard Eskenazi qui protestait contre la formule employée par le journaliste : « Gérard Eskenazi, le bras droit d'Albert Frère »...

Fin 1989, Paribas lance une OPA sur la Compagnie de navigation mixte, un conglomérat hétéroclite. C'est un échec : le groupe de la rue d'Antin ne parvient à ramasser que 23 % des titres. Le coup est rude. Etats-majors divisés, titre chahuté, confiance perdue. Eskenazi, qui a gardé beaucoup de fidèles rue d'Antin, croit qu'il tient enfin l'occasion de réaliser son coup. Récit de Philippe Manière[3] : « Refusant, par loyauté, de contourner un PDG en place, Eskenazi commence alors à travailler au corps un Michel François-Poncet un peu déboussolé, et lui propose un "croisement" de postes [...]. Début janvier, François-Poncet se laisse séduire : la formule lui évite de perdre la face, et permet potentiellement à Paribas de mettre la main sur GBL [...]. Il donne son accord de principe. Mais l'affaire s'ébruite et c'est cette fuite qui perdra Eskenazi... »

Jean Peyrelevade est rapidement mis au courant. Ses relations, tant personnelles que financières, ne sont pas bonnes avec Eskenazi. « Parrain de la finance française, Peyrelevade, écrit Philippe Manière, n'est pas pressé de voir trôner à Paris un autre financier de haute réputation qui lui ferait de l'ombre. » Peyrelevade prend alors son téléphone :

« Albert, es-tu sûr d'Eskenazi... »

L'exécution

Une semaine après, le 18 janvier très exactement, Albert Frère reçoit un autre appel. C'est Paul Desmarais, qui téléphone de sa maison de Floride. Il vient de quitter Eskenazi. Ce dernier, venu pour traiter une affaire, après lui avoir expliqué qu'Albert Frère voudrait sortir de Pargesa, a proposé à Desmarais de « marcher » avec lui dans la fusion Paribas-Pargesa. Il est clair que s'il peut compter sur les parts du Canadien, Eskenazi n'a plus aucun souci à se faire.

« Albert m'a tout de suite dit qu'il n'était pas au courant de tout cela », raconte Desmarais. « Paul Desmarais m'a tout de suite alerté, ajoute, comme en écho, Albert Frère. J'ai demandé des comptes à Eskenazi, il m'a répondu que ce n'était pas vrai. C'est dur, des amis qui ne vous disent pas la vérité ! J'ai aussi appris que des gens intelligents peuvent commettre des erreurs [...]. Cette affaire a eu aussi du bon, elle m'a permis de découvrir la personnalité de Paul Desmarais. Il a été très loyal à mon égard, et puis il a compris une chose : ce qu'Eskenazi m'avait fait, il pourrait très bien le lui faire demain. »

Albert Frère et Paul Desmarais se retrouvent ensuite à Paris pour organiser la contre-attaque. Ils profitent de la chute des cours de Pargesa, provoquée par la faillite de Drexel, pour racheter autant de titres que possible du holding suisse. Le 23 février, ils annoncent qu'ils contrôlent

50 % des actions. Donc, le pouvoir. La tête d'Eskenazi ne tient plus qu'à un fil.

En fait, Albert Frère et Paul Desmarais ne sont pas encore décidés à faire tomber Eskenazi. Ils viennent à Paris demander conseil à Jean Peyrelevade. « Je les ai trouvés hésitants, incertains », raconte ce dernier. Albert Frère, notamment, est encore bluffé par Gérard Eskenazi, qu'il croit protégé par Michel Rocard. Peyrelevade prend alors des rendez-vous pour Frère et Desmarais avec le gratin français des affaires et de la politique, dont Pierre Bérégovoy, alors ministre des Finances. Manière de leur faire comprendre qu'Eskenazi ne fait pas la pluie et le beau temps à Paris, comme il l'a fait croire à ses deux anciens amis. Ceux-ci, en dépit de leur considérable fortune, de leur accord, du fait qu'ils contrôlent maintenant Pargesa, se sentent un peu en territoire étranger à Paris. « Gérard Eskenazi n'a jamais voulu véritablement introduire Albert Frère dans le monde parisien », estime ainsi Jacques Moulaert. Peyrelevade d'ailleurs se moque gentiment d'eux : « Vous avez une quinte floche et vous jouez comme si vous aviez une paire de sept ! »

Paul Desmarais rigole, et, avant de prendre congé de leur hôte, tape sur l'épaule du Carolo en lui lançant : « Allez viens, Albert, c'est nous la paire de sept ! »

Requinqués par Peyrelevade, les deux hommes vont porter l'estocade. Ils commencent par céder une bonne partie des participations de Pargesa. Pour recevoir l'adoubement du nouveau patron de Paribas, André Lévy-Lang, ils font revenir sous l'aile du holding de la rue d'Antin les 27 % que Pargesa détenait encore de Paribas-Suisse. L'opération « Arche de Noé » trouve là son épilogue. Vendus aussi les 12 % de la CFAO, les 38 % de la Compagnie des wagons-lits. Vendue, la SPEP, maison mère de Schneider. Albert Frère se débarrasse aussi des hommes de Gérard chez GBL, dont le conseil d'administration est maintenant particulièrement bien verrouillé puisqu'on y retrouve Albert et Gérald Frère, Paul et Paul « junior » Desmarais, et Jean Peyrelevade.

Le 1er juin 1990, en Suisse, l'assemblée annuelle de Pargesa donne un mauvais spectacle. Sur l'estrade, Gérard Eskenazi vante les qualités des deux principaux actionnaires, Albert Frère et Paul Desmarais. Quelques jours auparavant, ils avaient négocié le montant des indemnités de leur ancien président et s'étaient entendus sur la somme de 10 millions de dollars. Cinquante millions de francs français. 300 millions de francs belges. D'autres n'ont eu que trente deniers !

Ainsi prend fin la seconde vie de Gérard Eskenazi, coupable d'avoir trop aimé Paribas, mais coupable surtout du pire péché pour un homme d'affaires : l'orgueil.

Aujourd'hui, en dépit des ennuis qui l'accablent, Eskenazi dresse un portrait en demi-teintes de son ancien allié et de leurs actions communes : « Moi, je voulais véritablement créer une institution, Desmarais était un investisseur à long terme, Albert, lui, joue davantage l'instant présent. C'est avant tout un commerçant fabuleux, il n'y en pas un comme lui à Paris pour aussi bien magnifier une position. » Et Eskenazi, beau joueur, d'ajouter : « On s'est quand même bien amusés, Albert peut être joyeux, gai. Quand il est sur un sujet, il est extrêmement déterminé et intéressé. Il peut se concentrer tellement sur son sujet qu'il ne sait plus où il est. Mais le problème c'est qu'en une nuit, voire en quelques heures, il peut changer d'avis et partir sur une autre idée. »

Gérard Eskenazi ne se laissera pas abattre. Six mois après sa mise à la porte de Pargesa, le 15 janvier 1991 très exactement, il lance un nouveau holding : Comipar. Même s'il en a biffé certains noms, son carnet d'adresses est encore prestigieux et ses amis nombreux. Il trouve rapidement 2 milliards de dollars, prend des participations (de l'immobilier aux équipements électriques en passant par l'agro-alimentaire) et les valorise. Mais l'amitié va le perdre.

Pierre Moussa, l'ancien patron de Paribas auquel il aurait vraisemblablement succédé sans la victoire de François Mitterrand en 1981, est toujours son mentor. En ce 15 mai 1991, il a le visage du destin. « Lors d'un déjeuner en tête à tête au Royal-Monceau, raconte Bruno Abescat, Pierre Moussa, qui, de son côté, a développé son propre groupe, Pallas, s'ouvre à son ancien collaborateur et ami : "Je vais avoir 70 ans, je ne m'en étais pas aperçu." Au dessert, il lui propose de rapprocher leurs affaires. » En acceptant, Eskenazi doublerait la surface de Comipar et lui donnerait un début de réseau international. La revanche ?

L'alliance Pallas-Stern sera une véritable catastrophe. « Le plus gros accident bancaire de l'après guerre », selon *L'Express*. Début mars, Gérard Eskenazi, après quarante-huit heures de garde à vue, quitte les locaux de la brigade financière contre une caution de 3 millions de francs. Déjà mis en examen pour « faux bilans, diffusion de fausses informations et escroquerie à l'épargne publique », l'ancien président de Pargesa apprend, en sortant de la brigade financière, que son holding, Comipar, a été mis en redressement judiciaire pour une dette impayée de 3,5 milliards de francs français.

« La déconfiture de la banque Pallas-Stern, écrit Olivier Toscer[4], un établissement inconnu du grand public mais doté d'un tour de table prestigieux, risque de tourner au procès symbole : celui du rôle factice dans lequel se complaisent trop de conseils d'administration en France, où il est de bon ton d'assister, quatre ou cinq fois l'an, à des réunions d'autocongratulation, mais de mauvais goût de contrôler la gestion de la société. »

Principale cause de cette débâcle : l'immobilier, bien sûr. Quand il reprend Pallas, la banque de Pierre Moussa, Gérard Eskenazi sait que celle-ci était engagée pour plus de 5 milliards dans le secteur. Alors, par fidélité à son ancien patron, c'est le holding Comipar qui va se porter au secours de la banque Pallas. Trop tard. Gérard Eskenazi se lance dans une cavalerie sans espoir. Seul le tour de table rassure : Société de banques suisses, AGF, François Pinault, Loïc Le Floch-Prigent, Didier Pineau-Valenciennes, Henry Récamier. Eskenazi sait aussi rendre service : prêter, par exemple, 115 millions au groupe Bidermann...

A quoi tiennent les choses? Si Jean Peyrelevade n'avait pas averti Albert Frère du mauvais coup qui se tramait contre lui, si Paul Desmarais avait été un peu plus sensible aux sirènes d'Eskenazi, ou bien encore si ce dernier avait été moins orgueilleux, le destin des trois hommes aurait vraisemblablement été différent. Surtout celui d'Eskenazi qui, en l'espace de quelques années, va parcourir un véritable chemin de croix.

Quant à Albert Frère, il a malgré tout senti le vent du boulet. Après tout, si Eskenazi avait réussi, le Carolo se serait vu dépossédé d'une partie, et non la moindre, de son empire. Il s'agit donc maintenant de verrouiller tout cela. La crise avec Eskenazi ayant, à tout le moins, confirmé la loyauté de Paul Desmarais, le Wallon et le Québécois vont passer un accord « à la vie, à la mort », une première dans la finance internationale.

Les patriarches

« Le bureau des familles » : c'est ainsi que l'on désigne, au sein de la direction du groupe Bruxelles-Lambert, le bureau qui jouxte celui d'Albert Frère au dernier étage du building de l'avenue Marnix dans la capitale belge. Ce bureau est, avant tout, le symbole de l'alliance passée entre deux hommes et leurs familles : Albert Frère et Paul Desmarais. « Ce sont les deux patriarches, dit Gérald Frère, ils ont eu un parcours similaire, ils sont de la même trempe et rien n'est jamais venu assombrir leur union. Chaque jour, où que nous soyons dans le monde, il y a un Frère qui téléphone à un Desmarais. » Qui disait que le monde des affaires était impitoyable ?

Mais qui sont-ils vraiment, ces hommes pesant à eux deux plusieurs dizaines de milliards de francs, pour conclure une telle alliance ? Gageons que beaucoup de gens à Bruxelles, Paris, Ottawa ou Genève ont dû se poser cette question en septembre 1990 lorsqu'ils ont appris la naissance de Parjointco, une société de droit néerlandais.

Le principe de ce nouveau holding est très simple : détenu à 50/50 par Frère et Desmarais, il contrôle Pargesa qui, elle-même, contrôle principalement le groupe Bruxelles-Lambert. Bref, Albert Frère a partagé une bonne partie de ses actifs européens avec Paul Desmarais. L'inverse n'est pas vrai puisque Desmarais a conservé tous ses actifs canadiens, soit plus de 80 % de ses avoirs. Il faut désormais avoir cela à l'esprit quand on parle d'Albert Frère : depuis septembre 1990, le Carolo n'est plus seul. Pour le meilleur (un allié de poids, un véritable ami) et pour le pire (on ne sait jamais !), le voilà en quelque sorte doublé d'un frère siamois. Mais un double qui pèserait bien plus lourd que lui.

« C'est une première dans le monde des affaires, confiait un financier à Jannick Alimi[5]. On n'avait jamais vu deux chefs d'entreprise, principaux actionnaires de leurs affaires, décider de s'allier aussi intimement. D'autant que chacun est à la tête d'intérêts puissants sur des continents différents, mais qu'aucune synergie industrielle entre eux n'est envisagée. »

« J'ai toujours voulu m'implanter en Europe, nous expliquait Desmarais, j'en avais déjà discuté avec l'ancien patron de Paribas, Jean Reyre, il m'avait proposé plusieurs affaires, mais c'était toujours trop cher. J'ai commencé avec Pargesa, et j'ai trouvé Albert Frère énergique, ingénieux. En plus, en Belgique, où nous avions l'essentiel de nos affaires en commun, il était un des hommes les plus importants, on ne pouvait trouver mieux, et cela compte. J'étais très heureux d'avoir trouvé un vrai partenaire. »

Bref, un vrai mariage. « Une direction siamoise, écrit Jannick Alimi, qui empêche tout adultère. » Et, s'il n'y avait eu ces satanés juristes anglo-saxons, qui adorent couper les cheveux en quatre, le contrat aurait été plus simple encore. Gilles Samyn, l'un des principaux conseillers d'Albert Frère, raconte : « Je suis arrivé au Canada avec une simple convention de six pages ; Paul Desmarais junior m'a dit : "Tu restes combien de temps ?" Je lui ai répondu : "Je repars demain avec les papiers signés." Il m'a fait comprendre que c'était impossible et qu'il fallait attendre un peu plus longtemps. »

L'accord portant création de Partjointco sera conclu le 26 septembre 1990. Lorsqu'ils ont signé, les deux patriarches avaient plusieurs objectifs en vue. Echaudés par les tentatives d'Eskenazi, ils souhaitaient d'abord verrouiller Pargesa à double tour. Une fois la majorité acquise, il ne leur faudra pas longtemps pour trouver les cadenas. Les 62,5 % d'actions comportant droit de vote (55,6 % du capital) qu'ils détiennent de Pargesa sont ainsi transférées dans Partjointco. Il s'agit ensuite de restructurer l'ensemble des actifs du groupe. Paul Desmarais junior s'installera deux ans à Paris dans ce but. « Même si c'est moi qui ai entrepris notre diversification en Europe, confiait Paul Desmarais (senior) à *Forces*, une revue trimestrielle canadienne, c'est réellement lui [Paul junior] qui en a pris la responsabilité une fois que les limites ont été fixées. »

« Ce mariage nous permet de nous associer à un partenaire puissant avec lequel nous partageons une conception réaliste de la vie des sociétés », expliquait à l'époque le comte Jean-Pierre de Launoit. Même son de cloche chez Franck Knowles, président de Power Corporation, le holding de Paul Desmarais : « L'Europe représente pour nous un marché porteur. Albert Frère va nous aider à nous y renforcer. »

Parlez-moi d'amour

Six ans plus tard, le 26 septembre 1996, Albert Frère et Paul Desmarais ont décidé, sur un simple coup de téléphone, de proroger leur alliance jusqu'à l'an 2014. Des parents sûrs d'eux, un beau matelas de devises et des enfants prêts à le faire fructifier : Paul Desmarais et Albert Frère ne peuvent que se féliciter de leur alliance. Que ce soit au Ritz, où Paul dispose d'une suite à l'année, à Bruxelles, dans le «bureau des familles», à Courchevel ou au siège de Power Corporation à Montréal, rien ne semble susceptible de séparer Albert de Paul. Ce dernier a une formule pour décrire la façon dont ils prennent les décisions : «Si je ne suis pas d'accord, la décision n'est pas prise, explique-t-il, et si Albert n'est pas d'accord, elle n'est pas prise non plus.»

Juridiquement, des procédures de règlement des conflits sont certes prévues. Préarbitrage, arbitrage. Si, après cela, un accord n'est toujours pas trouvé, les compagnies communes seront soit liquidées, soit reprises en totalité par l'un des associés.

Difficile, dans ces conditions, de savoir qui fait quoi dans le couple. «Albert est peut-être plus "exécutant", plus organisé, dit Paul, moi, je réfléchis peut-être un peu plus sur les stratégies futures. Souvent, je confirme ce qu'il pense.» Ont-ils fait des erreurs ensemble ? «Sûrement, répond Paul Desmarais, mais à nos âges, nous n'avons plus l'envie de regarder en arrière et de pleurer sur ce qui s'est mal passé, nous préférons regarder en avant. Et en plus, le bilan n'est pas si mauvais que cela, non ?» Effectivement.

Pourtant ce mariage n'est-il pas, aussi, celui de la carpe et du lapin ? «Incontestablement, les Desmarais pèsent bien plus lourd que les Frère et, un jour, on se rendra sans doute compte que ce mariage est un peu déséquilibré», entend-on dire souvent. S'il est impossible – et nous ne nous y risquerons pas – d'être un tant soit peu précis sur la fortune des deux hommes, il est incontestable, et Albert Frère le reconnaît lui-même, que l'« ami Paul » est bien plus riche que le « cousin Albert ».

La surface personnelle de chacun des deux hommes est par ailleurs bien différente. S'ils ont, sous bénéfice d'inventaire, les mêmes amis communs à Paris, Bruxelles ou Genève, Albert Frère en revanche a peu de relations outre-Atlantique. Or le conseil consultatif international de la Power Corporation est, à lui seul, tout un programme. Sur ses 21 membres, on trouvait huit Européens, dont l'ex-chancelier allemand Helmut Schmidt, le président du directoire de Paribas, André Lévy-Lang, cinq Américains, dont Paul Volcker, ex-président de la Réserve fédérale, quatre Canadiens, dont Pierre Elliott Trudeau, l'ancien Premier ministre, un Chinois, un Japonais, un Vénézuélien, et un Saoudien, le cheikh Ahmed Yamani. Et Albert Frère.

« Mon meilleur actif, mais c'est tout simplement ma collaboration avec Paul Desmarais », répond aujourd'hui celui-ci quand on lui demande de faire état de son patrimoine. « C'est extraordinaire, explique-t-il, d'être débarrassé de tout souci quant à un conflit éventuel avec mon principal partenaire. On peut avoir peine à le croire, mais nous ne faisons vraiment qu'un ! »

« Plus ils prennent de l'âge et plus ils semblent s'amuser ensemble », confie l'un de leurs proches. A plus de 70 ans, formés l'un et l'autre au feu des plus grands combats financiers de ces cinquante dernières années, pesant quelques bonnes dizaines de milliards de francs, Paul et Albert s'amusent donc toujours. Leur formule favorite : « Il est toujours permis de rêver ! »

« En fait, explique Albert, cela commence toujours par : "Et qu'est ce que tu penses de cela ?" Je sens que l'idée commence à l'amuser et, même si nous nous parlons au téléphone, je l'imagine en train de sourire. Alors, il me répond invariablement :

– Il est toujours permis de rêver.

Et puis, la machine se met à fonctionner, un fou trouve toujours un plus fou que lui. Sur mon rêve, il greffe le sien. Et vice-versa. Très souvent, un ou deux ans plus tard, le rêve se réalise. Nous avons toujours une histoire sur le feu, donc quelques mois de conversation et pas mal de beaux jours devant nous. »

NOTES

1. *L'Express*, 8 juin 1990.
2. *L'Expansion*, 5/18 février 1988.
3. *Le Point*, 17 septembre 1990.
4. *Le Point*, 22 février 1991.
5. *L'Expansion*, 4/17 octobre 1990.

TROISIÈME PARTIE

L'audiovisuel

CHAPITRE 1

De «l'ami fidèle» à «la petite qui monte»

*« Bonjour, bonjour, ami fidèle,
C'est Luxembourg, c'est Luxembourg
Bonjour, bonjour,
C'est Luxembourg qui vous appelle!»*
Le 15 mars 1933, les auditeurs du Grand-Duché peuvent entendre pour la première fois ce générique. Radio-Luxembourg est née. Plus de soixante ans après, devenue RTL, elle est la plus écoutée de toutes les radios de l'Hexagone. Et qui retrouve-t-on à la tête du holding financier, la CLT, qui contrôle RTL? Albert Frère.

L'histoire vaut d'être contée.

Le véritable ancêtre de RTL s'appelle *Les amis de la TSF*, un «poste» qui, en 1920, n'émet même pas sur l'ensemble du Luxembourg (2 500 kilomètres carrés!) et dont les auditeurs se comptent tout juste par centaines[1]. Le 29 septembre 1930, le gouvernement luxembourgeois accorde une concession à la Société luxembourgeoise d'études radiophoniques pour établir, et éventuellement exploiter, une station de radio en ondes longues. Huit mois plus tard, le 31 mai 1931, la Compagnie luxembourgeoise de radiodiffusion voit le jour. Les actionnaires français, dont l'agence Havas, y sont majoritaires. Début 1932, sont lancées les premières émissions en ondes longues à destination de la France. A cette époque, la radio est essentiellement sous contrôle privé, sauf en Grande-Bretagne.

Certains gouvernements commencent toutefois à se méfier : une grande partie de l'information n'est-elle pas en train de leur échapper ? Il faudra attendre la Seconde Guerre mondiale pour que l'on comprenne l'importance de cet extraordinaire instrument de propagande. Les gouvernements prennent alors systématiquement le contrôle des émetteurs. En France, par exemple, le Poste parisien et Radio Cité de Marcel Bleustein-Blanchet sont nationalisés. Comme antidote, pour se libérer du carcan étatique mais aussi pour récolter des profits que l'on espère juteux, des compagnies privées créent les « périphériques ».

Radio-Luxembourg échappe à toutes les classifications. Pour des raisons politiques autant qu'économiques, le gouvernement du Grand-Duché sait qu'il ne peut la contrôler. Le voudrait-il qu'il n'en aurait d'ailleurs pas les moyens. On a rarement vu obligations de service public aussi peu contraignantes : aider l'orchestre symphonique national, diffuser certains messages gouvernementaux et promouvoir le tourisme au Grand-Duché...

Pourtant, les responsables luxembourgeois seront toujours très fermes sur quelques principes, notamment sur la préservation d'une certaine indépendance. L'histoire de la CLT – et Albert Frère se retrouvera au cœur de cette tourmente – est tout à la fois celle d'un remarquable succès et, ceci expliquant peut-être cela, celle de l'agacement des autorités françaises à l'égard d'une entreprise qu'elles ne parviendront jamais à domestiquer.

Trois citations pour bien faire comprendre la situation.

— Le 16 avril 1929 (Albert Frère a 3 ans), Raymond Poincaré écrit à son ministre des Affaires étrangères, Aristide Briand : « Vous m'avez signalé qu'une société franco-anglaise avait entrepris des démarches à Luxembourg en vue d'y installer un poste de TSF plus important que celui de la Tour Eiffel, qui se proposerait notamment d'organiser des émissions permettant non seulement d'entendre mais de voir [*sic*]. L'importance de cette question ne vous a pas échappé et je vous prie de faire tout le nécessaire pour maintenir le contrôle français sur cette société. »

— Le 18 décembre 1945, le général de Gaulle insiste auprès de son ministre de l'Information, André Malraux : il est impossible de « partager avec un gouvernement étranger l'utilisation d'un émetteur appartenant dans sa majorité à des Français ».

— Le 24 mai 1965, Joseph Bech, président de la CLT et ancien Premier ministre luxembourgeois, quitte la table de l'ambassadeur de France au Luxembourg en s'emportant : « Nous tenons à préciser que les interventions du régime gaulliste sont inadmissibles. Nous ne sommes plus un pays neutre, mais toujours un pays indépendant. Que M. Peyrefitte [alors ministre de l'Information] et les représentants de la France à Luxembourg le sachent une fois pour toutes : en aucun cas, nous ne pourrons tolérer une mainmise partisane sur la station. » L'indépendance peut toutefois servir : au moment du putsch des généraux d'Algérie contre le général de Gaulle, en 1961, un plan d'évacuation n'avait-il pas été mis au point pour permettre aux journalistes de la station de la rue Bayard de se replier villa Louvigny, siège de RTL au Grand-Duché ?

Il aurait pourtant suffi à l'époque de 35 petits millions de francs belges, soit un peu plus de 300 millions d'anciens francs français, pour que l'agence Havas, et la France avec elle, puisse contrôler totalement RTL. Quand on sait que, cinquante ans plus tard, cette compagnie, associée avec l'allemand Bertelsmann, envisageait de réaliser en 1997 un chiffre d'affaires de 100 milliards de francs belges (3,2 milliards de dollars), on comprend que les dirigeants français s'en mordent les doigts.

Les raisons de cette erreur française sont très… françaises : ce n'est pas par pingrerie ou manque de vision d'avenir que les dirigeants d'Havas n'ont pas signé le chèque demandé mais, plus simplement, parce que l'office français des changes ne permettait pas, sauf à se plier à des conditions drastiques, ce genre d'opérations. Les Belges n'ayant jamais eu ce genre de problèmes (plus l'argent circule, plus il est productif!), ce fut l'un de leurs groupes qui « sortit » les 35 millions nécessaires pour récupérer la mise.

En 1947, ce qui est en cause, ce n'est pas l'indépendance de la Radio mais tout simplement sa survie. La Compagnie luxembourgeoise de radiodiffusion, dont les biens avaient été mis sous séquestre par les Allemands, est au bord de la faillite et se trouve dans l'incapacité de redémarrer. En 1947, le président du conseil luxembourgeois, Joseph Bech – qui, comme d'ailleurs la plupart de ses successeurs, présidera ensuite le conseil d'administration de la CLT – fait appel à l'un de ses amis belges, Paul de Launoit.

Ce dernier dirige, nous l'avons vu, un groupe considéré comme la deuxième puissance financière de Belgique. Par l'intermédiaire de deux de ses holdings, Brufina (Société de Bruxelles pour la finance et l'industrie) et la Minière et métallurgique de Rodange, de Launoit entre, avec 35 millions de francs belges, dans le capital de la Compagnie. La prééminence française va-t-elle être battue en brèche ?

« Cette fois, écrit Denis Maréchal[2], devant les graves menaces pesant sur la place de la France dans la Compagnie luxembourgeoise de radiodiffusion, deux ministres du cabinet André Marie, Robert Schuman, ministre des Affaires étrangères, et François Mitterrand, secrétaire d'Etat à la présidence du Conseil chargé de l'information, entrèrent en lice et plaidèrent en faveur du maintien de l'influence française sur Radio-Luxembourg en réclamant du ministre des Finances, Paul Reynaud, "un assouplissement des règles relatives aux transferts à Luxembourg des recettes en francs français." » Le groupe de Launoit, qui contrôle la Banque de Bruxelles, accepte de rétrocéder un certain nombre d'actions à ses partenaires français, qui restent au-dessous de la barre fatidique des 50 %.

Le succès de RTL s'affirme d'année en année. *Reine d'un Jour*, *La famille Duraton*, *Quitte ou double* deviennent les émissions fétiches de la station. En ondes moyennes, la station touche les autres pays européens : 12 millions d'auditeurs, dont 2,5 millions de Néerlandais et de Belges, 4 millions d'Allemands, 6 millions de Britanniques, d'Irlandais et de Scandinaves. Déjà se met en place une entreprise aux dimensions véritablement européennes, et cela comptera plus tard.

En 1954, la Compagnie luxembourgeoise de radiodiffusion se transforme en Compagnie luxembourgeoise de télédiffusion (CLT). La créature est toujours hybride, tout aussi privée que publique. Ne faudra-t-il pas attendre le 11 juillet 1991 pour que le parlement du Grand-Duché mette fin au monopole de la CLT sur les ondes luxembourgeoises et autorise la création au Luxembourg d'une... radio de service public et d'une télévision en langue luxembourgeoise ? Rassurons-nous d'ailleurs : c'est la CLT qui produit ces émissions !

Manifestant depuis toujours une arrogance et une méconnaissance infinies à l'égard des « petits » pays, les responsables français, toutes tendances confondues, n'ont jamais très bien compris comment on pouvait être... luxembourgeois. D'où une succession de malentendus, de crise, de mises en demeure, entre Paris et Luxembourg.

La première se produit en 1965. La Compagnie générale de télégraphie sans fil, la CSF, ayant décidé de se débarrasser de sa participation de 13 % dans la CLT, le gouvernement français se porte acquéreur. A cette époque, les principaux actionnaires sont le groupe de Launoit (35 %), Havas (17 %), les Compteurs de Montrouge (14 %), CSF (11 %). Or, Paris souhaite renforcer encore son contrôle. Si, par l'intermédiaire de la Sofirad (Société financière de Radio), qui gère ses intérêts dans Radio Monte-Carlo, Europe 1 et Sud Radio, le gouvernement français parvenait à récupérer les 13 % de la CSF, il prendrait une position dominante, compte tenu de son contrôle sur Havas.

Les Luxembourgeois font front, et les relations entre les deux pays se tendent. Pierre Werner, le président de la CLT (et, comme il se doit, ancien Premier ministre), s'appuie pour résister sur un article de la convention de 1930 relative à la création de la CLT, permettant à l'Etat luxembourgeois de racheter toutes les installations de la Compagnie. « Si jamais nos intérêts nationaux étaient compromis, avertit Werner, nous n'hésiterions pas à nous prévaloir des droits qui en découlent. »

Goliath doit céder : la Sofirad retire son offre. Mais les Français continuent à lorgner sur les actions de la CSF. Celles-ci seront finalement acquises par le groupe Jean Prouvost, dont les activités sont concentrées dans le textile (La Lainière de Roubaix) et la presse (*Paris-Match*, *Marie-Claire*, *Le Figaro*).

Le 17 mai 1966, l'assemblée générale de la Compagnie ratifie la nomination de Jean Prouvost comme administrateur-délégué de la CLT. Une ère nouvelle commence alors. Radio-

Luxembourg devient RTL, une station plus « moderne ». Symbole de ce changement : après 29 ans de diffusion quotidienne, le feuilleton *La famille Duraton* disparaît...

Plutôt belge que socialiste!

Albert Frère a décidément bien de la chance avec la gauche française! Comme nous l'avons vu, c'est « grâce » aux projets de nationalisation de Paribas qu'il a pu monter l'opération Pargesa et faire une entrée remarquée dans le monde de la finance. On sait moins que c'est aussi « grâce » aux socialistes français qu'il est devenu l'opérateur majeur de la CLT.

L'histoire commence en 1974. Si, à Charleroi, Albert Frère poursuit sa conquête de la sidérurgie wallonne, à Paris, le président de la République, Georges Pompidou, et son ministre des Finances, Valéry Giscard d'Estaing, redoutent une autre montée en puissance : celle de la gauche, donnée favorite par les sondages. Or, le risque existe de voir RTL « tomber à gauche ». A côté d'Havas et de Bruxelles-Lambert (qui a succédé au groupe de Launoit), les trois autres principaux actionnaires de la CLT sont en effet suspectés par la droite française d'avoir certaines sympathies pour les socialistes. Jean Riboud, le patron de Schlumberger, est un intime de François Mitterrand. Quant à Jacques de Fouchier, le numéro un de Paribas, et Simon Nora, le PDG d'Hachette, ils sont considérés comme « chabanistes », autrement dit partisans de Jacques Chaban-Delmas, ancien Premier ministre, campé au centre-gauche de l'échiquier politique. Avec Jacques de Fouchier, Riboud avait tenté, dès 1972, d'imposer un vrai « contrôle français » sur la CLT. Sans succès.

Georges Pompidou et Valéry Giscard d'Estaing imaginent un autre scénario. Certes, les Français ont la majorité dans la CLT. Mais il s'agit d'une majorité disloquée. La seule manière de conforter leur position est de faire d'Havas et de Bruxelles-Lambert des alliés. Dans cette perspective, il faut organiser le partage des pouvoirs. L'instrument pour verrouiller RTL sera Audiofina (Compagnie luxembourgeoise pour l'audiovisuel et la finance), un holding créé en 1972 pour accueillir les titres de la CLT détenus par GBL. En 1974, Audiofina prend la majorité de la CLT et un pacte franco-belge décide un partage très sophistiqué du pouvoir. Ce « pacte Audiofina » peut être résumé ainsi : pour GBL la majorité des parts et la nomination du président de la CLT, pour Havas la régie publicitaire, une minorité de blocage et la nomination de l'administrateur délégué.

Plus de vingt ans après, les opinions divergent toujours sur la nature réelle et les motivations qui ont donné naissance à ce pacte, qui se trouve être l'une des clefs de la compréhension du paysage audiovisuel européen. Pour l'entourage de Valéry Giscard d'Estaing, contrairement à ce que la plupart des commentateurs écrivent, il s'agissait d'arrimer solidement la CLT à la France. Pour Jean-Pierre de Launoit, vice-président du conseil d'administration de la CLT, dont le père avait permis à la CLT de survivre après la guerre, « nos mobiles, en tant que représentants du groupe Bruxelles-Lambert, étaient essentiellement économiques et financiers. Havas, propriétaire de la régie publicitaire, était un bon partenaire. Cela étant, en ce qui concerne notre principal interlocuteur en France, à savoir le ministre des Finances Valéry Giscard d'Estaing, il est clair qu'il avait, lui, certaines préoccupations politiques ». Pour André Rousselet, qui dirigea Havas et porta Canal + sur les fonts baptismaux, « le gouvernement français de l'époque a tout simplement livré la CLT aux Belges et fait faire à Havas un véritable marché de dupes. Tout cela parce que *Le Point* avait publié un article demandant le départ de M. Messmer ».

La version de Pierre Moussa est très proche. « De Luxembourg, écrit-il dans ses Mémoires[3], où se tenait un conseil de la CLT, Maurice Doumenc, qui y représentait Paribas, m'appelle, ayant obtenu non sans mal une interruption de séance : Havas et le groupe Bruxelles-Lambert voulaient être autorisés à apporter toutes leurs actions de la CLT à une société nouvelle qu'il venait de créer ensemble, Audiofina, qui allait dès lors détenir le contrôle de la CLT, Paribas, Schlumberger et Prouvost étant réduits au rôle de figurants.

« J'appelle en hâte le cabinet du ministre des Finances, poursuit le futur patron de Paribas, pour dénoncer l'étrange comportement d'Havas, société contrôlée par l'Etat français, qui s'allie aux privés belges contre les privés français. Je n'obtiens aucun soutien, et pour cause. J'appris par la suite que l'opération avait la pleine approbation du ministre des Finances lui-même, Valéry Giscard d'Estaing. Elle avait été arrêtée un moment par Georges Pompidou, président de la République. Mais celui-ci venait de donner son feu vert, sous le coup de la colère que lui avait inspirée un article de Georges Suffert dans *Le Point* qui réclamait l'éviction du Premier ministre : "Messmer doit partir." Or, *Le Point* appartenait à Hachette, Hachette était proche de Paribas et l'Elysée pensait que l'article était voulu par Fouchier, ami de Jacques Chaban-Delmas, que Pierre Messmer avait supplanté à Matignon ».

Une chose est certaine : le « pacte Audiofina » confirme la position dominante du groupe Bruxelles-Lambert dans la CLT. Il marque aussi le début de la brouille entre François Mitterrand et Albert Frère, même si celui-ci est encore bien loin de l'audiovisuel. Brouille qui, nous l'avons vu, s'aggravera au moment de la nationalisation de Paribas et atteindra son paroxysme lors de l'attribution de la cinquième chaîne de télévision.

Nous n'en sommes pas là. Pendant plusieurs années, les relations sont au beau fixe entre Français, Belges et Luxembourgeois. « Le grand amour », ironise Jean-Pierre de Launoit. De plus, lorsque Albert Frère parvient aux commandes du groupe Bruxelles-Lambert, en janvier 1982, ce n'est pas la CLT qui l'intéresse, mais Petrofina. Son principal conseiller de l'époque, Gérard Eskenazi, n'est pas non plus un passionné d'audiovisuel. « L'audiovisuel, Albert n'y connaît rien ! » entend-on dire çà et là.

Et ces mêmes « spécialistes » de pronostiquer que le Carolo pourrait se débarrasser, moyennant une bonne plus-value, de ses positions dans la CLT. « Voilà plus de quinze ans que j'entends parler du départ d'Albert Frère, et pourtant il est toujours là et bien là », ironise aujourd'hui Jacques Rigaud, l'administrateur-délégué de la CLT. Bien qu'il affirme le contraire, il reste clair que le patron de GBL a souvent caressé l'idée de vendre sa participation dans la CLT. Caressé, seulement. Il reste, en effet, plus vraisemblable que l'appétit des uns et des autres lui a rapidement fait comprendre l'importance de la Compagnie...

En plus du poids de la communication en termes économiques et financiers, en plus du fait que ce secteur représentait les activités du futur, avec une forte valeur ajoutée et beaucoup de matière grise, il est clair qu'Albert Frère y a vu aussi une activité susceptible de flatter son besoin de considération et de lui procurer la satisfaction de se trouver au centre de toutes les négociations, au carrefour des pouvoirs et des ambitions, de New York à Berlin, et de Paris à Charleroi.

« Le scénario Audiofina, écrit J.-C. Texier[4], avait tout prévu sauf ce qui se passerait... "quand la Belgique se réveillera". Devenu le maître de Bruxelles-Lambert, Albert Frère rompt avec le suivisme ou l'immobilisme de ses prédécesseurs. Le petit industriel de la sidérurgie, devenu en quelques années un grand financier, aime les batailles d'envergure. Défier les Etats n'est pas pour lui déplaire. »

A l'occasion de ce jeu, le Carolo va aussi croiser quelques-unes des plus belles « pointures » du moment. D'André Rousselet à Pierre Dauzier en passant par Jacques Rigaud, l'ami fidèle, Robert Hersant (la haine!), Rupert Murdoch, l'Australien à l'odeur de soufre. Et puis « Bob » Maxwell (trois petits tours et puis s'en va), Silvio Berlusconi.

Le piège tendu à Rousselet

Le premier véritable conflit date de novembre 1984. Jacques Rigaud, alors administrateur-délégué de la CLT, annonce lui-même qu'il va être remplacé dans les jours qui suivent par Jacques Pomonti, le président de l'Institut national de l'audiovisuel, ancien membre de la commission « information » du Parti socialiste et proche de François Mitterrand. L'affaire Rigaud commence.

Jacques Rigaud a été désigné administrateur-délégué de la CLT le 14 décembre 1979. Le poste était vacant depuis un an. Après le départ de Christian Chavanon, nommé vice-président du Conseil d'Etat, qui avait lui-même succédé à Jean Prouvost, les Luxembourgeois comptaient bien ne pas se laisser imposer un candidat par Paris. Or, des candidats, Valéry Giscard d'Estaing en a à la pelle. Comme Philippe Grumbach, ancien rédacteur en chef de *L'Express*, ou Guy Verdeil, un haut fonctionnaire, et Yves Cannac.

Tous trois sont des proches du président de la République de l'époque. « L'Elysée, écrivait Claude Durieux[5], était suspecté de ne pas donner à ce poste une importance supérieure à celle d'un sous-préfet et de proposer des noms de personnalités trop "giscardiennes". On assista pendant plus d'un an à un véritable jeu de massacre de candidats, récusés les uns après les autres. Il faut croire que le poste était enviable puisqu'on dénombra, paraît-il, quelque cinquante-six candidats. »

Jacques Rigaud sera l'oiseau rare que Paris, Luxembourg et Bruxelles cherchaient en vain depuis un an. Né le 2 février 1932 à Paris, dans le quartier populaire des Epinettes, d'une mère bonnetière et d'un père commis aux écritures, cet ancien élève de l'ENA a plusieurs des qualités requises pour accéder au poste si convoité. D'abord c'est un haut fonctionnaire, condition *sine qua non* pour les Français. Mais il est par ailleurs passionné de culture, ce qui n'est pas pour déplaire aux Luxembourgeois. Gaston Thorn, le vice-président du conseil du Grand-Duché n'avait-il pas révélé, quelques jours avant la nomination de Rigaud, que le chancelier allemand Helmut Schmidt lui avait fait savoir que les programmes RTL étaient « creux » et « superficiels » ?

Dernière qualité, et non des moindres, de Jacques Rigaud : son éclectisme politique. Il a voté pour Jacques Chaban-Delmas au premier tour de la présidentielle de 1974, il est l'ami de Jean Riboud, l'homme d'influence de François Mitterrand et, en 1981, il avouera avoir voté Jacques Chirac au premier tour et... François Mitterrand au second. Une seule constante, donc : son aversion pour Valéry Giscard d'Estaing. Ce dernier la lui rend bien, qui dit ne rien aimer chez Rigaud, « même pas ses nœuds papillons » !

Avec Albert Frère, le courant passe bien. « D'abord, la première fois que je l'ai rencontré, il s'est passé quelque chose, raconte Rigaud en souriant : il m'avait invité à déjeuner à Bruxelles et nous avons compris assez vite que le vin de Bordeaux représentait une valeur importante pour nous deux. Et puis, ajoute Rigaud, il a lancé une formule qui m'a d'abord fait peur :

— Moi, mon instrument de travail c'est une paire de ciseaux !

Je n'ai pas tout de suite compris et il m'a expliqué :

— Les ciseaux avec lesquels je coupe les dividendes pour mes actionnaires. »

En fait, ce qu'apprécie le plus Rigaud, comme d'ailleurs la

plupart des responsables, journalistes ou non, qui travaillent pour des médias dépendant financièrement d'Albert Frère, c'est la façon très nette dont ce dernier définit le rôle des uns et des autres. « Il m'a tout de suite fait comprendre qu'il n'entendait pas se substituer à moi, conclut Rigaud, et il n'a pas manqué une seule fois à cette règle. »

Lorsque l'ancien sous-directeur général de l'UNESCO arrive à la tête de la CLT, peut-il savoir, en cet hiver 1979, qu'il le sera encore près de vingt ans plus tard après avoir traversé bien des tempêtes? Il sentira plusieurs fois, il est vrai, le vent du boulet. Pas plus tard qu'en décembre 1984, lorsqu'il annonce lui-même (l'homme est malin...) son remplacement imminent par Jacques Pomonti. En fait, il a été prévenu du mauvais coup qui se tramait contre lui par Antoine de Clermont-Tonnerre, le patron des Editions mondiales. Celui-là même qui, un mois plus tard, entrera en concurrence avec Albert Frère pour la reprise des Editions Dupuis.

Pourquoi cette décision annoncée? La réponse est simple : après avoir provoqué l'ire de Valéry Giscard d'Estaing, qui avait interdit à ses ministres de participer au Grand jury RTL-Le Monde, l'indépendance de la radio de la rue Bayard, et notamment les chroniques acides de Philippe Alexandre, donnent de l'urticaire à François Mitterrand. Le président de la République charge donc son ami André Rousselet, le patron d'Havas et donc co-actionnaire de la CLT, de se débarrasser de Rigaud et de le remplacer par un fidèle. Les deux à la fois : Rousselet sait qu'il va jouer mission impossible.

Les contre-feux sont rapidement allumés. Le président de la Société des journalistes de RTL adresse une longue lettre aux administrateurs de la CLT. Vous nous avez toujours laissé libres, écrit en substance Jean-Yves Hollinger. Un changement à la tête de la station pour des raisons exclusivement politiques porterait atteinte à l'une des valeurs essentielles de la station : son impartialité. L'audience pourrait en souffrir, conclut Hollinger, et, indirectement, les intérêts financiers du groupe. Un discours qui doit sonner bien agréablement aux oreilles des administrateurs belges et luxembourgeois de la CLT. D'autant qu'une fois encore ceux-ci ont l'impression d'avoir été traités comme quantité négligeable par les « Français ». Et puis Jacques Santer a sondé les administrateurs luxembourgeois de la CLT : ils sont loin d'être enthousiastes à l'idée de licencier Rigaud.

La résistance à la nomination de Pomonti s'amplifie, tant à l'intérieur qu'à l'extérieur de RTL. Le 12 décembre, Jean-Yves Lhomeau donne le ton à la une du *Monde* : « Il n'en reste pas moins, écrit-il, que cette affaire s'inscrit dans un climat général de reprise en main des médias par le pouvoir politique [...]. Les socialistes devraient pourtant se souvenir que la mainmise giscardienne sur les médias n'a pas fait obstacle à la défaite de M. Giscard d'Estaing en 1981. Il n'est pas exclu qu'elle y ait contribué. »

Le 17 décembre est convoqué à Luxembourg le conseil d'administration de la CLT, au cours duquel doit être prise la décision de remplacer Rigaud par Pomonti. André Rousselet débarque dans la capitale du Grand-Duché. Président d'Havas, il partage avec le groupe Bruxelles-Lambert, en vertu du « pacte Audiofina », la responsabilité du contrôle de la CLT. Et il n'est pas homme à se laisser marcher sur les pieds.

Ce « gentleman corsaire, comme le surnomme Daniel Schneidermann[6], une tasse de thé dans une main, une hache d'abordage dans l'autre » est un des personnages clefs de la République mitterrandienne. « Rousselet ? D'abord il nettoie le terrain au bazooka. Ensuite, il regarde qui se relève, et il commence à discuter », estime un de ses adversaires. « Avant la réussite de Canal +, ajoute Daniel Schneidermann, il n'était qu'un vague roi du taxi, le bras maladroit de son maître dans l'univers piégé des médias, lorsque au lendemain de mai 1981 François Mitterrand en fait son directeur de cabinet avant de le parachuter à la présidence d'Havas.»

André Rousselet est né le 1er octobre 1922 à Nancy. En 1950, alors qu'il est sous-préfet de la Guadeloupe, il rencontre François Mitterrand, lui-même ministre de la France d'Outre-Mer. Une véritable amitié est née. Rousselet devient chef de cabinet de l'homme politique. Lorsque de Gaulle revient aux affaires en 1958, il entre dans le privé, chez Simca, puis monte la compagnie de taxi G7, une vraie réussite, avant de revenir auprès de François Mitterrand, président de la République, qu'il va surtout conseiller en matière de médias.

Le «vice-roi des ondes», comme on se plaît à le nommer, arrive donc à l'aéroport de Luxembourg. Jean-Pierre de Launoit l'entraîne aussitôt dans le salon d'honneur.

— Bon, c'est d'accord pour Pomonti?

— Non, il n'en est pas question! On peut discuter d'un autre candidat, mais Pomonti c'est non!

— Vous aurez de mes nouvelles, c'est scandaleux, je reprends aussitôt l'avion pour en avertir le président de la République!

«Il était vraiment en colère», raconte aujourd'hui Jean-Pierre de Launoit.

Rousselet cédera, il ne reprendra pas l'avion et le point portant renouvellement de l'administrateur-délégué sera retiré de l'ordre du jour. Jacques Rigaud restera administrateur-délégué de la CLT. En quoi les avis divergent-ils? Pour les uns, lorsqu'il est arrivé à Luxembourg, André Rousselet était assuré, sinon du feu vert, du moins de la neutralité d'Albert Frère. Mais «c'était flou», reconnaît-il lui-même aujourd'hui. Quelque temps avant la scène de l'aéroport, les deux hommes s'étaient vus en tête à tête au domicile de Jean-Pierre de Launoit.

«J'ai tout de suite été catégorique, explique pour sa part

Albert Frère. La première fois que j'ai rencontré André Rousselet, c'était au cercle du 33 avenue Foch, en dessous de chez moi. Le gouvernement français voulait la peau de Rigaud et de Philippe Alexandre. Je l'avoue franchement : à l'époque, je craignais André Rousselet. Sa réputation, l'autorité, voire l'arrogance, avec laquelle il s'exprimait, m'impressionnaient. Je lui ai pourtant tout de suite dit :

— Non, monsieur, je ne vais pas constituer une charrette de condamnés. Je ne peux pas céder à des injonctions de ce genre !

Rousselet a ensuite été très correct, et nous avons conservé des bonnes relations », conclut Albert Frère.

Grâce essentiellement aux « Luxembourgeois » et aux « Belges », Jacques Rigaud et Philippe Alexandre ont donc sauvé leur tête.

Une nouvelle crise interviendra en juillet 1985. Elle opposera, cette fois, « les Belges », en l'occurrence Albert Frère, aux « Luxembourgeois ». Deux candidats s'opposent pour succéder à Mathias Felten à la tête de la CLT : le gouvernement luxembourgeois soutient Pierre Werner, l'ancien Premier ministre chrétien-démocrate, alors que le groupe Bruxelles-Lambert souhaiterait la désignation du libéral Gaston Thorn, ancien président de la Commission européenne. *Le Figaro* écrit : « Si, comme cela est prévisible, M. Werner est élu président de la CLT, le PDG du groupe Bruxelles-Lambert, Albert Frère pourrait mettre à exécution une menace de vendre ses actions de la société Audiofina. »

Une menace qui est prise au sérieux au Luxembourg où l'on craint que le Carolo ne vende ses actions à un groupe français, mettant fin à l'équilibre si difficilement acquis. Albert Frère n'aura pas tapé pour rien du poing sur la table. Dans la plus pure tradition du compromis à la belge, Pierre Werner est bien nommé président de la CLT, mais il est prévu qu'il devra céder « dans un délai indéterminé » sa place à Gaston Thorn, qui, en attendant, s'installe à un poste créé spécialement pour lui : celui de vice-président et de directeur général. Confusion des confusions : André Rousselet, qui, un an auparavant, voulait remplacer Jacques Rigaud par Jacques Pomonti, se rend le 12 juillet dans la capitale du Grand-Duché pour demander (et obtenir) le renforcement des responsabilités du même... Jacques Rigaud.

Quelques semaines plus tard, le 1er août 1985, Albert Frère, dans un entretien accordé au *Monde*, règle ses comptes avec le Luxembourg. Jacques Santer, le président du gouvernement grand-ducal, ayant exprimé son inquiétude de voir un groupe étranger, en l'occurrence Bruxelles-Lambert, imposer son futur président à la Compagnie, le Carolo n'y va pas par quatre chemins : « Le Grand-Duché serait-il devenu xénophobe ? Si oui, il faudrait qu'il le dise haut et fort. Ce serait assez piquant. Savez-vous que l'actionnariat de la CLT est tout sauf luxembourgeois ? Comme c'est le cas, d'ailleurs pour la plupart des entreprises établies au Luxembourg. »

Et Albert Frère d'enfoncer le clou : « J'aimerais ajouter que le chiffre d'affaires de la CLT, qui avoisine 10 milliards 800 millions de francs luxembourgeois (1 franc luxembourgeois = 1 franc belge), est presque entièrement réalisé en dehors du grand-duché. [...] Le Luxembourg n'y contribue que pour 1,4 %. Par contre, si l'on examine les résultats, on s'aperçoit qu'en 1984 64 % des bénéfices ont été reversés au Luxembourg en impôts et redevances. »

Si RTL est le plus beau fleuron de la CLT, son navire amiral, en même temps que la source d'une grosse partie de ses revenus (et de l'essentiel de ses ennuis), il ne faut pas croire que les activités de la Compagnie sont limitées à la seule rue Bayard. En 1984, à la veille des deux grandes batailles qui vont se dérouler pour l'attribution des chaînes en France et le contrôle du numérique dans le monde, la CLT représente, si l'on en croit Holde Lhoest[7], « un des premiers conglomérats multimédias en Europe, avec une cinquantaine de filiales et participations dans tous les domaines de la communication ». Citons en vrac. En Belgique : Radio Télé Musique ou Information et Publicité Benelux (1,5 milliard de chiffres d'affaires en Belgique en 1984). Au Luxembourg : Média Assurance ou RTL Production. En France : Vidéo Télé France, Hamster Production, *Téléstar* ou *Actuel*. Et encore, Europe Vidéo aux Pays-Bas, Radio Télé Music en Allemagne, Audio international London en Grande-Bretagne, Information et Publicité en Suisse...

Quand Albert est mené en bateau

Comme on le dit d'une personne âgée qui meurt de sa belle mort, fatiguée d'avoir trop vécu et ne trouvant plus en elle les ressources nécessaires pour continuer à faire tourner la machine, une chaîne de télévision « s'éteint » le dimanche 12 avril 1992. Pour la première fois dans l'histoire de la télévision, les téléspectateurs français assistent, en direct et peut-être avec un rien de fascination morbide, à la mort annoncée de La Cinq. Trop riche, trop belle, trop choyée à sa naissance, victime d'un absurde (et très français) mélange des genres entre politique, finance et stratégie industrielle, la chaîne meurt en quelque sorte d'indigestion. Et laisse sur le carreau plus de 500 personnes et quelques milliards de francs français de dettes.

Ce naufrage marque aussi la fin d'une époque, brève mais intense, au cours de laquelle le paysage audiovisuel français, le PAF, a été remodelé. A coups de burins, c'est-à-dire de milliards de francs, de manœuvres tordues, d'alliances scellées le matin et trahies le soir même, quitte à être de nouveau bricolées le lendemain. Et bien qu'il s'agisse de privatiser, c'est-à-dire de faire sortir des chaînes du giron de l'Etat, la pression politique est terrible. Une pression qui montre à quel point les responsables français sont incapables de concevoir une télévision véritablement indépendante.

Il faudrait des centaines de pages pour raconter ce combat. D'autres s'y sont employés, avec talent et compétence, comme Philippe Kieffer et Marie-Eve Chamard[8]. Avec un peu de recul, on s'aperçoit aujourd'hui que si Albert Frère et la CLT ont été menés en bateau du début à la fin de ce grand marchandage, tant par leurs partenaires-concurrents que par la puissance publique française, ils s'en sont admirablement bien sortis. « Evidemment que la CLT a été baladée, admet aujourd'hui André Rousselet avec sa franchise habituelle, mais comment aurait-il pu en être autrement ? La CLT, c'est tout à son honneur, avait manifesté son indépendance. On ne lui en vouait pas une reconnaissance éternelle. On n'attrape pas les mouches avec du vinaigre ! » Au cours de cette période, le Carolo envisagea à plusieurs reprises de se dégager d'un secteur aussi miné, de se débarrasser de sa participation dans la CLT, de manière à récupérer sa mise et sûrement un beau paquet de « mastoques ». Il ne l'a pas fait. Pour son plus grand avantage.

En fait, Albert Frère entre tout seul dans cette compétition qui doit décider de l'attribution des nouvelles chaînes, La Cinq et la Six, et de la reprise de la Une, privatisable. En Belgique, notamment lors de son ascension sidérurgique, il avait compris à quel point de bonnes relations avec les hommes politiques pouvaient servir et son réseau était particulièrement au point. En France, non.

A la différence de celui de ses concurrents. André Rousselet, par exemple, a été directeur de cabinet de François Mitterrand et dirige Havas. Robert Hersant a, ironise-t-on, son propre groupe à l'Assemblée nationale si l'on tient compte du nombre de parlementaires qui travaillent pour ses journaux, d'Alain Peyrefitte à Alain Griotteray. Jérôme Monod, le patron de la Lyonnaise des Eaux, a été secrétaire général du RPR. Quant à Silvio Berlusconi, il est l'ami de Bettino Craxi, le patron des socialistes de la péninsule, l'un des hommes clefs des finances de l'internationale socialiste.

Durant toute cette période, Albert Frère devra en outre affronter un adversaire de taille : le président de la République française. Or François Mitterrand a la rancune tenace. Et trop, c'est trop. Depuis qu'il est installé à l'Elysée, il s'est heurté à trois reprises à Albert Frère. Après l'opération «Arche de Noé», au cours de laquelle le Carolo et ses amis ont défié l'establishment socialiste, il y a eu le refus de nommer Pomonti, un ami personnel du président, à la tête de RTL.

Et puis, comme si cela ne suffisait pas, quelques mois plus tard, le 20 septembre 1985, un communiqué annonce l'alliance entre GBL et le groupe de Rupert Murdoch, cette multinationale de l'audiovisuel, la première en chiffre d'affaires, solidement implantée aux Etats-Unis, en Grande-Bretagne et en Australie. Pour la gauche, c'est le diable en personne! Or les deux groupes annoncent qu'ils vont développer des projets communs de télévision hertzienne ou par satellite de télévision directe.

Le coup a été monté dans le plus grand secret. «Un petit communiqué de Bruxelles s'est glissé le 20 septembre, vers 15 heures, entre les suites de l'affaire Greenpeace et le début d'un week-end caniculaire, peut-on lire dans *Le Monde*. Cette alliance fait l'effet d'une bombe dans les milieux politiques et audiovisuels. A l'évidence, personne n'était au courant des contacts du président de GBL et de M. Murdoch. Les dirigeants de RTL découvrent le communiqué par la presse. Le comité de direction de la CLT n'a jamais évoqué la question. M. André Rousselet, président d'Havas, partenaire privilégié de GBL au sein d'Audiofina, a été sommairement prévenu vingt-quatre heures auparavant.»

Albert Frère s'est donc allié avec le diable. «Cela nous a

causé un tort énorme, raconte un responsable de la CLT, d'autant que cette alliance ne s'est jamais concrétisée. En fait, Albert était encore un peu naïf à l'époque et il s'est fait sans doute bluffer par Murdoch ! » Et cela, au moment même où la CLT postule au tour de table de la future chaîne commerciale, La Cinq.

Murdoch ou pas Murdoch ? Les cartes ne sont-elles pas déjà distribuées ? Le 10 août, Jean Riboud, très malade, annonce à son ami Jacques Rigaud que « la France » veut barrer la route à la CLT, et que lui a bien l'intention de créer la première chaîne commerciale sans la Compagnie luxembourgeoise.

La veille, dans *Le Monde*, Silvio Berlusconi a traité la CLT de « petite chaîne régionale ». « J'ai toujours eu de bons rapports avec lui, dit aujourd'hui Albert Frère en pensant à son ancien concurrent, c'est un homme charmant et charmeur, que j'ai d'ailleurs eu le plaisir de revoir quand il était Premier ministre. » Certes. Mais certains des collaborateurs d'Albert Frère se souviennent aussi de la colère rentrée de celui-ci alors qu'il attendait le beau Silvio sur le tarmac de l'aéroport de Charleroi, battant la semelle, et que *sua emittenza* tardait à descendre de son avion. « Il est enfin apparu, bronzé, sentant bon l'eau de toilette, élégant comme une gravure de mode et Albert ne cessait de ronger son frein », raconte Henri Burhin.

Le 24 septembre 1985, alors que la décision d'écarter la CLT de La Cinq est pratiquement prise – même si le gouvernement français a toujours fait croire à de futurs actionnaires potentiels, parfois trop exigeants, que la Compagnie luxembourgeoise était toujours dans le coup –, Jacques Rigaud écrit à Jacques Attali : « Le Luxembourg a périodiquement le sentiment d'être traité par la France comme le département des Forêts qu'il était sous Napoléon [...]. Je sais toutes les préventions nourries dans les milieux officiels contre les Belges et nommément contre Albert Frère [...]. Frère est puissant et peut être redoutable. Il y a sûrement lieu de le contenir. Mais les décisions envisagées auront pour effet de renforcer sa position, notamment par rapport à Havas, qui sortira discréditée de l'opération. Je me demande, ajoute Rigaud, si Berlusconi est un personnage plus fréquentable et plus recommandable. »

« J'étais vraiment furieux, explique aujourd'hui Jacques Rigaud, mais je l'ai été encore plus lorsque Jacques Attali a publié ma lettre dans *Verbatim*, son livre de souvenirs. »

Berlusconi obtiendra La Cinq et il appartiendra à François Mitterrand lui-même de porter l'estocade à la CLT. Le 23 novembre, en direct sur la deuxième chaîne, le président répond à de nombreuses questions sur le choix de Silvio Berlusconi pour la Cinquième chaîne. Et notamment sur l'éviction de la CLT : « Une très grande société, explique François Mitterrand, spécialisée dans l'audiovisuel, [...] compagnie à majorité luxembourgeoise, avec des capitaux français, avec un animateur principal, un maître du jeu qui est une banque belge. » Derrière l'erreur flagrante sur la « majorité luxembourgeoise » (si GBL et Havas se partagent le contrôle de la CLT, celle-ci est toujours détenue en majorité par des actionnaires français), la manière de présenter la Compagnie est considérée comme insultante aussi bien à Luxembourg qu'à Bruxelles ou Paris.

D'autant que François Mitterrand enfonce le clou : « Luxembourg, Belgique, c'est francophone, c'est vrai. Mais personne n'a l'intention de faire sur la cinquième chaîne des émissions en italien, je peux vous l'assurer. Donc, ce sera aussi francophone. Quant à savoir quel est le plus européen du Belge, du Luxembourgeois et de l'Italien, c'est difficile à dire. Ce que l'on sait, en tout cas, c'est que le Belge est déjà associé avec un Américain. Et que cet Américain est connu. C'est M. Murdoch, une des plus grandes puissances de l'audiovisuel d'outre-Atlantique. »

A Luxembourg, Jacques Santer parle d'« un acte contraire

aux relations entre Etats » et convoque l'ambassadeur de France. Avec Rigaud et Jean-Pierre de Launoit, il attaque le gouvernement français, dénonçant le « contexte d'arbitraire absolu », l'« absence de compétition » qui ont présidé à la concession de La Cinq. Le recours déposé par Rigaud devant le Conseil d'Etat est pris au sérieux : l'Etat français n'a-t-il pas confié une concession à une entité juridique (« Chargeurs » et Berlusconi) qui n'existe pas ?

Le 10 janvier 1986, interrogé par Daniel Van Wylick pour *Trends Tendances*[9], Albert Frère répond :

« Mitterrand n'avait pas de plaisir à faire à la CLT, à laquelle il reprochait déjà, du temps où Pierre Werner était Premier ministre du gouvernement luxembourgeois, de ne pas être suffisamment proche du gouvernement en place. Ensuite, Jean Riboud est un intime de Mitterrand tandis que Berlusconi est un ami personnel de Craxi... Ajoutez à cela que lorsqu'il s'est agi de nommer, comme administrateur-délégué en remplacement de M. Rigaud, Jacques Pomonti, nous nous y sommes opposés, ce qui n'a pas dû faire plaisir à Mitterrand. »

Et Albert de s'emporter lorsque le journaliste lui demande si l'accord passé avec Murdoch n'a pas eu le don d'énerver le président français : « Ne me faites pas rire ! Il était le bienvenu pour fournir un semblant d'explication à l'exclusion de la CLT. C'était un prétexte pour Mitterrand ! »

L'année 1985 se termine donc bien mal pour la CLT. Elle est exclue de La Cinq après l'avoir été de Canal +. D'autant que la télé à péage d'André Rousselet, lancée le 4 novembre 1984 à huit heures du matin, commence à récolter ses premiers fruits après une période difficile où il a même été question de dépôt de bilan. A cette occasion encore, Albert Frère et ses collaborateurs ont été promenés. Un jour c'était oui, un jour c'était non. Ils s'en souviendront.

Le retour de la droite au pouvoir en France, en mars 1986, va-t-il lui permettre de se refaire ? On le croit fort à Bruxelles et à Luxembourg. D'autant que la privatisation de la Une ouvre d'énormes perspectives. Mais une fois encore, les experts de la villa Louvigny (le siège luxembourgeois de la CLT) et ceux de l'avenue Marnix (GBL) vont se tromper sur la réalité du pouvoir en France. Certes, la cohabitation affaiblit François Mitterrand, et Jacques Chirac n'a aucune raison d'en vouloir à la CLT. Or, en août, le Premier ministre décide de résilier les concessions accordées à La Cinq et à la Six.

Les cartes vont donc être redistribuées. Mais avec un joueur de plus. Et pas n'importe lequel puisqu'il s'agit de Robert Hersant. Le « papivore » a suffisamment de moyens de pression politique pour obtenir ce qu'il veut. D'abord, il hésite entre la Une et La Cinq. Pour La Cinq, plusieurs projets sont à l'étude. Dont une alliance entre Chargeurs, Berlusconi, Havas et la CLT. Havas, Paribas et la CLT travaillent dans ce sens et constituent une société commune. Ils y croient. Jacques Chirac ne l'a-t-il pas promis à Gaston Thorn, devant un témoin de choix, André Fontaine, l'ancien directeur du *Monde*? Celui-ci confirme aujourd'hui.

Silvio Berlusconi, lui aussi, croit dans le projet de la CLT et veut s'y associer. Le 23 décembre, son homme de confiance, Angelo Codignoni, rencontre Rigaud au bar du Plaza. Trop tard, lui dit Rigaud en substance, le tour de table est bouclé. Berlusconi pense alors à Hersant. Bonne intuition. D'autant que le patron du *Figaro* a décidé : ce sera La Cinq. De l'autre côté, Hachette et Havas s'allient pour la reprise de TF1.

Pierre Dauzier est le nouveau patron d'Havas. (« Depuis que je travaille à la CLT, j'ai connu sept PDG d'Havas », se plaît à ironiser Jean-Pierre de Launoit). Le moins que l'on puisse dire, c'est que ses relations avec Albert Frère ne seront pas simples. Dauzier en est sûr : La Cinq ira à Hersant, la Une à Lagardère. Il n'est pas le seul à faire ce pronostic : qui pourrait résister à ces deux monstres ? Sûrement pas la CLT, qui se retrouve donc maintenant toute seule face à Hersant (allié à Berlusconi) pour la reprise de La Cinq. Jacques Chirac, qui adore faire plaisir à tout le monde et redoute un incident avec Gaston Thorn, compte sur le Luxembourgeois pour convaincre Albert Frère de discuter avec Hersant.

La rencontre aura lieu le dimanche 18 janvier au soir, dans les salons du Ritz. Elle se passera très mal. « Albert Frère en est encore blanc de colère », écrivait, moins d'un mois après, Georges Valance [10]. « Ce fut un dîner d'une violence rare dans le monde feutré et poli des affaires », raconte un cadre de la CLT. Premier affront : Hersant arrive avec près de trois quarts d'heure de retard alors que Frère est d'une ponctualité minutieuse, qui tourne parfois à l'obsession. Puis le « papivore » sort de sa serviette une dizaine de feuillets dactylographiés, les donne à lire à Frère et s'en va téléphoner. C'est à prendre ou à laisser. Frère laisse. Il ne reverra plus Robert Hersant.

« Ma tête ne revenait sans doute pas à Robert Hersant », dit aujourd'hui Albert Frère, qui aime bien donner de lui l'image du sage capable de pardonner les offenses. « Il devait se demander ce que faisait là ce petit patron belge qui ne connaissait rien à rien », ajoute-t-il, modeste, alors qu'il sait bien que, déjà à cette époque, comme l'écrit Georges Valance, « Albert Frère, 61 ans, dans le monde des affaires pèse autrement plus lourd qu'Hersant ». Bref, Hersant ne veut pas discuter. « Il me disait : l'information, c'est moi ; le sport, c'est moi... et vous, la CLT, vous mettez l'argent sur la table. »

Albert Frère, qui en a roulé plus d'un, ne comprend pas, ou comprend trop bien : on ne veut pas de lui. Pourquoi ? Apparemment parce que Robert Hersant, qui a déjà pris langue avec Berlusconi, n'a besoin de personne pour recueillir les fruits de La Cinq. Il y a une autre hypothèse : s'étant renseigné sur la vraie nature d'Albert Frère et sachant que le Carolo n'est pas du genre à se faire rouler pour le prestige, Robert Hersant a préféré casser, dès le départ, toute possibilité de négocier avec un homme de sa trempe.

« Autant je ne regrettais pas l'incident avec Hersant, autant j'ai tout de suite fait confiance à Jérôme Monod », poursuit Albert Frère. Le patron de la Lyonnaise des Eaux, ancien secrétaire général du RPR et ami de Jacques Chirac, parvient à convaincre l'état-major de la CLT qu'il y a une carte à jouer en reprenant la Six, la petite chaîne confidentielle. « Monod m'a fait comprendre que cela pourrait être une bonne petite affaire », raconte Albert Frère, patelin, avant d'ajouter : « A Luxembourg, à Bruxelles, à Paris, ils tiraient tous la gueule : ils me disaient que ce n'était pas à notre niveau, cette TV spaghetti, que cela était indigne de la CLT. Tous prédisaient qu'elle ne vivrait pas. Moi, je pensais que Monod m'inspirait confiance et je me disais que ce bonhomme ne pouvait pas se tromper. »

Le 23 février 1987, la Commission nationale de la communication et des libertés (CNCL) attribue La Cinq au tandem Hersant-Berlusconi. « Quelle surprise ! » s'exclame, dans un immense éclat de rire, François Mitterrand, et plusieurs millions de Français avec lui, tant ils savaient les jeux déjà faits. Pas de surprise non plus pour l'attribution de la Six : la CLT a enfin « sa » chaîne, même si beaucoup pensent que c'est la chaîne de trop. Surprise totale en revanche, le samedi 4 avril, lorsque la CNCL attribue TF1 au groupe Bouygues et non à Hachette.

La suite est connue. La Cinq sombre, non sans que le gouvernement français ait tenté, mais en vain, de relancer la CLT pour participer au sauvetage d'une entreprise dont le déficit cumulé s'élève à 3 milliards de francs. Robert Hersant, lui, a réussi à refiler l'enfant à Jean-Luc Lagardère, le patron d'Hachette, qui laissera près de 2 milliards de francs dans l'aventure.

La Cinq ayant sombré, le paysage audiovisuel français retrouve une certaine cohérence.

Canal + caracole en tête. Tout réussit à la chaîne à péage. Bouygues gagne aussi son pari avec TF1. Quant à M6

– Robert Hersant, dernière mesquinerie, aura obtenu qu'elle ne s'appelle pas RTL 6 pour qu'elle ne bénéficie pas de l'effet d'image de la radio de la rue Bayard! –, elle se révèle vite une bonne petite affaire.

Le Carolo le disait déjà à ses collaborateurs de la sidérurgie : une victoire se fête « à p'tit bru ».

La bataille du numérique peut commencer. Et cela va faire très mal.

NOTES

1. Denis Maréchal, *Radio-Luxembourg, un média au cœur de l'Europe*, Presses Universitaires de Nancy, 1994.
2. *Ibid.*
3. Pierre Moussa, *La Roue de la Fortune*, Paris, Fayard, 1989.
4. *La Vie Française*, 28 avril 1986.
5. *Le Monde*, 27 octobre 1979.
6. *Le Monde*, 21 novembre 1987.
7. Holde Lhoest, *Les Nouveaux Médias audio-visuels*, Mémoire de l'Université libre de Bruxelles (ULB), Année académique 1984-1985.
8. Philippe Kieffer, Marie-Eve Chamard, *La télé, dix ans d'histoires secrètes*, Paris, Flammarion, 1992.
9. *Trends Tendances*, 10 janvier 1986.
10. *Le Nouvel Observateur*, 20-26 février 1987.

CHAPITRE 2

« C'est le plus fort ! »

« Je ne vois plus de raisons de traiter directement avec M. Dauzier en dehors de l'enceinte des conseils d'administration qui nous réuniraient encore, voire, si nécessaire, au travers de nos avocats » : ses amis avaient rarement vu Albert Frère aussi furieux. Et les mots qu'il emploie dans *Le Figaro* du samedi 9 mars 1996 sont bien modérés au regard des insultes qu'il profère depuis son bureau de Charleroi. Comme chaque fois qu'il doit affronter un orage ou une trahison, c'est là, dans son cocon du boulevard Tirou, entouré de sa garde prétorienne, qu'il se ressource. Là qu'il peut laisser exploser sa colère. Elle vise un milieu en général (celui de ces hommes d'affaires français, « plus capables de disserter sur l'avenir du monde que de présenter des bilans bénéficiaires ! ») et un homme en particulier : Pierre Dauzier, le PDG d'Havas.

« Ces deux-là, plaisante Gérald Frère en parlant de Pierre Dauzier et de son père, me font penser à ces vieux couples qui ne cessent de se disputer mais dont on sent qu'ils ont besoin de ces disputes pour continuer à vivre ensemble.» Certes, on peut leur trouver des points communs. «Ni énarque, ni polytechnicien, sans fortune, sans famille, sans charisme apparent, c'est l'anti-technocrate, l'anti-star», écrit ainsi Véronique Maurus relatant les premiers pas de Pierre Dauzier dans le monde des affaires[1]. Mais, imagine-t-on Albert Frère écrire un livre (Dauzier en a deux à son actif) ou s'occuper d'une équipe de rugby (Dauzier est président de l'équipe de Brive)?

«Ni grand créatif, ni entrepreneur, ni vraiment commercial, poursuit Véronique Maurus, il sera un homme de réseaux de relations.» Albert Frère n'aime pas beaucoup les hommes qui réussissent d'abord par leurs amitiés politiques. Et quand il a le sentiment que «ces gens-là» le trahissent, alors la colère devient de la fureur.

Que s'est-il passé?

Le lundi 4 mars 1996, l'audiovisuel européen connaît un nouveau et spectaculaire coup de théâtre. De Londres, Canal +, Havas, Bertelsmann et Murdoch annoncent qu'ils vont lancer un bouquet de télévision numérique en Allemagne, puis dans d'autres pays européens. La nouvelle société créée dans ce but sera détenue à hauteur de 30 % chacun par Canal +, Bertelsmann et BSkyB (filiale satellite du groupe Murdoch et du groupe français Chargeurs). Quant à Havas, qui est déjà actionnaire de Canal +, elle recevra 10 % du capital.

On comprend la colère d'Albert : ils sont tous là, sauf lui! Ils sont partis à Londres, les Dauzier, les Lescure, signer leur accord avec Bertelsmann et Murdoch. Et dans son dos! Alors qu'il avait déjà signé un pré-accord avec Murdoch sur les mêmes objectifs! Et ils ne l'ont même pas averti! Même pas Dauzier, qui, en tant que patron d'Havas, cogère la CLT avec lui.

Certaines oreilles ont dû siffler pendant ces quelques jours. Ce n'est certes pas la première fois que le Carolo se sent floué.

Il sait aussi faire le gros dos, se retrancher sur ses positions, en attendant que la roue tourne. Mais, dans la partie où il est engagé actuellement, il ne peut se permettre ni d'attendre longtemps ni de jouer tout seul. Ce qui est en jeu, c'est tout simplement le contrôle de la télévision numérique.

La fin du rationnement

La télévision vit une mutation aussi importante que celle qu'a connue l'économie européenne à la fin la guerre : elle passe de la restriction à l'abondance. Voilà que le téléspectateur, après avoir vécu avec ses tickets de rationnement (une, deux ou trois chaînes) se retrouve, un caddie en main, devant des étalages d'hypermarchés remplis de programmes, pour tous les goûts, tous les âges et toutes les professions. On peut tout consommer à une seule condition : payer à la sortie.

Pourquoi ce changement? D'abord en raison de l'appétit grandissant des téléspectateurs. Après tout, nos kiosques à journaux ne sont-ils pas remplis, chaque jour davantage, de publications s'adressant à des lecteurs de plus en plus spécialisés ? Celle-ci sera passionnée de micro-informatique, celui-là de VTT, cette autre de meubles anciens, ce dernier de diététique. Chacun veut « son » périodique et se dit prêt à le payer plus cher qu'un quotidien généraliste. Le téléspectateur étant appelé à suivre le même chemin, il s'agit de lui permettre d'accéder à une immense variété de programmes et de les lui faire payer. Ainsi ont raisonné les entrepreneurs de télévision.

D'autant qu'au même moment, les analystes mettent en évidence la saturation du marché publicitaire. Les nouvelles chaînes ne devront donc plus être financées par la publicité, mais par un système de péage. L'évolution de la technique accompagne – ou précède, peu importe ici – cette mutation du marché. Si les satellites, les câbles, les réseaux hertziens contribuent à la multiplication des programmes, le numérique décuple encore ces formidables machines à diffuser des images.

« La compression numérique consiste, peut-on lire dans le rapport de Georges Vanderchmitt[2], en matière de signaux de télévision, à transformer le flux d'informations constituant une image en une série de données binaires (des zéros et des uns) qui est ensuite compressée, pour emprunter un canal de diffusion de télévision (qui peut être aussi bien le réseau hertzien terrestre que le câble ou le satellite), puis, décompressée, grâce à un décodeur numérique, pour arriver au téléspectateur. »

La compression numérique va ainsi démultiplier le nombre de chaînes, et l'on estime qu'en 1998 les téléspectateurs européens pourront recevoir plus de 500 programmes par le câble ou directement par satellite, grâce à une antenne parabolique. En ce qui concerne le câble, le relais passe aussi par une antenne parabolique mais celle-ci est installée chez le télédistributeur, qui redistribue ensuite, par le moyen du câble, les programmes à ses abonnés. De leur côté, les satellites de télévision tournent en orbite géostationnaire à 36 000 kilomètres de la terre. Il existe 12 positions au-dessus de l'Europe, la France et la Belgique étant essentiellement couvertes par les satellites Astra et Eutelsat. Depuis un même satellite, un même opérateur peut diffuser un ensemble de chaînes, un « bouquet ».

Tous les opérateurs comprennent qu'à côté des chaînes classiques, qui vivent de la publicité, va se développer un formidable pôle de chaînes payantes qui se regrouperont pour offrir les bouquets en question. Le pari est enivrant. Trop peut-être. Certains vont s'y brûler. « Il y avait deux situations à éviter, estime Jacques Rigaud, rester en dehors du numérique ou y risquer jusqu'à sa dernière chemise. » Personne ne pouvant tenter seul l'aventure, mais personne ne sachant exactement quel sera le meilleur partenaire, les alliances vont se nouer, se dénouer, se renouer, sans logique apparente.

Les principaux partenaires/adversaires/partenaires ne sont pas nombreux. Et pour cause. « Il faut être un "big player" pour rentrer dans la partie », estime un expert luxembourgeois qui évalue la mise de départ à 1 ou 2 milliards de dollars. Parmi les principaux joueurs, on trouve Pierre Lescure, le patron de Canal +, qui domine le marché français et a pris une nette avance dans la télévision à péage avec ses 4 millions d'abonnés en France et en Belgique. Riche de ses 10 milliards de francs français de chiffre d'affaires, la chaîne a lancé, le 27 avril 1996, les 34 chaînes de son bouquet numérique sur Canalsatellite. Ce dernier compte maintenant aux alentours de 240 000 abonnés. Enfant de Canal +, Lescure a succédé, en février 1994, à André Rousselet, le fondateur de la chaîne. Cet ancien journaliste – à RTL, Europe 1, Antenne 2 – s'est converti sans difficulté dans les affaires.

Rupert Murdoch est toujours présent, et il sent toujours le soufre. « Rupert Murdoch, écrit Jean Baumier[3], est australien d'origine. Dans son pays, on est pionnier, on fonce dans les affaires, comme on mène les troupeaux dans la plaine. L'argent, on ne le prend pas avec des pincettes, mais à pleines brassées quand on en a le pouvoir. » Après avoir construit un empire impressionnant dans la presse écrite, il s'est lancé avec autant de succès dans l'audiovisuel. En contrôlant BSkyB, il détient 85 % du marché britannique de la réception directe par satellite. Le lancement, en octobre 1995, de six nouvelles chaînes dans un bouquet analogique va faire de BSkyB le réseau de télévision le plus vaste du monde. Mais si la stratégie de son groupe est d'abord mondiale, Rupert Murdoch ne se désintéresse pas de l'Europe. Il y cherche même des partenaires.

Bertelsmann, nous y reviendrons, est le premier groupe de communication en Europe, le second ou le troisième, selon les sources, dans le monde. Leo Kirch, l'autre Allemand assis à la table, est lui aussi un personnage hors du commun. « Vêtu d'un complet couleur de muraille, écrit Renaud Revel[4], Leo Kirch, homme à la solide charpente et aux apparences rugueuses, dévoilait ce matin-là ses quartiers secrets de Munich-Unterföhring, le siège de sa firme millionnaire en marks, Beta Taurus. »

Et le journaliste de découvrir, dans les profondeurs d'un immeuble quelconque, niché au pied des Alpes bavaroises et protégé comme un bunker, le butin, unique au monde, de Leo Kirch un « trésor amassé depuis plus de trente années, écrit-il, et conservé – à température constante – dans ses caves ultramodernes : 20 000 films, 50 000 heures de télévision, la totalité des plus grands opéras filmés, les catalogues de dessins animés et de films pour enfants les plus riches du marché... Colossal. En fait, de quoi alimenter tranquillement, huit années durant et vingt-quatre heures sur vingt-quatre, l'ensemble des chaînes allemandes, mais aussi la plupart des networks européens, qui sont tous ses clients. »

Kirch, dont on raconte qu'il a commencé sa carrière en prêtant 100 000 francs à Federico Fellini pour que celui-ci achève le tournage de *La Strada*, possède, par exemple, les droits pour l'Europe d'*Alerte à Malibu*, la plus grosse recette télé au monde. On comprend que la partie ne puisse se dérouler sans lui. Câbles, satellites, réseaux hertziens, bouquets, alliances : peu lui importe en fait, puisqu'il sait que, dans tous les cas de figure, tout le monde aura besoin de ses programmes.

Enfin, le groupe Nethold, peu connu dans les pays francophones, couvre pourtant plus de 40 pays par son système de télévision payante. Né en 1981 du rapprochement d'actionnaires disposant de très fortes capacités d'investissement, le conglomérat suisse Richemont, qui tire ses revenus du tabac et des produits de luxe, et le groupe de M. Net, opérateur de télévision payante sud-africain, Nethold a fortement développé ses activités dans le secteur de la télévision.

« La CLT, c'est moi ! »

Albert Frère et la CLT n'ont donc pas affaire à n'importe qui. Il faut dire que la Compagnie luxembourgeoise, celle dont Berlusconi disait qu'elle était « une petite chaîne régionale », tient maintenant très bien sa place dans la cour des grands. Chaque année apporte en effet son lot de succès. En 1992, alors que l'arrêt de La Cinq marque la faillite de la politique audiovisuelle française, elle affiche une insolente bonne santé financière avec un bénéfice de 432 millions de francs français, soit une hausse de 75 %.

Au début de l'année pourtant, Albert Frère et Pierre Dauzier se sont une nouvelle fois accrochés à propos du « pacte Audiofina » qui lie le groupe Bruxelles-Lambert et Havas pour le contrôle de la CLT. Albert Frère revendique notamment, pour GBL, le droit de nommer l'administrateur-délégué, jusque-là réservé à Havas, et il demande des changements dans le statut de la régie publicitaire du groupe. Dauzier accuse alors Frère de rompre le pacte. Un collège d'arbitres suisses est appelé pour tenter de régler le différend entre les deux frères ennemis dont les brouilles et les réconciliations successives font les délices du petit théâtre des affaires parisiennes.

Les Suisses rendent un jugement de Salomon. « J'ai gagné », dit Dauzier. « Je laisse M. Dauzier gérer sa victoire, moi je vais gérer ma défaite », rétorque, hilare, Albert Frère. Le Carolo a, en effet, obtenu l'essentiel : la possibilité de nommer un second administrateur-délégué, qui aura le même rang que Jacques Rigaud. Non que le Carolo se méfie de celui dont il a sauvé la tête à plusieurs reprises et avec lequel il s'entend parfaitement, mais deux hommes sûrs valent mieux qu'un. Et trois mieux que deux. L'ami Gaston Thorn est en effet toujours là, cumulant les fonctions de président et de directeur général.

Jusqu'à présent, le groupe Bruxelles-Lambert avait abandonné sans trop de difficultés à Havas la responsabilité et le privilège de gérer la CLT. Albert Frère avait ainsi souvent accepté dans le passé de s'en remettre à des partenaires plus qualifiés que lui, pourvu que les affaires tournent. Toutefois, au début des années 1990, lorsqu'il voit la CLT prendre un tel essor, il proclame : « La CLT, c'est moi ! » Et il décide de s'en occuper personnellement.

Il se met d'abord en tête de recruter un « ténor » des affaires. Il pense à Jean Gandois, avec qui, on s'en souvient, il a négocié la vente à l'Etat belge de Frère-Bourgeois Commerciale. Son mandat à la tête de Péchiney expirant, Gandois hésite. Il renoncera finalement devant l'ampleur des contraintes qui l'attendent. Lui qui aime bien décider, et décider vite, il sait trop que ce n'est pas à ce poste qu'il pourra foncer. Et puis, dit-on, le gouvernement français a un autre candidat : Jean-Paul Parayre.

Albert Frère va alors envoyer à Luxembourg l'un de ses poulains, Michel Delloye, considéré comme le « dur » de l'équipe des jeunes loups qui l'entoure. Né le 13 septembre 1956 à Huy, en plein pays wallon, ce financier et juriste de formation est entré en janvier 1984 au groupe Bruxelles-Lambert. C'est lui qui devra jouer « mission impossible » à New York pour permettre au groupe de se sortir le mieux possible de la catastrophe de Drexel-Burnham-Lambert.

A 34 ans, il revient dans le groupe comme directeur général pour être à nouveau chargé d'une mission à haut risque : préparer la CLT aux combats de l'an 2000. On s'attend à des explosions dans ce couple peu ordinaire, entre Rigaud-le-sceptique, blanchi sous le harnais des luttes politiques pour le contrôle de RTL, et Delloye-le-fonceur, le financier de talent. Mais la guerre n'aura pas lieu.

En 1993, la CLT marque un nouveau point dans le paysage radiophonique français en rachetant Fun Radio. Si RTL fait toujours la course en tête et rapporte environ un milliard de francs français de recettes à la Compagnie, celle-ci avait raté, dans les années 1980, le virage de la FM. D'où sa volonté d'entrer dans le capital d'une des radios les plus appréciées des jeunes. La négociation est dure. En face, il y a le groupe Hersant. Albert Frère espère n'avoir à débourser que 160 millions de francs. Mais Hersant en veut d'abord 300, puis 230 millions. Le compromis se fait à 220 millions, ce qui met Albert Frère dans tous ses états : trop cher! Le Carolo va jusqu'à bouder un conseil d'administration pour marquer son opposition. Il faudra tout le talent de conciliateur de Jean Peyrelevade pour le faire revenir à de meilleurs sentiments. D'autant que l'affaire se révélera particulièrement fructueuse.

L'année s'achève, une fois encore, avec un chiffre d'affaires en hausse de 19 % et un bénéfice de + 15 %. M6 continue sa spectaculaire ascension : troisième support publicitaire français avec 169 millions de francs français de bénéfices publicitaires. Préfigurant le bouquet numérique TPS, qui va concurrencer Canalsatellite à partir de la fin 1996, la chaîne Multivision est lancée le 30 mars 1993. Elle propose un paiement à la séance (Pay per view). La CLT en détient 24,5 % des parts aux côtés de TF1 (24,4 %), France Télécom (25 %) et la Lyonnaise des Eaux (25 %).

En novembre 1994, Havas et GBL constituent une société commune pour mieux contrôler la CLT. La Compagnie luxembourgeoise multimédia (CLMM) aura ainsi pour but de simplifier les relations entre les multiples actionnaires de la Compagnie. En 1996, la CLT, qui veut concentrer ses efforts sur l'audiovisuel, vend ses deux magazines *TéléStar* et *Top Santé*, pour 1,4 milliard de francs français.

De la cordillère des Andes à Knokke-le-Zoute

A l'assemblée générale du 21 mai 1996, le climat est à l'euphorie. Si l'on compare les résultats de 1995 à ceux de 1991, la progression est impressionnante. Chiffre d'affaires consolidé : 50 milliards de francs belges (ou luxembourgeois) en 1991, 91,1 en 1995. Bénéfice net consolidé : 1,4 milliards en 1991, 3,3 milliards en 1995. Investissements : 4,2 milliards en 1991, 18,9 milliards en 1995. En 1995, la télévision, avec 83 % du chiffre d'affaires, se taille la part du lion contre 10 % à la Radio et 7 % aux autres secteurs.

Un rapide tour d'Europe permet de se rendre compte de l'importance prise par la CLT en quelques années. Sur le marché de la télévision d'abord. De six chaînes en 1992, la CLT est passée à 16 chaînes en 1996. Première en Allemagne avec RTL Télévision (17,6 % de l'audience), aux Pays-Bas avec RTL 4 (24 % de l'audience), en Belgique avec RTL-TVI (22,5 % de l'audience), la CLT occupe même les deux premières places au Luxembourg! En France, M6 a consolidé sa part d'audience à 12 % et renforcé ses positions sur le marché de la publicité (15,8 % en 1994 à 16,1 % en 1995). Série club, la filiale thématique de M6 consacrée exclusivement aux séries, a vu le nombre de foyers abonnés passer pendant la même période de 306 000 à 585 000, soit une progression de 91 %.

Le pôle radio de la CLT est passé de 12 à 18 stations durant la seule année 1995. Derrière le navire amiral, RTL, qui continue à avoir plus d'auditeurs que ses deux poursuivantes réunies, Fun Radio, qui perdait de l'argent, a vu son chiffre d'affaires progresser de plus de 20 %, atteignant 107 millions de francs français en 1995. En Allemagne, RTL reste la radio la plus écoutée à Berlin et dans le land du Brandebourg. En Belgique, Radio Contact, et, depuis 1995, BEL-RTL représentent plus de 35 % de l'audience dans la partie francophone du royaume.

Mais une certaine nostalgie n'est pas non plus absente de cette assemblée générale. S'explique-t-elle, comme semble le penser le président de la Compagnie, Gaston Thorn, par le déménagement en cours de l'ensemble du personnel de la

Villa Louvigny (soixante ans d'aventure) vers l'austère et eurocratique plateau du Kirchberg ? Sans doute. Pourtant Gaston Thorn, en expliquant que les nouveaux bâtiments sont situés à quelques mètres de l'ancienne chaussée romaine reliant Reims et la *Belgica secunda* à Trèves et à la *Germania superior*, ne prétend pas donner un cours de géographie à ses actionnaires.

L'allusion à la *Germania superior* a un tout autre sens. Quelques semaines plus tôt, le lundi 1er avril très exactement, Albert Frère et Michael Dornemann, le patron d'UFA, la branche audiovisuelle de Bertelsmann, ont publié un communiqué commun annonçant la fusion de la CLT et d'UFA. Comme soulte, le Carolo empoche la bagatelle de 5 milliards de francs français. A Paris comme à Bruxelles, amis comme ennemis n'ont qu'un mot de commentaire : bien joué !

Que s'est-il passé en moins d'un mois ? entre ce 5 mars où Albert Frère, trahi, était au tapis, et ce 1er avril où il peut crier victoire ?

Depuis mai 1995, la CLT négociait avec Rupert Murdoch un accord de partenariat visant essentiellement à développer un projet de télévision numérique en Allemagne. Mais lorsque ce projet avait commencé à prendre corps, il avait provoqué des réactions négatives. Ainsi, le 12 février 1996, la Société des auteurs et compositeurs dramatiques avait exprimé son «inquiétude» face à cette «volonté d'établir une tête de pont américaine au cœur du dispositif des programmes européens».

En fait, les responsables de la CLT ne sont pas vraiment d'accord entre eux. Michel Delloye veut concentrer toutes les forces de la Compagnie dans le numérique, sachant que l'investissement à réaliser sera d'environ 20 milliards de francs belges sur dix ans (la CLT vaut entre 100 et 120 milliards de francs belges). Albert Frère est plus indécis. Quant à Dauzier, le patron d'Havas et, à ce titre, co-responsable de la CLT, il est de plus en plus hostile. Et il connaît les arguments susceptibles de convaincre son partenaire : «Albert, on va perdre de l'argent!», «Albert, mon cours de Bourse!»

Selon certains observateurs, Dauzier cherche alors à dégoûter Albert Frère de la CLT pour récupérer ensuite la mise et lui racheter ses parts. En novembre 1996, le patron d'Havas se lance : «Je vais assurer l'avenir de vos enfants», dit-il au Carolo à qui il propose de racheter la participation de GBL dans la CLT sur la base d'une valorisation de celle-ci à hauteur de 18 milliards de francs français. Le Carolo refuse.

Le naïf qui, quelques semaines plus tard, lui demandera pourquoi il avait refusé une telle proposition, s'entendra répondre : «Certes, c'était une coquette somme. Mais qu'est-ce que j'aurais pu faire après? Comment aurais-je occupé mes journées? Non, j'ai eu trop peur de m'ennuyer.»

Beaucoup croient pourtant qu'Albert Frère veut vraiment se débarrasser de la CLT. Toujours en novembre 1996, Canal +, Bertelsmann et Havas s'accordent sur un pacte secret en vue du rachat de la CLT : un tiers chacun!

Le 29 février 1997, Michel Delloye rencontre Albert Frère et présente sa démission. Lui, le fonceur, il en a assez de ne rien pouvoir décider. Impossible, dit-il en substance, de continuer ainsi, sans ligne cohérente, sans financer les investissements nécessaires à la mise en route d'une stratégie industrielle. Mais Albert Frère ne supporte pas qu'on le quitte. D'autant qu'il aime bien Delloye, le «cabochard» qui n'hésite pas à le contredire et avec qui il a déjà réalisé quelques opérations-commandos. Il demande à Delloye s'il a bien réfléchi, s'il a pensé à sa famille. Les autres collaborateurs, qui comprennent mal comment on peut quitter la «bande à Albert», mettent la décision de Delloye sur le compte de la fatigue. Ils essaient aussi de le retenir. En vain.

Delloye ne partira pas tout de suite. Le lendemain, en effet, va commencer l'une des parties les plus dures qu'ait jamais eu à jouer Albert Frère. Et dans cette étrange confrérie, on n'abandonne pas le patron par gros temps.

Nous sommes le vendredi 1er mars. Jean-Marie Messier (Générale des Eaux), Pierre Lescure (Canal +), Pierre Dauzier (Havas) rencontrent Albert Frère, accompagné de Michel Delloye et de Didier Bellens, un autre de ses collaborateurs directs. Albert Frère, contrairement à son habitude, lit une déclaration solennelle, où il annonce la fin de ses contacts avec Rupert Murdoch : « La levée de boucliers, la manipulation éhontée de la presse, la diabolisation de Rupert Murdoch, les pressions venues d'amis intimes tels M. Dejouany mais aussi Jacques Friedmann, Didier Pfeiffer, Jean-Marie Messier, Jean Peyrelevade, chargé, selon sa propre expression, d'un « message élyséen », et bien d'autres encore – jusqu'à l'intervention directe du chef de l'État auprès du Premier ministre luxembourgeois à l'occasion d'une visite officielle début février – les menaces même, tout cela a créé autour de la CLT une ambiance extrêmement préjudiciable. Après que nous soyons tombés d'accord sur les trois résolutions rédigées d'ailleurs pour l'essentiel par M. Dejouany, à présent, je vous ai déclaré que nous – GBL – en tant qu'actionnaire majoritaire, nous étions prêts à revoir nos relations avec le groupe de Rupert Murdoch. C'est chose faite : dès la fin de la semaine dernière, nous avons prévenu Rupert Murdoch. Vous avez donc, Messieurs les intervenants ici présents et ceux qui n'y sont pas, y compris le chef de l'Etat, obtenu satisfaction : le "diable" n'entrera pas dans le numérique en Allemagne ! »

« Quand j'y pense aujourd'hui et que je sais ce qui s'est passé ensuite, j'ai l'impression d'être dans un film surréaliste, raconte un des participants de cette journée des dupes. On a fait comme si on était d'accord, alors que la plupart des personnes présentes avaient autre chose en tête. » Lescure appelle même Delloye le lundi... à 11 heures du soir pour reporter leur rendez-vous du lendemain, rendez-vous qui n'aura jamais lieu. Et pour cause : le 5 mars est signé l'accord («la trahison») entre Murdoch, Canal +, Havas et Bertelsmann.

Objectif : accélérer le développement du numérique en Europe. Au départ, il s'agira de créer une société «qui offrira des chaînes de télévision numérique en Allemagne puis dans d'autres pays européens». A peu de choses près, ce sont les termes du pré-accord passé et dénoncé entre la CLT et Murdoch.

Jacques Rigaud, qui se demande s'il va démissionner, confie son amertume à quelques journalistes. Il en veut aux «culturels». «Vous avez vu la levée de boucliers devant notre projet d'accord avec Murdoch! Pourquoi ne protestent-ils pas aujourd'hui que Murdoch s'associe avec d'autres! Je n'ai encore pas eu connaissance de déclarations de M. Lelouch! [...]. Compte tenu des liens financiers entre le cinéma et Canal +, poursuit Rigaud, ces "grands humanistes" vont voir les choses tout autrement! Quand il s'agissait de la CLT, qui est luxembourgeoise, et qui a toujours été un caillou dans leurs chaussures, on pouvait taper dessus à bras raccourcis!»

Pour Rigaud la messe est dite avec Havas, qui ne peut participer aux instances de décision de la CLT et soutenir un projet concurrençant celui de la compagnie. Ou bien Havas devra acheter les positions d'Albert Frère dans la CLT ou bien ce sera... le contraire.

Les réactions se multiplient. Michel Delloye parle de «trahison». Le Premier ministre luxembourgeois, Jean-Claude Juncker, fait part de son «étonnement intégral» et dénonce l'attitude «médiocrement silencieuse» de la communauté intellectuelle française devant l'arrivée de Murdoch. Le même jour, donnant raison à Rigaud, l'Union des producteurs de films estime que l'accord intervenu «augure une situation plus favorable» que celui envisagé entre la CLT et Murdoch.

Albert Frère — «il tourne comme un lion en cage, téléphone pour un oui et pour un non, met tous les avocats sur le pied de guerre », raconte un de ses collaborateurs – annonce sa démission du conseil d'administration d'Havas et une « remise à plat » de ses relations avec le groupe français. D'ores et déjà, le Carolo veut vendre ses 4,3 % d'Havas, « dès que les cours de Bourse du groupe français auront retrouvé un niveau satisfaisant », tient-il à préciser, manière de lancer au passage une pique à Pierre Dauzier. Celui-ci se défend : Havas affirme que le groupe luxembourgeois n'avait pas donné suite à une proposition d'accord faite en décembre par Canal + et Bertelsmann sur la télévision numérique en Allemagne.

De nouveau on évoque la vente de la CLT. Pourquoi pas à Canal + ? Si je vends, je ne vends qu'à Havas, affirme Albert Frère. Le film va ensuite s'accélérer. Décryptage de quelques semaines totalement folles.

– Mercredi 27 mars, Paris : Albert Frère rencontre Dauzier en vue de la formation d'un comité permanent de la CLT. Le Carolo est véritablement désorienté. Du moins il en donne le sentiment. Rien ne se passe.

– Jeudi 28 mars, aéroport de Francfort, 18 heures : Michel Delloye rencontre Michael Dornemann, le patron d'UFA. Le Belge embarque pour Paris à 21 h 35, l'Allemand et sa compagne doivent s'envoler pour Buenos Aires à 22 heures. Quinze jours de vacances sur la cordillère des Andes. Ils devaient se rencontrer au retour de Dornemann pour analyser les possibilités de coopération, mais il y a urgence. D'une part le tribunal de Hambourg doit rendre prochainement son jugement sur le conflit opposant la CLT et Bertelsmann à propos de RTL Télévision, la chaîne allemande qu'ils gèrent en commun. Delloye fait également part à Dornemann des plans d'accord qui se dessinent entre la CLT et Leo Kirch. Bref, il faut faire vite. Delloye, qui sait que Bertelsmann rêve de la CLT depuis longtemps, se lance à l'eau : pourquoi ne pas regrouper les actifs des deux sociétés dans un holding commun ? Formidable, répond l'Allemand, qui demande une minute pour téléphoner au président du directoire de son groupe, Mark Wossner. C'est d'accord. Delloye obtient deux assurances : que tout se fera très vite et que Bertelsmann réservera l'exclusivité de ses activités audiovisuelles au holding commun. Il est 21 heures, les deux Michel se serrent la main, très émus. Mais Delloye sait qu'il lui reste encore à convaincre Albert Frère. Il l'appelle de l'aéroport. « Ne m'engueulez pas, dit-il au patron, je crois que j'ai trouvé la bonne solution. »

– Vendredi 29 mars, Paris-Bruxelles : par téléphone, par vidéo-conférence, Albert Frère, de Paris, consulte toute son équipe. Le patron comprend vite qu'il tient là les merveilleux instruments d'une exquise vengeance. La métamorphose est stupéfiante : après quelques jours de cafard, le battant a repris le dessus. On ne peut plus le tenir :

– Il faut rappeler immédiatement Dornemann !
– Impossible, il est dans l'avion pour Buenos Aires !
– Appelez dans l'avion !

On déniche la liste des avions Francfort-Buenos Aires, et on parvient à laisser un message à Dornemann. Tant pis pour ses vacances dans la cordillère des Andes, il faut qu'il revienne à tout prix.

– Dimanche 31 mars, Madrid : l'avion privé de Bertelsmann récupère le couple. Destination : la Belgique.

– Dimanche 31 mars, Ostende : le chauffeur d'Albert Frère les conduit à Knokke-le-Zoute dans la résidence d'Albert Frère. Celui-ci tourne comme un lion en cage. Dornemann n'exprime qu'un seul vœu : prendre une douche et se reposer. Accordé : « Il est midi, on se retrouve à 13 h 30. » A 14 h 30, l'accord est fait sur l'essentiel : une société commune à 50/50. Les discussions ont porté sur l'ensemble des activités radio, télévision gratuite et à péage, analogique et numérique, production, négoce des droits audiovisuels des deux groupes. Le conflit sur RTL Télévision trouve une solution.

Etant donné que la valorisation de la CLT est supérieure à

celle d'UFA, Albert Frère recevra une soulte d'1,5 milliard DM (5 milliards de francs français). Dornemann peut dormir. L'histoire ne dit pas quelle a été la réaction de sa compagne, se retrouvant sur la côte belge après avoir rêvé des Andes. Bonne sans doute, puisqu'ils se marieront l'année suivante.

— Lundi 1er avril, Luxembourg : Albert Frère, Michael Dornemann, Gaston Thorn, Didier Bellens, Michel Delloye rendent compte, avant tout le monde, au Premier ministre du Grand-Duché, Jean-Claude Juncker, de l'accord intervenu. De Luxembourg, un simple communiqué annonce la naissance de CLT-UFA, le premier groupe audiovisuel européen.

— Mardi 2 avril, Paris : «D'abord, chapeau!», écrit Pierre Lescure, le patron de Canal +, à Albert Frère, avant d'ajouter : «Au delà de ce salut amical, je ne peux que penser à tout ce que peut engendrer cette construction nouvelle...»

— 18 avril, Luxembourg : Michel Delloye signe, au nom de la CLT, le protocole sur le bouquet numérique avec France-Télévision, TF1, la Lyonnaise des Eaux et M6. L'accord jette les bases de Télévision par satellites (TPS), qui doit développer le second bouquet numérique français après celui de CanalSatellite. Le même jour, Albert Frère, via le groupe Bruxelles-Lambert, a acquis 17,2 % supplémentaires du capital d'Audiofina, qui contrôle la CLT. Il signe un chèque de 2,8 milliards de francs français (17,3 milliards de francs belges) à l'ordre de ses amis de Paribas et de l'UAP.

— 6 juin, Paris, Roland-Garros : Albert Frère, qui ne manquerait pour rien au monde la finale des Internationaux de France, annonce à Pierre Lescure que Michel Delloye quitte la CLT. La nouvelle fait vite le tour du petit monde parisien de l'audiovisuel.

— 19 juin, Luxembourg : un communiqué de la CLT annonce le départ de Michel Delloye, «qui a mené la CLT dans une phase cruciale de son développement». Une semaine plus tard, Rémy Sautter, vice-président de RTL, le remplace. Né en octobre 1936, énarque, ancien conseiller technique au cabinet de Charles Hernu, l'ancien ministre de la Défense de François Mitterrand, il a été directeur financier d'Havas avant d'entrer à RTL.

– mercredi 3 juillet : le mariage entre la CLT et UFA est consacré. Albert Frère peut être fier : il n'a pas donné sa fille à n'importe qui !

La saga du petit éditeur de bibles

« L'histoire du petit éditeur devenu grand communicateur emprunte à la rigueur allemande davantage qu'à un conte de fées », explique Lothar Gries [5] pour expliquer le formidable développement du groupe Bertelsmann, dont l'origine remonte à 1824, lorsque Carl Bertelsmann, âgé de 33 ans, installe dans la petite ville de Gutersloh un minuscule atelier d'imprimerie. La société va se développer très lentement : on n'y publie pas n'importe quoi : presque exclusivement de la littérature religieuse (comme Dupuis) et des recueils de poètes populaires. La vente de livres par correspondance, en 1937, va accélérer la croissance de la société, qui emploie désormais plus de 400 salariés. Protestants convaincus, allergiques au nazisme, les dirigeants de la firme vont faire très mauvais ménage avec les responsables du Troisième Reich, et Goebbels fera fermer la maison d'édition.

Descendant de Carl Bertelsmann, Reinhard Mohn a la charge, à la fin de la guerre, de tout reconstruire. Né en 1921, cet ancien de l'Afrika Korps ne va pas traîner : en 1950, l'entreprise retrouve son niveau d'activité d'avant-guerre. Notamment grâce au lancement des clubs de livres. La croissance, dès lors, ne cessera plus : imprimerie, éditions de disques, télévision à partir de 1960. L'objectif est aujourd'hui de porter le chiffre d'affaires de 69,2 milliards de francs français en 1995 à 120 milliards en l'an 2000. (A titre de comparaison, le chiffre d'affaires d'Havas était de 44,6 milliards en 1995.)

Le président du directoire, Mark Wossner, dirige aujourd'hui plus de 58 000 personnes. 30 % du chiffre d'affaires est réalisé dans la vente et l'édition de livres, ce qui permet à Bertelsmann de se présenter comme le plus grand éditeur au monde. Autres secteurs d'activité : la presse (20 % du chiffre d'affaires), l'imprimerie (15 %) et les divertissements (musique et audiovisuel) (35 %).

A 75 ans, Reinhard Mohn préside la fondation qui possède 70 % du groupe. Une fondation sans but lucratif, unique en son genre, où l'on aime bien répéter que «dans la famille Bertelsmann, la fortune est toujours allée de pair avec un engagement social».

Bertelsmann est très présent sur le marché francophone par l'intermédiaire de France-Loisirs, le numéro un mondial des clubs de livres. Sa filiale, Prisma Presse, est devenue, sous la direction d'Axel Ganz, le deuxième éditeur de presse magazine français, derrière Hachette-Filipacchi. Le meilleur et le pire, de *Géo* à *Voici* en passant par *Capital*, *Ça m'intéresse*, et, depuis peu, *VSD*.

La question qui se pose est dès lors évidente : Bertelsmann ne risque-t-il pas de ne faire qu'une bouchée de la CLT, cette «fiancée séduisante bien que provinciale», selon les termes du *Frankfurter Rundschau*? La réponse est moins évidente que la question. Troisième groupe de communication mondial après les Américains Time Warner et ABC Disney, Bertelsmann s'est, en effet, engagé avec des fortunes diverses dans la télévision, ce secteur ne représentant que 10 % de son chiffre d'affaires. Sur ce plan, le mariage avec la CLT paraît donc équilibré. D'autant que le chiffre d'affaires du nouveau groupe devant s'élever à environ 3,3 milliards de dollars, UFA y participera à hauteur d'environ 1,4 milliards et la CLT de 1,9 milliard. Et si Bertelsmann apporte dans la corbeille ses énormes capacités financières, son prestige, sa solidité, la compagnie luxembourgeoise offre son expérience audiovisuelle européenne et son savoir-faire.

« Déjà perçu en France comme une puissance impérialiste à travers sa filiale Prisma Presse, Bertelsmann peut-il rééditer cette offensive dans la télévision numérique ? » s'interrogeait Pierre de Gasquet[6], avant de répondre : « Contrairement à la plupart de ses concurrents européens, le groupe allemand peut travailler sur une échelle de temps à très long terme. Etant donné que la télévision numérique ne devrait pas décoller avant 2005, Bertelsmann a pas mal d'espace pour négocier le contrôle total du premier groupe audiovisuel européen. »

En tout état de cause, les structures du nouveau groupe sont rigoureusement paritaires. Il sera dirigé par un comité exécutif quadripartite : deux directeurs généraux (Rolf Schmidt-Holz pour Bertelsmann et Rémy Sautter pour la CLT) rendront régulièrement compte à deux représentants des actionnaires (Didier Bellens pour la CLT, et Michael Dornemann pour Berteslmann). Quant à Gaston Thorn et Jacques Rigaud, respectivement président du conseil d'administration et administrateur-délégué, ils conservent leur fonction dans la nouvelle société.

Le 18 juillet, Jacques Rigaud avertit dans *Le Figaro* : « Il n'y a pas de germanisation de la CLT. » « Si l'actionnariat est souverain, précise le PDG de RTL, le management a, dans la gestion des antennes, une pleine maîtrise des opérations professionnelles [...]. Je peux garantir au gouvernement français, qui s'interroge sur RTL, sur le risque d'une immixtion étrangère ou d'un changement de mode d'exploitation, que rien ne changera. »

Le mercredi 19 septembre 1996, un communiqué discret, mais sans équivoque, de la CLT provoque un nouveau traumatisme dans le petit monde audiovisuel européen déjà pas mal chahuté depuis le début de l'année. Voilà que Bertelsmann et la CLT enterrent ce qui devait être, au départ, leur principale ambition : la conquête du marché de la télévision numérique en Allemagne. Si l'arrêt de mort de Club RTL, le bouquet de chaînes numériques préparé par les deux groupes, a été signé en catimini et a choqué, la décision a été prise après une analyse lucide de la situation : pour le moment, en Allemagne notamment, la télévision numérique est un pari terriblement risqué. Le groupe « se refuse à engager des milliards sur un marché qui commencera à rapporter seulement dans dix ou quinze années ».

« Après l'euphorie, vient le désenchantement », résume un expert, Karl Schawinsky, pour la revue *Medienspiegel*. Il poursuit : « Les chances économiques d'une offre de télévision payante à côté de Première, la chaîne cryptée allemande, sont très faibles [...]. Cela prendra beaucoup de temps dans un pays où l'on peut voir une trentaine de programmes presque gratuitement. » Dans la foulée, une autre chaîne annonce qu'elle dépose les armes : Pro Sieben, contrôlée par le fils de Leo Kirch. Quant aux actionnaires de la société MMBG, créée par Bertelsmann et Canal + pour vendre des décodeurs numériques, ils sont sur le point de dissoudre leur société, après le retrait de Deutsche Telekom.

Après l'euphorie, le désenchantement : Karl Schawinsky avait raison. Les nouvelles alarmantes vont en effet se multiplier au début du printemps 1997.

— En fusionnant, à la fin de l'été, avec Nethold, Canal + avait élargi sa surface en donnant naissance au premier groupe européen de télévision à péage. Mais son allié traversait une passe particulièrement mauvaise : contre-performances en Scandinavie et en Belgique. Après avoir annoncé 741 millions de francs français de bénéfices nets pour 1996, Canal + devra digérer son coûteux mariage et connaître une période de vaches maigres qui pourrait s'étendre jusqu'en 1999.

— Le « roi Leo » lui-même annonce qu'il est dans le rouge. DF1, le bouquet numérique qu'il a lancé en juillet 1996, est loin du succès attendu : 30 000 abonnés seulement. Il pourrait perdre 9 milliards de francs français d'ici trois à cinq ans et, en avril 1997, négociait l'octroi d'un crédit d'1 milliard DM (environ 3,4 milliards de francs français).

— Quant à la CLT-UFA, qui avait annoncé un bénéfice net de 3,3 milliards de francs belges en 1996, elle ne devrait pas dégager de bénéfices en 1997. (En 1996, les coûts de fermeture de Club RTL, estimés à 3,6 milliards de francs belges, avaient été compensés par la vente de *Téléstar*.) Les responsables du groupe ne sont pourtant pas inquiets : les investissements considérables réalisés en Angleterre avec Channel 5 et le lancement de RTL 7 en Pologne devraient vite être rentabilisés. De plus, les fleurons du groupe continuent à engranger les bénéfices : RTL Télévision en Allemagne, RTL Radio en France, et la petite M6 qui continue sa belle progression. Sans oublier Première, le Canal + allemand, monté d'ailleurs en collaboration avec la chaîne française, qui vogue vers ses 2 millions d'abonnés.

Le combat pour le numérique n'est pas terminé. Il a été cruel, comme on pouvait s'y attendre et certains ne devraient pas s'en relever. Albert Frère a bien failli y laisser sinon sa fortune du moins une partie de sa réputation de gagneur. Mais, en quelques jours, il a opéré un formidable retournement, s'attirant même les compliments d'un homme qui en est pourtant fort avare, André Rousselet : « Albert Frère ? c'est le plus fort ! » Sabre au clair !

NOTES

1. « Le "petit Dauzier" devenu grand », *Le Monde*, 5 septembre 1995.
2. Georges Vanderchmitt, *La Télévision par satellite : Approche d'un nouveau marché*, Rapport à M. François Fillon, ministre délégué à la Poste, aux Télécommunications et à l'Espace, novembre 1995.
3. Jean Baumier, *Ces patrons qui gagnent*, Paris, Plon, 1986.
4. Renaud Revel, « Les trésors audiovisuels du roi Leo », *L'Express*, 21 mars 1996.
5. « Les rouages secrets de l'empire Bertelsmann », *Les Echos*, 12 juin 1996.
6. *Ibid.*

ÉPILOGUE

Aujourd'hui et demain

Dimanche, 7 heures du matin. Depuis deux bonnes heures, Albert Frère a fait sa gymnastique quotidienne en regardant, sur une chaîne anglo-saxonne, un documentaire consacré à la vie des animaux, nouvelle occasion de noter sur un carnet quelques mots d'anglais qu'il ne connaissait pas. Il s'apprête maintenant à téléphoner à l'un ou l'autre de ses collaborateurs. Lundi, il fera envoyer une volumineuse boîte de chocolats ou un superbe bouquet de fleurs à l'épouse dérangée par cette intrusion dominicale.

«Pour certains, le téléphone est un moyen de communication; d'autres en ont peur; pour mon père, c'est d'abord un instrument de torture», plaisante Gérald Frère. Et pas question de se dérober aux appels du Carolo, qui a même fait installer deux postes de téléphone dans les saunas de chacun de ses appartements. A la secrétaire de se débrouiller pour déchiffrer les notes prises sur des papiers trempés de sueur!

Mais que faire d'autre un dimanche matin ? On imagine mal Albert flâner en pantoufles, dans les pièces de sa confortable demeure, La Peupleraie, aux murs couverts de tableaux de maître, de collections d'objets précieux, comme cette chaise d'enfant qui a appartenu au roi de Rome. A une centaine de mètres de là, dans l'ancienne ferme aménagée par Gérald où brûle toujours un feu de bois, on est séduit par la rustique simplicité des lieux. Dis-moi où tu habites...

Lire ? « Je ne l'ai pratiquement jamais vu un bouquin à la main », dit un homme avec lequel il est en relation depuis des dizaines d'années. Après avoir « dévoré » les classiques – Zola, Dumas... – jusqu'à l'âge de 20 ans, Albert ne lit plus beaucoup, mis à part Stefan Zweig, dont il apprécie l'acuité, et les ouvrages consacrés à l'œnologie. « Il ne se passe pas un jour sans que je ne feuillette un article consacré au vin », affirme-t-il[1]. S'il n'est pas un lecteur assidu, gare à celui qui, dans une lettre de requête, emploiera un mot à mauvais escient ou abusera des répétitions : sa demande risque fort de ne pas être prise en compte. Jacques Rigaud, fin lettré, soigne tout particulièrement le style des missives qu'il adresse au patron de la CLT. Si Albert Frère « aurait aimé être musicien, pianiste surtout », il n'est pas question pour lui d'envisager de passer sa vie au concert. Quant à la peinture, il l'apprécie, mais en amateur.

Le sport ? Oui, à condition de se battre, de transpirer, de cogner. Serait-il devenu sage ? Le voyant arriver sur ses 70 ans, certains de ses amis lui ont conseillé, en prenant un luxe de précaution, de se mettre au golf et de laisser tomber le tennis. Sans trop y croire. Pourtant, aux dernières nouvelles, Albert se serait plié de bonne grâce au rythme plus lent et plus policé de ce nouveau sport.

Oublions les dimanches. Non pas qu'Albert Frère, comme Juliette Gréco, les haïsse. Mais, comment un homme qui n'est jamais parvenu à séparer vie privée et vie professionnelle pourrait-il accepter cette absurde division de la semaine en jours « avec » et en jours « sans » ?

Lundi. Une fois habillé – « sobre et de bon goût », comme dit Gérald –, après avoir écouté les informations à la radio, il prend, quoiqu'il arrive, son petit déjeuner à 7 heures et quart tapantes, en compagnie de son fils. « Étant plus gros mangeur que lui, je suis en général à table le premier », ironise ce dernier. Si Albert Frère a toujours un solide coup de fourchette, elles sont bien oubliées, les assiettes de « filet américain » à la Spaten-Bräu ! Il sait désormais se dominer, mériter le bon repas du soir par une heure de sport ou une collation frugale prise à midi sur le coin de son bureau. Occasion plutôt rare : le patron a environ cinq déjeuners d'affaires par semaine et pratiquement autant de dîners. Ses restaurants préférés ? *L'Écailler du Palais Royal* et *La Maison du Cygne* à Bruxelles, *Taillevent* et *L'Ambroisie* à Paris. En la matière, Albert est plutôt conservateur. Comme Ford, qui donnait à ses clients le choix de la couleur de leur automobile « à condition qu'elle soit noire », il arrive souvent à Albert Frère de dire à ses amis :

– Je t'invite dans le restaurant que tu veux, mais on va chez *Taillevent* !

Son amour pour le vin n'est pas une légende. Actionnaire il y a quelques années de Haut-Bages-Libéral, Albert Frère est associé aujourd'hui avec les Rotschild dans Rieussec et l'Evangile. Il devient lyrique lorsqu'il parle de sa cave. « Il m'arrive de trouver une heure, le dimanche après-midi, pour y descendre. Chaque fois, c'est une immense satisfaction, une joie profonde de cheminer dans les allées en laissant mes yeux parcourir les étiquettes. Et quel plaisir de redécouvrir un flacon oublié qui fait naître le désir ! [...]. Certains jours, poursuit-il, je rêve... Si je trouvais dans le Bordelais une gentilhommière du XVIIIe siècle, pleine de charme, entourée d'un parc et de quelques hectares de bonne vigne, je me laisserais peut-être tenter... »

Le rêve ne dure pas longtemps. Bras dessus, bras dessous, Albert et Gérald sortent de La Peupleraie et montent dans la voiture. Gérald conduit. Pendant trente et un ans, on se rendait dans les horribles bureaux du boulevard Tirou, au cœur de Charleroi. Depuis avril 1996, les nouveaux bureaux sont installés à Loverval, à la périphérie de La Peupleraie... Trois minutes en voiture, vingt à pied. L'artiste est à pied d'œuvre.

Albert et ses « petits génies »

« Cela ressemble un peu à un cloître cistercien », dit Gilles Samyn à propos des bureaux de Loverval, un ensemble de belle facture, construit par son frère l'architecte Philippe Samyn en pleine nature. Rassurons-nous : si cloître il y a, ce n'est pas pour permettre au maître des lieux, toujours aussi peu porté sur la métaphysique, de dialoguer avec l'éternité, mais pour assurer à son équipe rapprochée la tranquillité indispensable.

« Nous avons voulu aussi recréer l'ambiance de Charleroi », ajoute Samyn. Les nouveaux bâtiments (hall immense puis salle de réunion ultra-moderne) n'ont pourtant aucun point commun avec l'entrée tout juste décente, le couloir exigu du boulevard Tirou, ce « pavillon des agités », selon l'expression de Gérald Frère, où Albert Frère a écrit les pages les plus trépidantes de sa carrière.

Il faut monter au premier étage pour comprendre. Le blanc immaculé des murs, les portes coulissantes, le côté brut des matériaux : voilà pour les cellules de moines. Tous groupés autour du bureau du patron, la possibilité de se parler d'un bureau à l'autre : voilà pour la convivialité retrouvée. Les pingres ajouteront que cette construction *ex nihilo* a coûté beaucoup d'argent, les jaloux que tout cela est peut-être un peu grand pour abriter tout juste un peu plus de vingt personnes, secrétaires comprises. Il reste qu'Albert Frère a sans doute réalisé là un de ses rêves : son bureau est maintenant une annexe de sa maison. A moins que ce ne soit le contraire. Quant aux amateurs de psychanalyse, ils interpréteront peut-être ce déménagement comme un retour à l'enfance, quand la maison familiale abritait la clouterie Frère-Bourgeois...

« Tous dans le bureau du patron ! » Après avoir rapidement demandé des nouvelles des marchés et donné, déjà, quelques coups de téléphone, Albert Frère convoque sa garde rapprochée. « Il faut partager ses émotions, dit l'un de ses proches, s'il pense que tout va bien... tout va bien. Si cela tangue un peu, il nous le fera aussi comprendre. Et pas question de s'occuper d'un autre dossier que de celui qu'il considère comme le plus important ! Tous les talents du groupe doivent être mobilisés sur un seul point, quitte à en changer le lendemain et se faire rabrouer si l'on évoque le dossier de la veille ! »

Si Albert Frère travaille plus que jamais, il sait admirablement bien jouer de son âge quand il veut rabrouer son monde. « Après tout, je suis pensionné, j'ai bien le droit à ma retraite, alors, débrouillez-vous ! » Quelques minutes plus tard, oubliant ses résolutions sur l'art d'être grand-père, il repartira à l'abordage comme un jeunot. Obligeant son entourage à une gymnastique perpétuelle. D'autant qu'il reste partagé entre son désir de s'organiser minutieusement (la clef du succès) et son envie de laisser les choses venir (la clef du bonheur !). Alors, il prend ses rendez-vous plusieurs semaines à l'avance et, supportant de plus en plus mal la vue d'un agenda, râle au moment de rencontrer l'importun.

C'est là, dans cette ambiance familiale, qu'Albert Frère gère ses affaires. De là que tout part et où tout revient. Là que bat le cœur d'une machinerie complexe, incompréhensible aux non-initiés, une belle machine à fabriquer de l'argent et à gérer du pouvoir.

Tout en haut de l'organigramme, une fondation de droit

néerlandais (*administratie Kantoor*), destinée à régler la succession d'Albert Frère. Cette question, « sans être un sujet tabou, n'est pas vraiment à l'ordre du jour », explique *Le Soir*[2]. « Mais, poursuit le quotidien bruxellois, il ne faudrait pas en déduire que le financier carolorégien est un imprévoyant. Il a vu trop d'empires déchirés dès la deuxième génération arrivée au pouvoir. » Albert Frère a quatre héritiers : Gérald, l'enfant de son premier mariage, Christine Hennuy, son épouse, avec laquelle il a eu deux enfants : Ségolène et Charles-Albert.

L'*administratie Kantoor* permet justement d'éviter, autant que faire se peut, les luttes fratricides en dissociant la propriété des actifs financiers et le droit de vote, c'est-à-dire le pouvoir de décision. Ce pouvoir peut être confié à un ou plusieurs tiers qui, en cas de dissensions entre héritiers, peuvent jouer les arbitres et, surtout, empêcher que les luttes n'aient un effet par trop perturbateur sur l'évolution des affaires.

Cette responsabilité a été dévolue à Pierre Van Omneslaghe, l'ami de toujours, et Gilles Samyn, considéré comme le collaborateur le plus direct d'Albert Frère. Meneur de la bande des « petits génies », comme le patron les appelle en se moquant amicalement de leurs diplômes, Samyn a la force tranquille des premiers de classe, une mémoire à toute épreuve, une vitesse de raisonnement incomparable et de la fidélité à revendre pour le seul homme qu'il daigne considérer comme lui étant supérieur : Albert Frère. De temps en temps, il parle de lui à la troisième personne : « la méthode à Gillou ».

Né en 1950 à Cannes, Gilles Samyn a fait ses études primaires et secondaires à Gand, en pays flamand, avant d'intégrer Solvay, la prestigieuse école de commerce bruxelloise. Il sort premier de sa promotion, fait un court passage au groupe Bruxelles-Lambert, où il est remarqué par le baron Lambert, avant de se mettre un an à son compte comme conseiller indépendant. En 1983, il entre dans le groupe Frère-Bourgeois alors que celui-ci est en pleine réorganisation, quittant la sidérurgie pour se lancer dans la finance. Le pari est risqué. Samyn le réussit. Pour preuve : la multitude de mandats qu'il assume aujourd'hui et qui brillent sur son curriculum vitae comme autant de médailles recueillies sur les différents champs de bataille de la finance européenne.

Gilles Samyn est en effet administrateur-délégué de Erbé, Fibelpar, CNP et Frère-Bourgeois. Il est, en plus (tout simplement), administrateur de Palais du Vin SA, Pargesa holding, groupe Bruxelles-Lambert, Transcor, Petrofina, Dupuis, Orior, Parfinance, Imetal, Electrafina, Axa Belgium, Fondation de l'entreprise, Compagnie luxembourgeoise de télédiffusion.

Précisons que Gilles Samyn, de même que les autres maréchaux de l'empire Frère, reversent dans la caisse commune les tantièmes (ou jetons de présence) attribués par ces différentes sociétés. Comme ces députés communistes qui reversaient au Parti leurs émoluments de parlementaires et devaient se contenter de leurs salaires !

Si l'on met de côté la fondation néerlandaise, la société anonyme Frère-Bourgeois, identique à elle-même depuis la clouterie familiale de Fontaine-l'Evêque, apparaît au sommet de l'organigramme du groupe. Son capital est entièrement détenu par la famille. Pour comprendre le reste, il faut recourir à la théorie des chapeaux, dite aussi des poupées russes.

Deuxième chapeau, donc : Erbe. Ce holding, dont le nom, on s'en souvient, provient des initiales de René Bailly, un fabricant de meubles de Charleroi dont Albert Frère acheta la société dans les années 1950, est détenu à 54,5 % par Frère-Bourgeois, le reste étant dans les mains de Paribas. Quelles que soient les nouvelles alliances scellées par le Carolo, il faut toujours avoir à l'esprit ce lien du sang originel, conclu dans les années 1960, avec le groupe de la rue d'Antin. « Ma première fidélité va bien entendu à Albert

Frère, mais ma seconde, immédiatement après, est pour Paribas», précise Gilles Samyn, qui ajoute : « Je ne ferai jamais rien contre Paribas, même si Albert Frère m'en donnait l'ordre, ce qui ne risque d'ailleurs pas d'arriver. »

Erbe, à son tour, possède 54,1 % du troisième chapeau : Fibelpar (Financière belge de participations), qui regroupe les amis institutionnels d'Albert Frère : UAP, Royale belge, Société générale de Belgique. De fait, l'UAP a été, certes bien après Paribas, l'une des premières institutions à croire en l'étoile du Carolo.

Vient ensuite un étage essentiel avec la Compagnie nationale à portefeuille (CNP), première société cotée en Bourse à apparaître dans l'organigramme. La CNP, dont la valeur des actifs est estimée aux alentours de 86 milliards de francs belges (14 milliards de francs français), est détenue à 53 % par Fibelpar. Son administrateur-secrétaire général est Victor Delloye, le frère de Michel, l'ancien administrateur-délégué de la CLT ; « Vicky » Delloye est le juriste de la bande des « petits génies », et, à ce titre, doit subir les foudres quotidiennes d'un homme qui respecte la loi, certes, mais avec l'enthousiasme d'un végétarien dans une boucherie chevaline...

Dans cette « pièce où les acteurs commencent à être excellents », selon la formule de Gérald Frère, Delloye est l'empêcheur de tourner en rond. « Alors, que dit encore la loi ? » lui demande Albert Frère chaque fois qu'il a « une idée géniale ». Et si le malheureux est contraint de dire que l'idée en question n'est pas de la plus parfaite orthodoxie, il sera rudoyé avec la plus parfaite mauvaise foi par un Albert Frère qui n'hésitera pas à lancer à la cantonade : « Mais qu'est-ce qu'il a mangé, Delloye, pour être si négatif ? » Manière d'exorciser sa déception.

Voilà l'« étage de Charleroi », là où, dans une étrange ambiance tenant tout à la fois du collège, de la cellule et de la province, là où il arrive à toute l'équipe de piquer des fous rires homériques ou de filer doux sous l'orage, ont été prises certaines décisions capitales. Mais le tableau serait incomplet si l'on omettait deux personnes qui jouent depuis longtemps un rôle essentiel, quoique discret. Anne Dimillo, la secrétaire particulière d'Albert Frère, la première à décoder les notes écrites pendant la nuit ou au petit matin, chargée tout à la fois de la gestion de la cave – elle est imbattable sur le prix des grands crus – et de la mise au point de l'agenda honni.

Et puis, dans un bureau en retrait, il y a Michel Loir. Les yeux rieurs derrière ses lunettes, consultant en permanence deux écrans d'ordinateur, il a toujours l'air enchanté du gosse qui découvre un nouveau jeu vidéo. Mais son jeu à lui, c'est la Bourse, et son devoir est de faire gagner quelques centaines de millions par an au groupe et au patron.

« Pour aller à la guerre, il faut des biscuits. » Albert Frère a montré qu'il avait appliqué ce principe à la lettre. Chacune de ses montées en puissance a en effet été précédée de solides achats en Bourse. Ruau, Hainaut-Sambre, Bruxelles-Lambert, Petrofina, Suez : le Carolo n'est jamais parti à l'attaque sans s'être auparavant assuré de positions boursières conséquentes dans chacun de ces bastions. Pour lui, la Bourse est un moyen de conquérir le pouvoir mais aussi une manière agréable d'arrondir ses bénéfices. « Où en sont les marchés ? » sera ainsi la première question qu'il posera chaque matin à ses collaborateurs. Puis il assurera ses positions. Tranquillement. Fort de l'écheveau de relations tissées à travers le monde (« les ordinateurs c'est bien, les amis c'est mieux », dit Michel Loir), Albert Frère accumule les informations et les met au service d'un flair peu commun. « Sa grande force est qu'il est insaisissable, dit Michel Loir, et pour réussir en Bourse, il faut justement savoir changer perpétuellement d'avis. » Et, comme Albert ne joue pas des picaillons et qu'il influe parfois de façon décisive sur le marché, on devine que ses changements subits de stratégie ont dû donner bien des sueurs froides à ses concurrents.

Contrairement à ce que l'on pourrait imaginer, Albert Frère n'est pas un flambeur. A l'instar de ce milliardaire qui aimait à répéter : « je suis devenu riche en achetant trop tard et en vendant trop tôt », il se contente souvent d'assurer ses bénéfices. Et quand certains s'étonnent du fait qu'il se retire si vite d'une bonne affaire, ils s'entendent répondre : « On a gagné 10 %, c'est déjà pas mal ! » « Même s'il a mouillé sa chemise de temps en temps, il ne va jamais jusqu'au dernier carat », ajoute Michel Loir, qui précise que son patron se méfie des valeurs compliquées, des marchés parallèles et des produits dérivés. A Charleroi, on ne joue que de « belles » valeurs et, si la cote est mauvaise, on saura attendre le temps qu'il faut. L'un de ses secrets n'est-il pas de « savoir vivre avec des positions perdantes » ?

Voulant piéger le trop gentil Michel Loir, un journaliste de passage à Charleroi lui demanda un jour si, comme tout le monde, ils avaient perdu de l'argent dans Eurotunnel. Tout sourire, Loir se leva, alla chercher un dossier, le consulta rapidement et répondit : « Oh, c'était un petit costume, une petite affaire, nous avions acheté pour 50 millions de francs belges (environ 8 millions de francs français) d'actions que nous avons revendues 60 jours plus tard. » Un temps de silence, puis : « Avec un bénéfice de 10 millions de francs belges. »

Les grands actifs

Juste au-dessous de l'« étage de Charleroi », l'organigramme du groupe Frère fait ensuite apparaître l'alliance avec Paul Desmarais par l'intermédiaire du holding Partjointco, détenu à 50/50 par les deux hommes. Mais répétons-le : si Paul Desmarais est cogérant des principales affaires d'Albert Frère en Europe, la réciproque n'est pas vraie et le cousin Paul est totalement maître chez lui, outre-Atlantique.

On se croirait dans un jeu vidéo : « Super Albert » a déjà traversé plusieurs mondes avant d'arriver à la salle des trésors. Un vrai bric-à-brac. Brièvement : Partjointco détient 55 % de Pargesa, holding qui contrôle lui-même 49 % de Parfinance et 49 % du groupe Bruxelles-Lambert. Ce dernier est le navire amiral de l'ensemble. Pour preuve : Albert Frère, président-administrateur-délégué du conseil d'administration (avec Paul Desmarais comme vice-président), a installé son fils, Gérald, à la présidence du comité exécutif.

Deux autres « petits génies » sont installés ici. Didier Bellens, né en 1955, a en charge la banque, l'assurance et l'audiovisuel depuis le départ de Delloye. Sorti lui aussi, de Solvay, il est entré en 1981 à GBL. « A l'époque, dit-il, il y avait des actifs fantastiques, mais ils étaient mal financés et la Bourse n'était pas brillante. M. Frère est arrivé au bon moment, d'autant qu'il a pu profiter des nouvelles lois sur l'épargne. » Le résultat tient en deux séries de chiffres : en 1981, 120 personnes géraient 3 milliards de francs belges d'actifs, aujourd'hui 40 personnes en gèrent 400 milliards. Quant à la Banque de Bruxelles, Bellens sait qu'elle devra, tôt ou tard, s'adapter à un marché européen de plus en plus ouvert et qui suppose des banques de plus en plus puissantes. D'où l'idée, qui refait régulièrement surface, que la Belgique se dote d'une grande banque, regroupant la Banque de Bruxelles et la Société générale de banque, filiale de la Générale de Belgique. Mais Albert Frère jouera-t-il à ce jeu ? Il n'aime pas la banque et prévoit un avenir, social et économique, très difficile dans ce secteur.

Thierry De Rudder ne monte pas à cheval : beau-frère de Gérald, un peu plus âgé que les autres collaborateurs directs d'Albert Frère puisqu'il est né en 1949, la légende raconte pourtant qu'il fait volontiers de longues randonnées en compagnie de son beau-frère, mais aussi de Gérard Mestrallet, le patron français de Suez. C'est un homme élégant, cultivé, qui, après des études au lycée Jeanson-de-Sailly à Paris, a collectionné en Suisse, en Belgique et aux États-Unis quelques licences ou autre *Master* en mathématiques appliquées avant de travailler dans la banque et d'entrer à GBL en 1986. Chargé spécialement de Petrofina, il estime que l'arrivée d'Albert Frère a permis de rationaliser l'organisation de la société pétrolière.

Début mai 1997, Thierry De Rudder a été nommé administrateur de la Société générale de Belgique, marquant ainsi le rapprochement – quasi familial – entre les deux principaux holdings belges.

Dans le dédale des participations prises par les différents holdings d'Albert Frère, on trouve même 100 000 têtes de bétail au Katanga, dont plus personne ne sait rien, Artémis, un groupe spécialisé dans le commerce et l'investissement des œuvres d'art. Nulle position dans l'immobilier, si ce n'est par l'intermédiaire de Bernheim-Comofi, un groupe qui a refusé de se brûler dans le jeu d'enfer qui a marqué le marché français pendant quelques années. Trop spéculatif pour le Carolo.

On trouve surtout cinq sociétés qui constituent le véritable socle sur lequel Albert Frère a bâti son pouvoir : Petrofina (625 milliards de francs belges de chiffre d'affaires), Imetal (8,6 milliards de francs français de chiffre d'affaires en 1996 dans la métallurgie!), Audiofina-CLT (chiffre d'affaires : 93 milliards de francs belges), la Royale belge et la Banque Bruxelles-Lambert. Il y a aussi les Editions Dupuis, qui restent le leader mondial de la bande dessinée francophone avec un chiffre d'affaires d'1,8 milliard de francs belges en 1996. Si l'on considère les actifs de ces différentes sociétés, et qu'on laisse de côté la Compagnie financière de Suez (dont Albert Frère est le principal actionnaire par l'intermédiaire d'Electrafina), on peut dire que le Carolo a la haute main sur 50 à 100 milliards de francs français.

Cela ne veut pas dire, bien entendu, qu'il possède cette

somme. Loin de là. Nous avons vu la manière dont il s'était emparé de ces différents territoires. S'il les contrôle totalement aujourd'hui, ce qui lui donne la force de frappe nécessaire pour entreprendre d'autres conquêtes, il ne le fait qu'avec un infime pourcentage de participations. Prenons le cas de la CLT. De Frère-Bourgeois à la CLT-UFA, il faut passer par neuf sociétés intermédiaires. Si la finance était de la mathématique pure, la calcul serait simple : grosso modo, Frère-Bourgeois possède 50 % d'Erbe, 25 % de Fibelpar, 12,5 % de la CNP, 6,2 % de Partjoinco, 3,1 % de Pargesa, 1,6 % de Bruxelles-Lambert, 0,8 % d'Electrafina, 0,4 % de CLMM, 0,2 % d'Audiofina et 0,1 % de la CLT. Mais ce calcul donne une image totalement faussée de l'ensemble. D'une part, parce que Albert Frère a lui-même des intérêts dans les groupes avec lesquels il a partagé ses propres holdings, d'autre part, parce que ce « saucissonnage » ne tient pas compte de l'effet d'escalier qui valorise chaque point de participation. Il reste que la fortune (nous en reparlerons) d'Albert Frère est sans aucune commune mesure avec sa sphère d'influence.

L'heure des choix

Le 27 mars 1997, Renault annonce la fermeture, sans autre forme de procès, de ses usines de Vilvorde, dans la banlieue flamande de Bruxelles, provoquant la stupeur en Belgique : 3 000 emplois sont supprimés d'un trait de plume, sans compter les emplois induits. La France est montrée du doigt et vouée aux gémonies non seulement en Flandre, mais dans l'ensemble du royaume, où l'on estime que l'Etat français, encore l'actionnaire principal de Renault, en prend à son aise avec son voisin.

La tension va monter d'un cran quelques semaines plus

tard avec l'annonce, à Paris, de la fusion probable de Suez et de la Lyonnaise des Eaux. Or Suez, nous l'avons vu, a pris le contrôle de la Société générale de Belgique qui, elle-même, détient plus de 50 % des parts de Tractebel, le grand groupe énergétique belge, l'un des fleurons de l'économie du royaume, avec ses 320 milliards de francs belges de chiffre d'affaires (soit 55 milliards environ de francs français contre 88 milliards pour la Lyonnaise). Or, ce holding, qui occupe près de 37 000 personnes, dont 8 000 à l'étranger, est particulièrement actif dans les métiers où s'illustre aussi la Lyonnaise : eau, gaz, électricité, télédistribution. Tractebel ne risque-t-il pas d'être soumis aux orientations stratégiques du groupe français ? « Dans un contexte de méfiance vis-à-vis des jacobins français prêts à sacrifier les intérêts des Belges sur l'autel des nécessités hexagonales, l'inquiétude était manifeste », écrit alors Luc Rosenzweig [3].

Le ministre de l'Economie, Elio Di Rupo, monte au créneau et dit son opposition au projet de fusion, « contraire aux intérêts de l'économie belge », avant que le Premier ministre lui-même, Jean-Luc Dehaene, ne convoque les dirigeants des sociétés concernées pour leur faire part de ses préoccupations et de sa volonté d'empêcher que Tractebel ne soit dirigée de l'étranger.

Et voilà que l'on reparle d'Albert Frère. Pour justifier son intervention, Dehaene précise qu'en septembre 1996, le gouvernement belge a tenu sous haute surveillance la vente par le patron du groupe Bruxelles-Lambert des 25 % qu'il détenait dans Tractebel. C'est la Société générale qui achète, pour 49 milliards de francs belges (plus de 8 milliards de francs français) ce paquet d'actions. « Nous avons facilité ce regroupement avec la Générale, révèle alors Dehaene. Notre souci principal était alors que l'actionnariat de Tractebel reste financier et ne tombe pas entre les mains d'un concurrent industriel. » Le groupe américain Enron était en effet prêt à racheter ces parts et à lancer une OPA sur le solde. Conclusion de Dehaene : nous n'avons pas fait cette opération pour aboutir à ce que nous voulions éviter à l'époque, à savoir que la fusion Suez-Lyonnaise ne mette Tractebel sous le contrôle d'un concurrent potentiel.

La lutte est ouverte pour défendre l'ancrage belge de la Société générale et, partant, de Tractebel. Outre Philippe Bodson, le patron de Tractebel, bien décidé à continuer à fixer la stratégie de son groupe, deux hommes sont sur les rangs pour porter le flambeau. Étienne Davignon et Albert Frère. Stevy reconduit pour trois ans à la tête de la Société générale de Belgique, en a les moyens : après tout, si la SGB pouvait être considérée comme un boulet pour Suez en 1990, il en va tout différemment aujourd'hui où le holding français, qui a tant et tant perdu dans l'immobilier, se paye allègrement sur la bête (la Belgique) pour tenter de retrouver son équilibre. Et puis, Davignon, qui est un politique reconverti dans les affaires, se verrait bien en gardien du temple. Pour la beauté du geste.

L'attitude d'Albert Frère est plus ambiguë. Il faut d'abord savoir qu'aussitôt vendues ses actions Tractebel à la Société générale, il a utilisé une bonne partie des 49 milliards encaissés pour monter en puissance dans le capital de Suez. « Il vend la petite fille pour entrer dans la grand-mère », ont alors ironisé les chroniqueurs belges. Mystères de la finance, en effet : pourquoi vendre des actions d'une société (Tractebel) au holding qui la contrôle (Société générale) pour, en fin de compte, racheter des actions du holding (Suez) qui possède le tout ?

Fin avril, on apprend que le Carolo a encore déboursé une coquette somme (près de 10 milliards de francs belges) pour acquérir encore 3 % de Suez. Avec 7,5 % des actions de l'ensemble Suez-Lyonnaise, Albert Frère devient ainsi le premier actionnaire du groupe, à égalité avec le Crédit agricole et devant Axa-UAP. Pourquoi cette montée dans le capital de Suez ? Il y a plusieurs raisons possibles. S'agit-il d'un simple troc («je vous donne mes Tractebel, et, en échange, je vous prends quelques Suez pour vous aider à stabiliser votre capital»), comme l'évoque *Le Soir*? Démenti formel de Gérard Mestrallet, le patron de Suez : « Cette transaction a été doublement bénéfique, explique-t-il, la Société générale avait du cash et cette prise de contrôle majoritaire de Tractebel, grâce aux parts achetées à Albert Frère, a été très bien accueillie en Belgique ; d'autre part, nous souhaitions des actionnaires belges pour Suez, et Albert a répondu présent ».

Revanche du fils de marchand de clous devenant, par Suez interposé, l'un des défenseurs d'une « vieille dame » qui l'a longtemps snobé et, au passage, le patron d'Étienne Davignon ? Réponse, au *Soir*[4], de Maurice Lippens, le patron de Fortis, l'un des joyaux de la Générale de Belgique et l'un des connaisseurs les plus avertis du monde financier du royaume : «Son investissement dans Petrofina tenait de ce désir de revanche. Il ne s'en est d'ailleurs pas caché. S'il avait 50 ans, on pourrait imaginer qu'il y ait également de cela dans son entrée chez Suez. Mais, aujourd'hui, il a 70 ans et une certaine forme de sagesse, encore plus grande ».

«Je ne pense donc pas que la revanche joue un rôle, poursuit Lippens, mais qu'il puisse faire d'une pierre plusieurs coups lui donne une jubilation encore plus complète : cette position chez Suez lui offre en effet un placement financier, une place dans l'establishment, un club d'amis et la possibilité de regarder au-dessus de l'épaule de la Générale de Belgique. » Conclusion du patron de Fortis : « La base de ses décisions, c'est le rendement financier. » Sur ce dernier point tout au moins, Lippens a vu juste. Sur un plan purement financier (et sans préjuger de l'avenir du titre), l'opération Suez aurait fait gagner la bagatelle d'1 milliard de francs français à Albert Frère, ou du moins à Electrafina, le holding où sont logées les actions Suez.

«Albert Frère, le chevalier apatride?» interrogeait de son

côté Béatrice Delvaux[5] avant de préciser sa question : « Albert Frère est-il un pur financier qui ne sert que sa "cassette" ou un patriote qui met ce trésor de guerre au service de son pays ? » Sa réponse est mitigée : « Pour certains, la réponse est claire : Albert Frère roule pour lui. N'a-t-il pas lâché la sidérurgie wallonne au moment où les nuages s'amoncelaient ? Vu de France, par contre, qui dit Frère dit ancrage belge. » Et de citer *La Tribune* qui attribue à Albert Frère « l'intention de ramener la Générale sous pavillon belge ».

Le parcours serait alors exemplaire. Après avoir joué les arbitres lors du raid de Carlo de Benedetti, et pris au passage le contrôle de Petrofina, le Carolo reviendrait par la bande et deviendrait le premier actionnaire du holding qui possède la Générale. Son pouvoir sur l'économie belge serait alors prépondérant, puisqu'il est déjà majoritaire, et directement cette fois, dans le groupe Bruxelles-Lambert, le deuxième holding du royaume.

Reste une question, qui, en ce printemps 1997, est sur toutes les lèvres, tant à Bruxelles qu'à Paris : que va faire vraiment Albert Frère ? Le Carolo comme une carpe, lui, est muet.

Et s'il se refusait à décider entre la France et la Belgique, entre la Lyonnaise et la Générale, entre Suez et Paribas, entre Messier et Dauzier, justifiant ce commentaire d'un de ses plus vieux amis/ennemis : « Plus que construire, ce qu'Albert Frère aime, c'est être au carrefour, être consulté par les uns et par les autres, se sentir indispensable, ce qui lui permet, au passage, de valoriser encore ses positions, financières et stratégiques » ?

Gilles Samyn l'a dit : Paribas, c'est l'ami originel, celui qui a donné le coup de pouce au moment crucial. Et comment ne pas apprécier le patron actuel du groupe de la rue d'Antin, André Lévy-Lang, puisque, si l'on en croit *Capital*[6], Albert Frère a joué de toute son influence pour le faire nommer à son poste en 1990 ? Voilà même que le Carolo, dans sa très grande mansuétude, a oublié que Michel François-Poncet, président du conseil de surveillance, n'avait pas dit non à Gérard Eskenazi lorsque celui-ci avait conçu son plan de marginalisation d'Albert. Autrement dit, dans cette perspective, on ne touche ni à Paribas, ni à ses dirigeants.

Pas question non plus de s'en prendre à Suez, dont on devient l'un des principaux actionnaires. D'autant que les relations entre Albert Frère et Gérard Mestrallet ont toujours été au beau fixe. « Sa nouvelle coqueluche », disent les jaloux. Pourtant le Carolo, qui n'aime pas beaucoup les technocrates, aurait dû se méfier de cet énarque-polytechnicien. « C'est un premier de la classe qui cache bien son jeu, écrit Patrick Bonazza[7], [...] qui ne cherche pas à vous étourdir par sa virtuosité intellectuelle. En société, un verre de Stella à la main – souvenir de son passage à la tête de la Société générale de Belgique – il préfère rester en retrait. » Ce faux timide est aussi un ami de Gérald Frère.

Rien à dire des relations entre Albert Frère et Jérôme Monod, le patron de l'ex-Lyonnaise. Elles sont excellentes. Depuis la réussite de leur pari commun sur M6, le Carolo éprouve beaucoup de respect pour l'ancien secrétaire général du RPR, même s'il se plaît parfois à regretter ses habitudes par trop monastiques à son goût. « Avec Jérôme, on se voit rarement à table, quand nous avons rendez-vous c'est à son bureau, ou au mien, et on attaque les dossiers, bille en tête. » La fusion de Suez avec la Lyonnaise des Eaux ne pourrait donc qu'arranger Albert Frère puisqu'il est en affaires avec les deux groupes.

Las, pour troubler cette belle histoire d'amour, il y a Jean-Marie Messier, le patron de la Générale des Eaux, concurrente de la Lyonnaise et actionnaire à plus de 20 % d'Electrafina. Contrairement à Jérôme (Monod), Jean-Marie adore la bonne chère et aime à se retrouver avec Albert, autour d'un repas au Club des Cent, dont il est membre comme lui. Attention délicate qu'Albert n'a pas oubliée : le Carolo était placé à la table d'honneur au quarantième anniversaire de Messier, en 1996, où se côtoyait le tout-Paris de la finance et de la politique. Et puis, les familles se fréquentent! « Je ne prendrai pas de décision qui puisse aller contre Jean-Marie Messier », affirme Albert Frère. Mais comment fera-t-il s'il doit vraiment choisir entre Messier et Mestrallet? Entre Giscard et Pompidou, selon le mot acide d'un financier parisien. Entre le pôle Havas-Générale des Eaux et le pôle Suez-Lyonnaise, il y a un fil doré, et sur celui-ci, un funambule qui ne trouve rien de plus amusant que de faire l'aller-retour. En sachant, de toute manière, qu'il ne peut tomber que sur un épais matelas de dollars.

Si l'on ajoute qu'Albert de France a toute l'estime de l'UAP; qu'il a oublié l'épisode du grand cru bordelais raflé par son désormais ami, Claude Bébéar; que Martin Bouygues lui a demandé de siéger, en tant que « personnalité qualifiée », au conseil d'administration de TF1; qu'il sera aussi au conseil d'administration de LVMH de son partenaire au tennis, Bernard Arnault, voisin de Saint-Tropez – un de ses amis les plus proches, en dépit de la différence d'âge –; qu'avant chaque réunion de Petrofina, il s'enferme dans son bureau avec Jean-Louis Beffa, le patron de Saint-Gobain, dont il apprécie l'intelligence; pour ne rien dire d'une bonne dizaine d'autres amis très chers... on en viendrait presque à se féliciter des disputes de répétitions avec Pierre Dauzier qui mettent un peu de piquant dans cet œcuménisme un peu plat.

Et si cet homme riche était aussi un homme seul? A-t-on encore des amis quand on n'a que des amis? Les questions paraissent incongrues s'agissant d'une personnalité si entourée par sa famille, ses collaborateurs, ses relations, de quelqu'un qui doit rarement passer plus d'une heure tout seul.

Pourtant de cette solitude, on parle beaucoup. « Même s'il virevolte avec tout le monde, il chasse en solitaire, jamais en meute », dit l'un. « S'il avait un gros ennui financier, qui viendrait à son secours? » se demande un autre, qui ajoute:

« Peut-être parce que personne n'a le sentiment qu'Albert Frère se ferait couper en morceaux pour lui. » Et puis il y a cet autre homme d'affaires de tout premier plan sur la place de Paris, qui a été très proche de lui : « Albert cultive ses amitiés en fonction de ses intérêts du moment, si je dois encore l'aider, cette fois je lui présenterai mes honoraires. »

D'autres sont d'un avis totalement opposé. « Les Belges un peu au courant des différents tempéraments régionaux, écrit par exemple Béatrice Delvaux[8], comprennent beaucoup du personnage lorsqu'on dit qu'il est "Carolo". Bouillant, sanguin, jovial, ouvert, sans façon mais aussi colérique. Avec en contrepartie une qualité sans faille : sa fidélité en amitié. » Il suffit de l'entendre parler de Paul Desmarais pour comprendre qu'une véritable amitié le lie au Québécois, une affection qui n'a rien à voir avec les intérêts financiers. Si l'on demande à Gérard Mestrallet quelle est la principale qualité d'Albert Frère, il répondra sans hésitation : « La fidélité ! Quand on "tope" avec lui, je m'en suis aperçu, on sait que c'est sérieux et qu'il ne reviendra pas sur sa parole. Cet homme n'a jamais trahi personne ! »

Et s'il a été très dur avec certains de ses collaborateurs, il en a sauvé d'autres. Chargeant, par exemple, l'un de ses anciens comptables de s'occuper directement des affaires d'un de ses assistants qui traversait une mauvaise passe. « Quand son intérêt et sa fidélité se rejoignent, conclut un de ses amis, alors, il peut être d'une extrême fidélité. »

Le baron

« Peut-être veut-il trop entreprendre pour pouvoir tout achever » : ainsi concluait, en 1981, une graphologue après avoir analysé l'écriture d'Albert Frère. Conclusion certainement pertinente à un détail près : le mot achever n'existe pas dans le vocabulaire d'un homme qui vit dans le mouvement perpétuel et considère comme une perte de temps, et peut-être aussi comme un crime contre l'esprit, toute prétention à se fixer des objectifs à long terme.

Certes, il a ponctué sa vie de quelques objectifs bien concrets, qu'il a d'ailleurs atteints : dominer la sidérurgie wallonne, diriger Petrofina, se faire une place dans le monde financier parisien. Mais de là à savoir ce que demain sera fait... « Sa grande force est d'avoir toujours deux options dans sa main, une stratégie de rechange de manière à ne jamais être prisonnier et pouvoir rebondir si la première solution ne marche pas », explique Gérard Mestrallet.

Albert Frère a réussi sa vie puisqu'il est riche et que l'argent est son seul objectif, diront les uns.

Voire

L'homme est riche, très riche même. C'est une certitude. « Nous ne sommes pas pauvres », reconnaît simplement Gérald. Le montant exact de cette fortune est évidemment protégé par le secret. Champions du monde de la fraude fiscale, comme ils aiment eux-mêmes à se qualifier, les citoyens du royaume n'aiment pas beaucoup non plus que l'on parle de leur patrimoine. Et les médias respectent ce souci de discrétion.

Le système de holdings en cascades d'Albert Frère rend d'ailleurs difficile l'évaluation de sa fortune officielle. Limitant les risques, mais aussi les bénéfices, ces chapeaux successifs cachent, comme autant d'écrans de fumée, la réalité. Lorsque Albert Frère réalise, en quelques mois, une plus-value d'1 milliard de francs français sur ses titres Suez logés chez Electrafina, combien de « mastoques » tombent très exactement dans sa poche ? Mathématiquement, répétons-le, pas grand-chose. (Enfin, quelques dizaines de millions tout de même.) Mais combien vaut le pouvoir exercé sur un holding, Electrafina en l'occurrence, qui a réalisé une si juteuse affaire ?

Selon un expert belge, Albert Frère vaut « au moins 1 milliard de francs français ». *Le Point* parle de 10 milliards ! Ce qui ferait de lui la dixième fortune de France. Loin derrière Gérard Mulliez (magasins Auchan) qui, si l'on en croit le magazine *Challenges*, a dépassé Liliane Bettencourt (36 milliards contre 34). Mais devant François Pinault (8,5 milliards), Serge Dassault (7,1 milliards), et loin devant la famille Hersant (2,5 milliards).

Miroir, mon beau miroir, suis-je alors le premier en Belgique ? Oui, sans doute, si l'on considère la fortune personnelle et si on ne le compare pas à certaines « familles » — comme les Solvay, Janssen, Boël.

Mais, s'il est milliardaire, Albert Frère ne vit pas comme un milliardaire. Certes, il ne se prive de rien, habite des appartements luxueux, débouche de grands crus et s'achète des tableaux de maître. Mais on ne lui connaît pas de ces caprices de riches qui défrayent tant la chronique. Ainsi Jimmy Goldsmith, satisfait du restaurant dans lequel il a marié sa fille demandant « la note » et achetant l'établissement. Ou le sultan de Brunei ne se déplaçant jamais sans ses trois Boeing : un pour lui, un pour ses chevaux et un pour ses voitures. Ou encore le baron Empain, le grand-père, faisant construire une ville entière en Égypte, son petit-fils perdant des millions sur les tables de poker, l'Agha Khan épousant Ava Gardner. Non, Albert Frère ne donne pas dans ces plaisirs-là.

Mais si ce n'est pas l'argent qui fait courir Albert, serait-ce la recherche de la respectabilité ? En partie, oui. Même s'il a déclaré que le titre de baron n'était pas à ses yeux une fin en soi, il a certainement été très fier, le 21 juillet 1994, de recevoir du roi Albert l'autorisation « de prendre en tous lieux et en tous actes le titre de baron et de porter les armoiries que Nous lui concédons telles qu'elles sont ici décrites et figurées, savoir : d'or à la bande de gueules chargées de trois abeilles d'or posées dans le sens de la bande, accompagnée en chef d'une hure de sanglier de sable, allumée de gueules, défendue d'argent et en pointe d'une grappe de raisin de sable, l'écu sommé d'un heaume d'argent, couronné, grillé, colleté et liseré d'or, doublé et attaché de gueules, aux lambrequins d'or et de gueules. Cimier : un peuplier d'or... »

Traduisons. Les trois abeilles, pour les trois enfants, et pour le symbole du travail. Le sanglier pour la chasse, ce qui prouve que le nouveau baron n'est pas rancunier, puisqu'il s'était fait sérieusement embrocher par une bête particulièrement agressive. Le raisin pour le vin et le peuplier pour les arbres de sa maison de Gerpinnes. Quant à la devise : *Amat Victoria Curam*, « La victoire aime qu'on s'occupe d'elle », elle marque bien le caractère d'un homme qui croit peu au hasard et beaucoup en sa volonté de changer le cours des choses.

Fier d'être baron, donc. Au point de mal supporter le commentaire acide du *Soir* à propos du rachat par ses soins d'une partie des actions de la société éditant *L'Éventail*, le magazine relatant les faits et gestes de la haute société belge. « Comme cela, disent les mauvaises langues, sa fille Ségolène sera sûre d'avoir la une plus souvent qu'à son tour. » Sans doute. D'autres, plus avisés peut-être, remarqueront que *L'Éventail* est une bonne affaire.

Nerveux comme un enfant avant sa communion le jour où il a été admis au Jockey Club, plus prisonnier de son succès qu'il ne le croit lui-même, Albert Frère est-il, comme l'affirment certains de ses détracteurs, « en train d'être dupé par un establishment français qui se sert de sa vanité pour mieux le rouler » ? Si le Carolo est, sans aucun doute fier d'être si souvent au centre de la fête, il n'en perd pas pour autant la tête.

Alors : tout ça pour quoi ?

Beaucoup pensent que la merveilleuse machine de guerre construite par Albert Frère ne lui survivra pas. « Son principal défaut, c'est de se croire éternel » : voilà ce que nous ont dit trois personnalités du monde franco-belge des affaires, qui portent pourtant un jugement bien différent sur la personnalité du Carolo. Tous les trois pensent qu'en occupant trop le terrain, il n'a pas suffisamment préparé la relève, et notamment, il n'a pas laissé les coudées franches à son fils Gérald.

Ce dernier sait que l'avenir du groupe dépend en grande partie de lui. Vendra-t-il l'ensemble en appartement, de manière à arrondir la pelote familiale et vivre tranquillement le reste de ses jours? Reprendra-t-il le flambeau paternel en améliorant encore la machine?

Gérald se contente aujourd'hui de dire qu'il a la ferme intention d'assurer la relève, de gérer le patrimoine familial, mais qu'il n'est pas tout seul et qu'il devra tenir compte de l'avis de sa sœur et de son frère. Et si Ségolène et Charles-Albert, par exemple, décident de vendre? Gérald pourra-t-il assumer seul la reprise de l'ensemble?

« Il faudra d'abord essayer de ne pas perdre d'argent, puis de faire aussi bien que mon prédécesseur, ce qui ne sera pas facile, et, enfin, tenter de faire mieux », confie-t-il en rappelant la formule : « La première génération bâtit, la seconde maintient et la troisième dilapide. » Pour l'heure, il cultive son image de gentleman-farmer, laissant croire, par exemple, qu'il n'éprouve de véritable passion que pour les pur-sang. Casaque rayée vert et jaune, toque verte, il a même fait courir quelques chevaux au début des années 1980, l'âge d'or des courses en Belgique, sans y gagner beaucoup d'argent. Il continue, plus modestement, sans en perdre beaucoup plus.

Outre ses fonctions de président du comité exécutif du groupe Bruxelles-Lambert, Gérald plante des arbres, aménage les immenses terrains de la propriété familiale et achète tous les terrains qu'il peut dans les environs de Gerpinnes. L'entendre parler des discussions qu'il mène avec les paysans du voisinage pour obtenir un « juste prix » confirme que bon sang ne saurait mentir et que Gérald, le jour où il volera de ses propres ailes, sera un redoutable négociateur. « Il a une "qualité" que son père n'a pas, dit l'un de ses proches, il sait être méchant alors qu'Albert, et encore davantage aujourd'hui qu'hier, est, en fin de compte, beaucoup moins dur qu'il veut bien le montrer. »

Albert Frère, de son côté, s'obstine à ne pas se poser les questions que les autres se posent pour lui.

Il ne prendra jamais sa retraite.

Cet homme aime trop la vie pour s'en faire l'actionnaire minoritaire.

NOTES

1. *L'amateur de bordeaux, op. cit.*
2. *Le Soir*, Supplément économique du 10 janvier 1992.
3. « Carton jaune de Lippens à l'opération Tractebel », *Le Soir*, 27 novembre 1996.
4. « Belgique S.A. La belle affaire », *Le Soir*, 21 mars 1997.
5. « Albert Frère, le parrain belge du business français », *Capital*, avril 1997.
6. *Ibid.*
7. « Les cinq maîtres du capitalisme français », *Le Point*, 5 avril 1997.
8. « Qui êtes-vous, Albert Frère ? », *Le Soir*.

Remerciements

Connaissant la méfiance d'Albert Frère vis-à-vis des médias, nous avons d'autant plus apprécié sa volonté de jouer le jeu de cette biographie, évidemment « non autorisée ». Au cours de plus de six heures d'entretien, à Charleroi, Bruxelles ou Paris, il a ainsi accepté de répondre à toutes nos questions. Qu'il soit ici remercié de cette attention. Merci aussi à Gérald Frère qui nous a parlé de son père avec tendresse, humour et lucidité.

Merci, également, à tous ceux qui ont bien voulu nous aider à mieux cerner la vie d'un homme atypique. Des premiers amis de Fontaine-l'Evêque aux « ténors » parisiens ou bruxellois de la vie des affaires en passant par les principaux acteurs de l'aventure sidérurgique :

Nicolas Bardos-Féltorony, Didier Bellens, Mirello Bottin, Henri Burhin, Alfred Cahen, François Cammarata, Julien Charlier, Olivier Collot, Christian Daubie, Etienne Davignon, Ernest Davister (†), François De Brigode, Jean-Charles De Keyser, Jean-Louis Delaet, Jacques De Nozze, Michel De Saint Aubain, Thierry De Rudder, Paul Desmarais, Yves De Wasseige, Germain Druart, Jean-Pierre de Launoit, Michel

Delloye, Victor Delloye, Béatrice Delvaux, Gérard Eskenazi, Catherine Ferrant, Pierre Francotte, Jean Gandois, Vincent Godfroid, Emile Gonze, Francis Groff, Jean Guy, René-Pierre Hasquin, José-Manuel Nobre-Correia, Evelyne Lentzen, André Leysen, Michel Loir, Thierry Masset, Gérard Mestrallet, Alain Minc, Jacques Moulaert, Jean Peyrelevade, Jean Place, Yves Robert, Yves Roland, Jacques Rigaud, André Rousselet, Gilles Samyn, Alfred Sluse, Pierre Schohier, Georges Staquet, Claudine Tixon, Jeannine Tubiermont, Jacques Van De Steene, Pol Vandromme.

Merci enfin aux personnes qui, bien que pour des raisons qui leur appartiennent n'ont pas souhaité être citées, m'ont beaucoup aidé dans ce travail.

Table

Une vocation 9

PREMIÈRE PARTIE
Le sidérurgiste

Chapitre 1 : Quand la fille du chef-garde
épouse le chef-magasinier 13
Chapitre 2 : 22 francs de l'heure 23
Chapitre 3 : C'est le premier million qui compte 35
Chapitre 4 : « Je vous souhaite bonne chance ! » 51
Chapitre 5 : Les frasques d'Albert 69
Chapitre 6 : On le fera par la finance ! 81
Chapitre 7 : Monsieur le président 103
Chapitre 8 : « J'en ai marre de Charleroi » 127
Chapitre 9 : Vive la Saint-Gandois ! 151

DEUXIÈME PARTIE
Le financier

Chapitre 1 : L'attaque du train postal **167**
Chapitre 2 : Le baron et le Carolo **193**
Chapitre 3 : Roulé par Fabienne, amusé par Tapie,
snobé par Linton **209**
Chapitre 4 : On sauve la vieille dame
et on s'empare de Petrofina **229**
Chapitre 5 : La trahison de Gérard **251**

TROISIÈME PARTIE
L'audiovisuel

Chapitre 1 : De « l'ami fidèle »
à « la petite qui monte » **269**
Chapitre 2 : « C'est le plus fort ! » **297**

Epilogue : Aujourd'hui et demain **321**

Mise en page : Palimpseste

Impression réalisée sur CAMERON par
BRODARD ET TAUPIN
La Flèche

pour le compte des Éditions Fayard
en mai 1997

Imprimé en France
Dépôt légal : mai 1997
N° d'édition : 2645 – N° d'impression : 1487S-5
ISBN : 2-213-59771-5
35-57-9771-01/3